高等院校小学教育专业教材

小学教育概论

主　编　阮成武

副主编　江　芳　蒋　蓉

华东师范大学出版社
·上海·

图书在版编目(CIP)数据

小学教育概论/阮成武主编. —上海:华东师范大学出版社,2011.7
高等院校小学教育专业教材
ISBN 978-7-5617-8824-0

Ⅰ.①小… Ⅱ.①阮… Ⅲ.①小学教育-高等学校-教材 Ⅳ.①G62

中国版本图书馆 CIP 数据核字(2011)第 156494 号

高等院校小学教育专业教材
小学教育概论

主　　编	阮成武
策　　划	朱建宝
责任编辑	朱建宝
审读编辑	沈桂芳
责任校对	邱红穗
封面设计	卢晓红

出版发行	华东师范大学出版社
社　　址	上海市中山北路 3663 号　邮编 200062
网　　址	www.ecnupress.com.cn
电　　话	021-60821666　行政传真 021-62572105
客服电话	021-62865537　门市(邮购)电话 021-62869887
地　　址	上海市中山北路 3663 号华东师范大学校内先锋路口
网　　店	http://hdsdcbs.tmall.com
印 刷 者	常熟高专印刷有限公司
开　　本	787×1092　16 开
印　　张	16.75
字　　数	362 千字
版　　次	2011 年 12 月第 1 版
印　　次	2021 年 6 月第 13 次
书　　号	ISBN 978-7-5617-8824-0/G·5234
定　　价	37.00 元
出 版 人	王　焰

(如发现本版图书有印订质量问题,请寄回本社客服中心调换或电话 021-62865537 联系)

本书系
国家精品课程"教育学原理"系列教材
获安徽师范大学教材建设基金资助

目 录

前言 / 1

第一章 导论 / 1

  第一节 初等教育学与小学教师的养成 / 4
    一、前教育学时期的小学教师养成 / 4
    二、初等教育学创立与小学教师养成的制度化 / 6
    三、初等教育学发展与小学教师养成的专业化 / 7
  第二节 初等教育学对小学教师专业化的作用 / 10
    一、促进小学教师的社会化 / 11
    二、促进小学教师的个性化 / 13
  第三节 "小学教育概论"的学习与研究 / 14
    一、理论学习与教育实践相结合 / 14
    二、理论学习与教育研究相结合 / 15
    三、循序渐进与融会贯通相结合 / 16

第二章 小学教育历史论 / 18

  第一节 古代小学教育 / 20
    一、古代小学教育的产生与发展 / 20
    二、古代小学教育的特点 / 21
  第二节 近代小学教育 / 24
    一、近代小学教育的产生 / 24
    二、近代小学教育的特点 / 25
  第三节 现代小学教育 / 27
    一、现代小学教育的发端 / 27
    二、现代小学教育的变革 / 29

第三章　小学教育性质论 / 31

第一节　对教育的基本认识 / 33
　　一、教育的概念 / 33
　　二、什么是小学教育 / 36
第二节　小学教育的基本性质 / 37
　　一、小学教育性质的制约因素 / 37
　　二、小学教育的基本性质 / 43
第三节　我国小学教育的当代特征 / 47
　　一、我国小学教育的全民性 / 47
　　二、我国小学教育的基础性 / 49
　　三、我国小学教育的平等性 / 50
　　四、我国小学教育的优先性 / 50

第四章　小学教育功能论 / 52

第一节　小学教育功能的历史演变 / 54
　　一、古代小学教育功能 / 54
　　二、近代小学教育功能 / 55
　　三、现代小学教育功能 / 56
第二节　小学教育的社会功能 / 58
　　一、小学教育是提高全民素质、实现国家富强和民族复兴的重要基础 / 58
　　二、提高全民科学知识和能力素质，促进社会经济发展 / 59
　　三、提高全民思想道德和心理素质，促进政治文明和精神文明发展 / 60
　　四、提高全民基本文化素质，促进文化交流、国际理解和和平 / 61
第三节　小学教育的本体功能 / 62
　　一、对现代国民教育体系的建立和完善有着重要作用 / 62
　　二、对人的生命发展具有重要作用和功能 / 63

第五章　小学教育目标论 / 68

第一节　小学教育目标概述 / 70

　　　　一、教育目的与小学教育目标 / 71
　　　　二、小学教育目标的依据与取向 / 77
　　第二节　小学教育目标的比较分析 / 83
　　　　一、小学教育目标的厘定主体 / 83
　　　　二、小学教育目标的厘定依据 / 86
　　　　三、小学教育目标的价值取向 / 87
　　第三节　我国小学教育目标 / 89
　　　　一、我国小学教育目标的历史发展 / 89
　　　　二、新时期我国小学教育目标的内涵与要求 / 91

第六章　小学教育内容论 / 93

　　第一节　小学教育内容的制约因素 / 95
　　　　一、小学教育目标的直接规定 / 95
　　　　二、社会发展的水平和特点 / 95
　　　　三、学习者身心发展的水平和特点 / 97
　　　　四、教育科学理论及不同流派 / 98
　　　　五、教师的学识水平、人格特征和价值观念 / 100
　　第二节　小学教育内容的组成部分 / 100
　　　　一、小学教育内容的基本组成部分 / 100
　　　　二、小学教育内容的形式结构 / 103
　　第三节　我国小学教育内容 / 104
　　　　一、我国小学教育内容的基本组成部分 / 104
　　　　二、我国小学教育内容的形式结构——课程 / 108

第七章　小学教育制度论 / 112

　　第一节　现代学制概述 / 115
　　　　一、现代教育制度下的学制 / 115
　　　　二、现代学制的产生和发展 / 117
　　第二节　小学教育学制的国际比较 / 121
　　　　一、美国小学教育学制 / 121
　　　　二、英国小学教育学制 / 122
　　　　三、德国小学教育学制 / 123

　　　　四、法国小学教育学制 / 124
　　　　五、俄罗斯小学教育学制 / 125
　　　　六、日本小学教育学制 / 126
　　第三节　我国小学教育学制 / 127
　　　　一、我国现代学制的建立与沿革 / 127
　　　　二、我国现行小学教育学制的相关规定 / 129

第八章　小学教育机构论 / 131

　　第一节　学校概述 / 133
　　　　一、学校的性质 / 133
　　　　二、学校文化 / 134
　　第二节　小学的设置与结构 / 137
　　　　一、小学的设置 / 137
　　　　二、小学的组织结构 / 138
　　　　三、小学班级 / 141
　　第三节　小学教育环境 / 146
　　　　一、小学教育环境的内涵 / 146
　　　　二、小学教育环境的类型与优化 / 147

第九章　小学教师论 / 149

　　第一节　小学教师职业 / 152
　　　　一、教师职业的专业性分析 / 152
　　　　二、小学教师的专业化 / 154
　　　　三、小学教师的作用和地位 / 155
　　第二节　小学教师角色 / 159
　　　　一、作为"普通人"的教师 / 160
　　　　二、作为"教育者"的教师 / 162
　　第三节　小学教师素质 / 163
　　　　一、小学教师素质的结构 / 164
　　　　二、小学教师的专业发展 / 167
　　第四节　小学师生关系 / 170
　　　　一、小学师生关系的重要意义 / 170

二、小学师生关系的内涵与建立 / 171

三、小学师生互动 / 172

第十章　小学儿童论 / 175

第一节　儿童观概述 / 177

一、儿童观的历史演变 / 177

二、现代儿童观的基本内涵 / 180

第二节　小学儿童心理与社会特征 / 183

一、小学儿童心理发展特征 / 183

二、小学儿童的社会性发展 / 187

第三节　小学儿童的发展与教育 / 188

一、小学儿童兴趣的发展与养成 / 188

二、小学儿童习惯的发展与养成 / 191

三、小学儿童品德的发展与养成 / 193

第十一章　小学教育实践论 / 197

第一节　对教育实践的基本认识 / 199

一、教育实践的一般性质和特点 / 199

二、教育实践的基本结构 / 202

第二节　小学教育实践的形态 / 203

一、小学课程与教学 / 203

二、小学综合实践活动 / 204

三、小学班主任与少先队工作 / 208

四、小学的家长工作和社区工作 / 213

五、小学教育研究 / 218

第三节　小学教育实践智慧 / 224

一、小学教育实践智慧的含义 / 224

二、小学教育实践智慧的特征 / 227

三、小学教育实践智慧的培育途径 / 228

第十二章　小学教育发展与改革论 / 230

第一节　小学教育改革与发展概论 / 232
　　一、小学教育改革 / 233
　　二、小学教育发展 / 235
　　三、小学教育改革与发展的关系 / 237
第二节　小学教育改革的进程和课题 / 238
　　一、19世纪末—20世纪前期的小学教育改革 / 238
　　二、二战后的小学教育改革 / 240
　　三、面向新世纪的小学教育改革 / 243
第三节　小学教育的发展趋势 / 248
　　一、小学教育成为满足全体国民基本学习需要的全民教育 / 248
　　二、小学教育成为终身教育和人生发展的奠基阶段 / 251
　　三、小学教育成为促进儿童个性充分自由发展的素质教育 / 252

前　言

从1998年《面向21世纪教育振兴行动计划》提出我国小学教师学历提升的目标和步骤以来，各地政府和师范院校积极推动教师教育的层次升级和结构整合，小学教师高等教育不断壮大，并逐步走向规范化、体系化。一批高师院校成立初等教育院、系，成为培养小学教师的高等教育机构。与此同时，中国教育学会教育学分会批准成立了"初等教育学专业委员会"，有关师范院校也联合成立了全国小学教育专业研究会。不少高师院校相继成立了初等教育研究所，一批小学教育本、专科专业建设的课题或研究成果相继涌现。此后，教育部颁布《关于加强专科以上学历小学教师培养工作的几点意见》，对小学教育专业的发展方针、培养模式、专业建设和教学改革提出了更为明确的思路和方案。随着小学教育专业的确立和发展壮大，初等教育学迫切需要从普通教育学中分化出来，形成独立的学科和专业，建立具有自身独特价值的学科体系。

但由于培养目标和职能的分工，高等师范院校的教育学研究和教学一直是指向中等教育，很少关注有着独特性质和功能的小学教育。小学教育也很少进入高校教师科学研究的视野，更难进入大学的学术殿堂。相反，一个时期以来的中等师范学校属于中等专业教育的范畴，重视的是教育知识的基本掌握、教育行为的规范和教育教学技能的训练，进而使小学教师成为合格的知识传授者、教学能手。这必然造成同在教育学学科之下，初等教育学研究和学科建设严重匮乏，既不能与中等教育学、学前教育学、高等教育学的发展相比，也严重落后于小学教育实践工作者的研究水平和现实需要。

美国教育家舒尔曼认为，当代社会，一个专业至少有六个基本特点：理想的职业道德，根植于理论、经验或规范的学术知识，专业的技能和策略，运用理论进行实践的判断，从经验中学习，掌管专业质量、进行知识收集的"团体"。其中，根植于理论、经验或规范的学术知识，是所有专业的中心。这昭示着，任何一种职业要发展成为专业，都需要一门高度发展的科学作为学科基础。虽然我国初步兴起的教师教育升级促进了小学教师的教育专业化，但小学教师教育专业化绝不只是学历提升及知识储量和程度的增加。小学教育的启蒙性、全民性、普通性，是它与中等教育、高等教育最根本的区别。小学教师教育专业化正是要建立在小学教育这种特质性之上的。我们必须在现行的普通教育学的学科平台上，进一步进行初等教育学的理论研究和学科建设，理清小学教育的心理学、生理学、社会学、人类学和哲学基础，准确把握小学教育的性质特点、职能意义、发展线索和任务目标。这是确立小学教育专业的特质、培养目标和规格，构建课程体系、教学内容和人才培养模式，进而促进小学教师教育专业化的关键。

初等教育学的建立就是要改变初等教育尤其是小学教育作为义务教育、基础教育的"基础性"地位和成为升学应试的附庸的现状,实现对普通教育学的必要超越,揭示初等教育的特定内涵、特殊属性和特有价值。《小学教育概论》正是基于初等教育学近年的研究成果,开设的一门小学教育专业的导论课。这本教材编写者都是有着长期小学教师培养经验,并热心于初等教育学研究的高校教师。本书由安徽师范大学阮成武教授策划设计并主编,邀请了合肥学院江芳教授、湖南第一师范学院蒋蓉教授担任副主编。这本教材的编写努力突出以下几点特色:

1. 以初等教育学的理论研究为学科基础,探索小学教育的特定性质、特殊规律、特定价值。本书试图基于历史研究、比较研究,从初等教育制度沿革和思想演变两个层面,建立小学教育的历史论、性质论、功能论、目标论、内容论、制度论、机构论、教师论、儿童论、实践论、发展与改革论。以此为高素质专业化小学教师的培养,提供更加开阔的理论视野和更加厚实的理论支撑。

2. 基础知识与实践前沿相结合,在揭示小学教育基本理论的同时,将小学教师引向小学教育改革和发展的实践前沿。作为小学教育专业的导论课,自然需要突出基础知识、基本概论,展现初等教育学学科的基本框架,使学习者对小学教育有一个系统的理论认识,为后续课程的学习奠定理论基础。同时,本教材积极关注小学教育的最新政策、法规,小学教育改革和发展的最前沿问题,初等教育学的最新研究成果和信息,特别是及时反映了《国家中长期教育改革和发展规划纲要(2010—2020年)》的相关政策精神,使学习者将理论学习与小学教育改革和发展的前沿实际做到"无缝对接"。

3. 将学术研究与学习者的认知过程结合起来,在努力提高小学教师的理论素养的同时,突出教材呈现方式的灵活性、丰富性与可读性。本书的每一章基本按照"教学目标——案例导入——理论呈现——思考与研究"的架构体例进行呈现,中间穿插了很多相关的"案例"、"资料链接"以及一些图表,方便学习者根据自己的需要系统学习和进一步深化研究。

本书的编写过程是编者们不断学习和研究的过程,大部分观点和内容出自各自的研究成果。其中,第一、二、三、四、五、九、十、十二章由安徽师范大学阮成武教授完成;第八章由合肥学院江芳教授完成,第六、七章由安徽师范大学宋波老师完成,第十一章由湖南第一师范学院蒋蓉教授和李金国老师完成。安徽师范大学教育科学学院研究生张宁、张霞、胡健、叶蕾、丁慧琴、张恒等同学参与了有关章节的资料收集和整理。阮成武教授负责全书的统稿工作。本书的编写参考了大量相关研究者的著作、论文和文献,特别是直接引用其中的一些案例或作为资料链接。在此谨向这些作者表示衷心的感谢。

本书撰写还得到人民教育出版社刘立德先生、上海师范大学惠中教授等的热情鼓励和帮助,特别是华东师范大学出版社的积极支持,责任编辑朱建宝先生为本书的出版更是付出大量心血。此外,本书作为本人负责的国家精品课程"教育学原理"系列教材,安徽师范大学教务处、教育科学学院的领导和同仁也提供了很多条件和帮助。在此一并致谢!当然,本书不可避免地存在很多不足和瑕疵,敬请广大同仁和同学们给以指正,以便以后修订完善。

阮成武

2010年5月8日于江城芜湖

第一章

导论

- ★ 知道"小学教育概论"课程是在初等教育学学科形成和发展基础上开设的一门小学教育专业的专业基础课；初等教育学与小学教师养成及其专业化有着密切关系
- ★ 明确初等教育学对小学教师专业化有着重要作用
- ★ 知道"小学教育概论"课程的学习与研究方法

> **案例 1-1**

李吉林:给孩子有"情"的教育

李吉林,中国情境教育思想体系探索者,一位从小学教师成长起来的儿童教育家。

"任何成功的教育都离不开一个'情'字,否则就成了无情的教育,成了赤裸裸的知识传授。"这是我国著名教育翻译家、华东师范大学教授杜殿坤20多年前为李吉林第一部学术专著《情境教学实验与研究》所作序言中的一段话。如今,李吉林8卷文集已由人民教育出版社出版,她创造的中国情境教育思想体系也在广大中小学遍地开花。回想李吉林与留级生小成成的一段往事,我们或许能从中悟到情境教育的内涵。

李吉林和长大成人的"小成成"在一起

"他是大哥哥,不许喊他留级生"

1979年,李吉林老师的情境教学实验班来了一个叫成成的留级生。成成已经是第三年读二年级了。他的父母在乡下,他平时跟奶奶过。李吉林与成成稍一接触,就意识到这是一个与集体有距离感的孩子,必须格外注意保护他的自尊心。所以在成成来上学的前一天,她郑重地对全班宣布:"明天来的新同学成成比你们大两岁,他是我们二(1)班的大哥哥,谁也不许喊他留级生!"

李吉林觉得,要让成成自尊自爱、抬起头来,最重要的是要把他的成绩提上去,让他觉得"我也行"。于是上课时,容易的问题,李吉林就请成成发言,他答对了,就热情地表扬他。每次得到表扬,成成都显得很高兴。渐渐地他开始主动举手了,只要他举手,李吉林必定请他发言。孩子一旦受到尊重,潜力就很容易被激发。不久,成成的观察日记有进步了。有一天,李吉林读到他的这样一篇日记:

"放学回家,奶奶还没回来。天快黑了,我站在门口等奶奶回家,等了很多时候,看见奶奶回来了,我真高兴,就挽着奶奶的胳膊走回家去。"

读到这里,李吉林心里淌过一股暖流——小成成的爸妈不在身边,祖孙之间的感情对孩子来说太重要了!日记中"挽着奶奶的胳膊"这个短句,表现了成成对奶奶的亲。她当即用笔在下边划了一串红圈,第二天又在班里念了这篇日记,大加称赞。从此,成成的学习劲头更足了。

孩子的自尊自信发展起来了

一年后,成成升到了三年级。一次,江苏电教馆要来拍李吉林的口头作文课。20世纪80年代初,拍教学录像还是挺新鲜的事儿,孩子们个个都向往。可是电教馆的人提出只要30个学生参加拍摄,李吉林当即表示反对,她说:"还有十几个学生怎么办?如果学生不能全体参加,我宁可不拍。"电教馆的人同意了她的请求。

拍摄过程中,成成也举了手。李吉林像平时一样请他回答。他站起来说:"刚才有位同学说'在阳光下,小河水荡漾着银色的波纹',不对!月光下的小河才有银色的波纹,阳光下的波纹应该是金色的。"

李吉林激动了,成成讲得多么好啊!他的学习态度和语言敏感度都有了明显的进步!她深深感到:在不断受到尊重、信任、激励的环境中,孩子的自尊自信发展起来了,智慧和健康的人格发展起来了。

师生深情永驻心间

小学快毕业的那一年,成成要回乡下了。爸爸带着成成来到办公室,向李吉林告别。成成哭了,李吉林也哭了。谁也没有想到,27年后,这一幕竟然重演——2008年实验班同学聚会,王许成——当年的小成成,已是一家外贸公司的经理。四十来岁的汉子,竟一把抱住李吉林,泪流满面。他喃喃地说:"那时候,只有李老师不那样看我……"

当年成成离开二附小后,考上了实验中学,作文在班里获得过第一名。因为家境困难,他没有报考大学,而是靠着自己的努力读完了电大。他告诉李吉林,虽然金融危机使企业面临困难,但他们要用信誉与客户建立感情,走出困境。

李吉林难掩激动,此时已是儿童教育家的她,再一次体会到:在用真情营造的教育中,才会有人性、人品与智慧全面发展的全人教育。

(资料来源 宋晓梦:《李吉林:给孩子有"情"的教育》,《光明日报》2009年5月8日)

对于现代教育的最基础一级——小学教育的性质、功能、任务、目标、内容、途径等一系列基本的理论问题,人们会从不同意义和角度去认识和理解,并对小学教育提出这样或那样的要求和期望。小学教育由此而变得让人难以认识和把握——教育现象纷繁杂呈,教育问题历历丛生,教育术语不断翻新,教育思想流派各异,教育改革步履维艰。它需要我们每一位小学教育工作者(包括即将从事教育的"准教师")对于小学教育的认识,应当从一般性、常识性的经验层次,上升到学理性的理性高度,从现象深入到本质,形成对小学教育的规律性认识。以研究小学教育为主体的初等教育活动及其规律的理论体系和专门学问,就构成一门教育学的独立学科——初等教育学。

无论是1992年的《学科分类代码表》(中华人民共和国学科分类与代码国家标准GBT

13745—1992），还是 2009 年发布实施的《学科专业目录》（中华人民共和国学科分类与代码国家标准 GBT 13745—2009），在教育学的二级学科"普通教育学"下，都设有初等教育学、中等教育学等三级学科。小学教育工作者通过初等教育学的学习和研究，可以理解和掌握小学教育的特定性质、特有价值和特殊规律，适应现代社会对小学教师提出的挑战和要求。"小学教育概论"正是在初等教育学研究基础上开设的一门小学教育专业的专业基础课。

第一节　初等教育学与小学教师的养成

一、前教育学时期的小学教师养成

自从人类产生，就有了教育活动。没有教育，人类的生产和社会经验就无法传承、发展和延续。正因为此，关于教育的理论和实践探索成了人类理性认识活动的重要部分，教育科学也由此发轫、发展。广义上对于教育的认识和探寻，是伴随教育的产生就开始了的。它表现为一种神话的、直觉的、习俗的和经验的形式。随着学校的诞生，教育开始由家庭转向学校，教师的职业活动更加固定化和专门化，人们对年轻一代教育的自觉性大大提高，出现了许多关心和研究教育、总结和概括教育经验的教育思想家、实践家。人类对于教育的认识因此而逐步系统化、哲理化了。

孔丘（前 551—前 479），字仲尼。排行老二，汉族人，春秋时期鲁国人。编撰了我国第一部编年体史书《春秋》。孔子的言行思想主要载于语录体散文集《论语》及先秦和秦汉保存下的《史记·孔子世家》

在这一漫长的历史演进中，关于教育的思想认识和实践智慧主要汇聚在一些哲学家、思想家和教育家的著作中。在中国古代，孔子的《论语》集中反映了他在政治、哲学、伦理和教育等方面的言论和思想。这对后世以儒家思想为核心的中国传统文化体系的形成起了极为重要的作用。尤其是他一生有着近 50 年的教育实践，乐此不疲，整理和保存了中国古代的文化典籍，首创私学，并积累了丰富的教育实践经验和教育思想。比如，他在道德教育方面，提出立志有恒、克己内省、改善迁过、身体力行等原则；在教学方面，提出勤于学习、广于见闻、学而时习、温故知新、学思并重、以学为主、学以致用、言行相符、虚心求学、奋发不息、启发思维、举一反三、因材施教、实际出发等原则和方法；在教师方面，他提出以身作则、言传身教、学而不厌、诲人不倦、讲究教法、循循善诱等原则。① 孔子不愧为中国古代第一位伟大的教育家，他的教育思想和实践对中国古代的小学教育产生了深远的影响。在此之后，涌现

---

① 郭齐家著：《中国教育思想史》，教育科学出版社 1991 年版，第 27—45 页。

了孟子、荀子、墨子、王充、董仲舒、颜之推、韩愈、张载、朱熹、王守仁、颜元等大教育家及丰富的教育思想和实践经验。其中,《学记》①、《大学》、《师说》等是我国古代的教育专著。

> **资料链接**
>
> ### 《学记》教育思想举要
>
> 《学记》揭示当时教育的五大弊端:"呻其占毕;多其讯言;及其数进而不顾其安;使人不由其诚;教人不尽其才。"
>
> 《学记》总结八项教育成功的原则:教学相长;藏息相辅;禁于未发;当其时可;不凌节而施;相观而摩;启发诱导;长善救失。
>
> 《学记》关于教师的论述:"师也者,所以学为君也。""择师不可不慎。""君子既知教之所由兴,又知教之所由废,然后可以为师也。""善学者师逸而功倍,又从而庸之。不善学者师勤而功半,又从而怨之。""记问之学,不足以为人师。"
>
> (资料来源　傅任敢著:《〈学记〉译述》,上海教育出版社1957年版)

在古代西方,苏格拉底、柏拉图、亚里士多德、昆体良等哲学家、思想家和教育家,在他们的著作中阐发了自己的教育理想和教育法的原理。柏拉图(约前427—前347)在《理想国》(又译《国家篇》)中,以对话体形式,借苏格拉底之口,阐述了他的经济、教育、伦理道德、美学、艺术和哲学观。他认为,对国家来说,教育比之立法、理财和充实军队装备更加关系国本。他提出了国家应建立幼儿教育(0—6岁,以游戏为主,学习遵守秩序)、初等教育(7—17岁,学习的第一阶段,主要学习音乐和体育、数目和计算等公民科目,并选拔进一步从事学业的人)、中等教育(18—20岁,主要是体格和军事训练,考验品质,选拔出未来统治者,进一步接受教育)、高等教育(20—30岁,学习的第二阶段,主要学数学、几何、天文学、音乐理论等,并作为学习辩证法的试验,合格者进一步学习)。他还主张男女应当教育平等。这些在中外教育史上是前无古人和影响深远的创见。② 他还继承发展他的老师苏格拉底的"启发(问答)教学法"(产婆术)。

自不待言,这些或习俗和经验形式或理性化的教育思想和教育实践智慧,为古代教师的教育

---

① 《学记》是《礼记》49篇中的一篇,成书于战国时期,通篇1229个字,集中总结了先秦时期儒家教育经验和思想,堪称世界上第一本系统论述教育问题的专著。这比外国最早的教育专著、古罗马教育家昆体良(Quintilianus, M. F.,公元35—96)的《雄辩术原理》(也译作《论演说家的培养》)早300多年。
② 李明德、金锵主编:《教育名著评介(外国卷)》,福建教育出版社1992年版,第17页。

实践活动提供了宝贵的借鉴。但这些教育思想和教育实践智慧基本属于"教育术"的范畴,尚未上升为理论和规律性认识,对教育实践还不具有普遍的指导意义。而且,这些教育思想和实践智慧在没有被人们普遍认识、接受和应用之前,很少对教师的教育实践起到实际的指导作用。相反,教师的教育工作多是凭个人经验,随意性很大,缺乏科学的理论依据,质量效率很低。

二、初等教育学创立与小学教师养成的制度化

15—16 世纪,欧洲的文艺复兴和科学技术的发展,打破了封建神学和经院哲学的枷锁。"现代科学之父"、英国哲学家培根(1561—1626)开辟了近代科学教育发展的先河。他于 1623 年在《论科学的价值和发展》一文中首次提出"教育学"应作为一门独立的科学。1623 年,捷克教育家夸美纽斯(1592—1670)的《大教学论》被认为是近代教育学独立的开端。他从"泛智教育思想"出发,试图探讨"把一切事物教给一切人类的全部艺术",创立了教育目的论、方法论、教育原则、课程和教学论、德育论以及学科教学的思想。这可以算作初等教育学的创立。

夸美纽斯(1592—1670)是 17 世纪捷克教育家,是人类教育史上里程碑式的人物。他一生致力于民族独立、消除宗教压迫以及教育改革事业,曾担任捷克兄弟会牧师及兄弟会学校校长

此后,英国哲学家、教育家洛克(1632—1704)于 1693 年出版了《教育漫话》,法国思想家卢梭(1712—1778)于 1762 年出版了《爱弥儿》,以及德国著名的哲学家康德(1724—1804),都从不同方面丰富和发展了教育理论,特别是初等教育思想。17 世纪开始,资本主义发展对普及初等教育提出了要求。第一次工业革命促进了资本主义经济的飞速发展,义务教育走向了国家化,以平民大众为对象的学校大量涌现并成为"双轨制"学校制度的一轨。与此相应的师资培训机构也开始产生,成为现代教育制度的重要组成部分,大批师资的培养需要在一定的教育科学理论指导下来进行。康德在哥尼斯堡大学期间,普鲁士政府颁布了《义务教育法》,强迫 5—13 岁的儿童入学接受初等教育。为培养大量合格的教师,该大学哲学系规定教授轮流开设教育学讲座。康德于 1776 年首次面向 30 名学生开设了教育学讲座。

此后,赫尔巴特(1776—1841)更是系统地讲授了教育学并创立实验学校,把教育研究与师资培养结合起来。1806 年出版《普通教育学》以及后来发表的续篇《教育学讲授纲要》,正是在他长期的教育学讲授和实验研究的过程中完成的。他在康德开辟的教育科学化道路上进一步探索,使教育理论向真正意义上的"科学"迈出关键的一步,他旨在将教育研究的对象进一步扩展,以揭示教育的普遍规律和普适模式。他提出:"教育学是教育者自身需要的一门科学。""教育学作为一种科学,是以实践哲学与心理学为基础的。前者说明教育的目的,后者说明教育的途径、手段与障碍。"① 他以

---

① [德]赫尔巴特著,李其龙译:《普通教育学·教育学讲授纲要》,人民教育出版社 1989 年版,第 190 页。

哲学和心理学作为教育学的学科基础,从而使教育学从经验水平的"教育术"提升成为具有"普遍性"和"一般性"的科学理论。他首创的"四阶段论"(明了、联合、系统、方法)使教学第一次超越了传统的经验模式,形成了科学的理论体系。他的学生勒因(Rein)将其进一步发展成为"五步教学法"(预备、提示、联系、总结、应用),对后世产生了深远的影响。应当说,教育学的创立除了教育家们的努力,更主要是由于社会发展的客观要求和推动。

教育学的形成和发展,又极大地推动了师范教育和教育实践的科学化。此后,瑞士教育家裴斯泰洛齐(1746—1827)、德国教育家第斯多惠(1790—1866)、俄国教育家乌申斯基(1834—1870)对于推动师范教育和教育实践的科学化作出过巨大的贡献。在西方教育史上,裴斯泰洛齐第一个提出"教育心理学化"。他的一整套要素教育理论、教学原则和方法,对于改进小学教育及教师培养工作作出了杰出的贡献。很多国家纷纷送派大批青年前来他创办的师范学校学习他的教学方法,回国后建立了各国的第一批师范学校,兴起了一场声势巨大的"裴斯泰洛齐运动"[①]。

第斯多惠继承了卢梭和裴斯泰洛齐关于发展儿童自然本性的思想,并创立"全人类教育"的思想,提出了教育的文化适应性原则和发展性教学原则。他担任柏林师范学校校长并教授教育学和小学学科教学法。他在1835年出版的《德国教师培养指南》中提出:"教师应当以教育事业为终身职业,自我教育也是终身教育,因此意义更为深远。教师要使别人获得真正的生活,就得发动别人去追求真、善、美,最大限度地发挥他们的天资和智力。认识了这一崇高的任务,教师就得首先开始自我修养。"[②]第斯多惠的教育思想对于小学教师产生了重要影响,他被誉为"德国教师的教师"。

乌申斯基在建立民族性教育思想的过程中,对于教师投入了极大的关注。他认为教师不仅是某一学科的讲授者,而且要掌握教育学、心理学,并具有教育技巧和教育机智,热爱儿童以及自己的专业,成为一名真正的教育者。他在《师范学校章程》一书中建立了较为完备的师范教育课程体系,将教育学、心理学、小学教学法和教育实习置于重要地位。

三、初等教育学发展与小学教师养成的专业化

教育学的创立和初步发展,使师范教育走上了科学化轨道。但现代教育在发展过程中形成的"双轨制"使师范教育自产生起就被划为群众性学校这一轨,而且,教师的专门培养也只是局限在小学教育阶段;中学教育尚未普及,而是作为大学精英教育的预备阶段,中学教师的培养则是由大学担任,进行专门的学术性教育。19世纪末到20世纪初,欧美开始了第二次工业革命,人类进入了电气化时代,对劳动者的素质提出了更高的要求。发达国家开始把义务教育由小学教育延长到中等教育初级阶段,发展成为现代国家的公共教育。相应的,一些条件较好的师范学校开始升格为师范学院,扩展成为培养中、小学教师的高等学校,并逐步发展成为以四年制为主的高

[①] 单中惠主编:《西方教育思想史》,山西教育出版社1996年版,第274页。
[②] [德]第斯多惠著,袁一安译:《德国教师培养指南》,人民教育出版社2001年版,第23—24页。

等师范教育。师范教育由从属群众性学校的一轨,统一纳入到学校教育体系中来。

师范教育的升格迫切呼唤教育科学的发展。19世纪末到20世纪初,美国教育家杜威(1859—1952)在他的哲学、社会学和心理学基础上建构了实用主义教育理论。他在批判赫尔巴特"三中心"的传统教育同时,确立了实用主义的教学"三中心",即儿童中心、活动中心、经验中心。杜威的实用主义教育突破了赫尔巴特充满思辨和理性主义的教育学传统。他于1896年创立"大学初等学校"(University Elementary School),进行小学教育课程、教材和教法的实验,他的名著《我们怎样思维》《民主主义与教育》就是他的芝加哥实验的直接成果。教育科学理论和体系的发展和创新,以及一系列新的教育制度和方式方法的创立,及时反映到师范院校的课程和教学中来,使师范教育愈加凸显师范性。师范院校课程体系中原先单一的"教育学"向多学科的教育科学方向发展。美国高师教育课程在教育专业方面就开设了教育哲学、心理学、教育史、教育原理、学校管理等,并进行系统的教育观察、见习和实习。英国高等师范院校也开设了教育心理学、教育社会学、教育史和教育哲学等。

杜威(1859—1952)

杜威1896年创立的"大学初等学校"

第二次世界大战以后,世界经济走向全面恢复,科学技术高速发展。尤其是以原子能、计算机为标志的第三次工业革命,将社会发展推向了信息化、全球化时代。发展中国家纷纷实现了义务教育,而发达国家则进一步将义务教育延向高中阶段,并积极推进教育机会均等,全面提高教育质量。进入20世纪60年代,世界经济的全面恢复和迅速发展,尤其是以原子能和计算机信息技术为标志的科技革命,将义务教育进一步推进到高中阶段。社会发展和教育改革对于教师的要求不再是数量和学历,而是教师的进一步专业化。

教育科学的发展既加强了小学与中学教师教育的连贯性和整体性,也进一步示明两者在专业上的分化和差异性。科南特在《美国师范教育》中分别论述了小学和中学教师的培训。他提出在师范学院,小学与中学教师的培养目标、课程结构应有各自特定的要求。在普遍加强文理普通教育、提高教师学术水平的基础上,幼儿园和小学头三年级教师应成为"包班制"的多面手,四至六年级教师应成为有所专长的科任教师;中学教师则应当专攻一门科目。① 同时,他极力反对取消教育学科的主张,还批评教育课程空泛重复、脱离实际,认为应切实提高教育课程的科学水平,精简科目和内容。小学教师必修的教育课程应占整个教学计划的 1/4,中学教师则应占 1/8。②教育科学发展对教育实践产生巨大的推动作用,也促进了各国改革师范教育制度,探索新的教师培养体系和模式。

60 年代开始,世界各国在加强教师学科知识教育、提高教师的学术水平的同时,切实加强教育学科,提高教师的教育专业素养,培养既是学者又是良师的"双专家",促进教师职业的专业化。各国纷纷打破传统的封闭定向的师范教育体系,将师范学院归并综合性大学,或在综合性大学成立教育学院、教育系,延长学制,实施"3+1"、"4+0"、"4+1"、"3+2"、"4+2"等不同类型的"学科专业+教育专业"的教师教育模式;同时,建立教师入职和在职教育体系,开展以教师任职学校为基地的"校本培训"。这样,长期以来的师范教育发展成为开放化、终身化、一体化的"教师教育"。为了提高教师教育的专业化水平,各国教师教育的招生制度、培养目标、培养模式、课程设置和教师资格任用制度等都进行了深入的改革和整合。

在此基础上,中小学教师教育又进行新的专业分化,由职业性质和水平高低不同的两级教育,发展成为专业方向和特质各异的两类教育。瑞士著名心理学家皮亚杰(1896—1980)指出:"从中小学生吸收知识的难度与这种知识在客观上的重要性这个双重观点来看,事实许可我们主张:儿童愈小,对他们进行教学就愈难。"③鉴于此,中小学教师专业化不应是以量为主的差别,而应成为以质为主的区别;④小学教师的专业性在于对儿童心理结构和发展水平的适应和对知识的心理学化;中学教师的专业性在于对知识结构和个体社会化水平的提升,实现文化知识的内化和转化。

中小学教师专业结构有着各自的独特性和不可替代性。各国在大学设置小学教育(也有称初等教育)和中等教育专业,下设不同的子专业及一些特设岗位的专业(如心理咨询、教育督导等),进行本科、硕士、博士多层次的教师培养和培训。如,法国大学级教师学院第一学年选择培养类型,确定做小学教师还是中学教师。小学教师重在培养多科教学能力,设计、实施、分析教学情境的能力,课堂行动和了解学生间差异的能力,教育责任和职业道德。其次,是课程结构的分化。如美国的教师教育中,小学教育和中学教育专业学生在一起学习大量的必修课程(占 1/2—1/3 不等)的同时,小学教师被作为通才来培养,要求全面掌握小学所有科目,并与各科的教学法交织在一起。学科专业与教育专业学科的比例,小学教育专业为 2∶4,中等教育专业为 4∶2。1997 年日本教育职员养成审议会对师资培养课程修改方案中"一级许可证"学分中,也凸显出中

---

① [美]科南特著,陈友松译:《科南特教育论著选》,人民教育出版社 1988 年版,第 301—324 页。
② 同上书,第 14 页。
③ [瑞士]皮亚杰著,傅统先译:《教育科学与儿童心理学》,文化教育出版社 1981 年版,第 130 页。
④ 同上注。

小学教师教育在课程结构上的区别,小学教师的培养更加注重教育学科(教职科目)的学习和研究,参见表1-1。

表1-1　日本1997年修订前后"一种许可证"教师学分对照表[①]

	小学	初中	高中
学　　科	8(18)	20(40)	20(40)
教　　职	41(41)	31(19)	23(19)
学科或教职	10(0)	8(0)	16(0)
合　　计	59	59	59

注:表中括号内为1997年前的学分数。通过修改大大增加了中学教师的教职学分,增设各级教师的学科或教职选修学分。

近年来,我国正努力实施素质教育,培养具有创新精神和实践能力的优秀人才和高素质的劳动者,以适应国际竞争和增强综合国力。为此,1999年《中共中央国务院关于深化教育改革全面推进素质教育的决定》提出,2010年前后,具备条件的地区力争使小学教师学历提升到专科层次。2001年《教育部关于"十五"期间教师教育改革与发展的意见》进一步明确要求,到2005年,大中城市和经济发达地区,新补充的小学教师中具有专科学历者力争达到80％以上;已实现"两基"的农村地区,新补充的小学教师具有专科以上学历者力争达到50％左右。我国开始实现由"旧三级"的师范教育(中专、大专、本科)向"新三级"的教师教育(大专、本科、研究生)的升格和转轨,积极推进教师教育体系的开放,实现教师职前和职后教育的一体化,实行教师资格证书制度,促进教师职业及教师教育的专业化。为了实现小学教师教育的学历升级,一批高等师范院校已成立了初等教育学院、系,一批条件较好的中师升为专科学校,或实现与高等学校的合并,承担本专科学历水平的高素质小学教师的培养任务。本专科学历水平的小学教师必将成为我国基础教育中重要的新生力量、教师专业化的重要方面军。

2002年12月,中国教育学会设立初等教育学专业委员会,开展初等教育学学科建设以及小学教师专业化的研究。2010年11月,教育部成立高等学校小学教师培养教学指导委员会,负责起草《中国小学教师专业标准》和《高等学校小学教育专业规范》。我国的小学教师专业化进入了一个崭新的阶段。

第二节　初等教育学对小学教师专业化的作用

1966年,联合国教科文组织首次提出"教育工作应被视为专业Profession。这种职业是一种

[①] 引自李其龙、陈永明主编:《教师教育课程的国际比较》,教育科学出版社2002年版,第279页。

要求教员具备经过严格而持续不断的研究才能获得并维持专业知识及专门技能的公共业务;它要求对所辖学生的教育和权益具有个人的及共同的责任感"[①]。经过30年的实践努力,1996年联合国教科文组织在日内瓦召开的第45届国际教育大会通过的九项建议中,把教师专业化列为提高教师地位的整体政策中最有前途的中长期策略。

　　无论在社会学、心理学还是文化学意义上,由"人"向"师"的转化和提升,都是一个复杂的过程。这种转化和提升如果方向偏差、结构失衡、动力不足、程度不够,都会直接影响教师素质和水平的提高。教师专业化正是着眼于教师的专业素质,促进教师的专业成长和发展,从而实现由非专业人员向专业人员的转化和提升。

　　长期以来,人们认为教育理论与教育实践的关系是一种指导与被指导的关系,指导教育实践是教育理论最本质的功能。于是,教育科学一直背负着沉重翅膀,即教育理论一定要能够指导实践,而实践工作者也急切期待着教育理论的"阳光雨露"。否则,教育科学即被视为"脱离实际"、"空疏无用"。实际上,这种认识一方面过高地设置了教育理论的价值和功能,因为不可能所有的教育理论都是绝对正确的,而且教育理论难以具有自然科学那样的客观性和普适性;相反,教育理论往往只是对教育规律的阶段性认识成果,而且教育理论总是反映着研究者特定的价值取向,具有一定的主观性和境域性。因此教育理论对教育实践的指导是有限的。另一方面,教育理论对教育实践的指导不具有强制性的效力。教育理论只有被实践主体真正认同、选择和运用,转化为实践的能力和方法才具有价值和意义。那么,教育科学的学习及教育理论的掌握究竟有没有作用,如何正确地理解和把握教育学科的功能和任务呢?

　　由上可见,教育理论对于教育实践的指导作用不是直接式的一一对应的。我们应当打破对教育理论的功能不切实际的期待和幻想,正确理解教育理论对教育实践的指导作用及其内在机制。即教育理论是通过唤醒教师对于教育实践问题的反思,促进教师对于教育实践的主体参与和价值重建,从而转化成为教师主体的教育知识、观念和能力,内化为教师的教育专业素养,只有这样才能起到实际的指导作用。因此,初等教育学的功能就在于促进小学教师的社会化与个性化,使教育理论内化为小学教师内在的教育专业素养。

一、促进小学教师的社会化

　　个体的社会化是根据一定社会的要求,把个体培养成为符合社会发展需要的合格成员的过程。教师的职责就是促进学生的社会化,使之成为合格的社会成员和有用人才;而教师的教育能力和素质并不是与生俱来的,同样也要实现自身的社会化。小学教师社会化不是泛指普通社会成员的一般社会化,而是从一般社会成员成为教育专业工作者的职业社会化。小学教师的社会化一般包括:内化教师职业价值,获取教师职业手段,认同教师职业规范,形成教师职业性格。初等教育学作为小学教师专业化重要的学科支撑,对促进小学教师社会化具有十分重要的作用和

[①] 引自[日]筑波大学教育学研究会编,钟启泉译:《现代教育学基础》,上海教育出版社1986年版,第443页。

功能：

1. 认识和导向功能

古人说"知之深，则爱之切"。现代心理学揭示了人的知、情、意、行的相互关系。同样，教师的职业信念、职业道德、职业性格以及职业能力的养成和提高，总是以科学的认识为基础的。教育理论是在运用科学方法和借助一定的概念、判断和推理，进而形成的对于教育现象、问题的理性认识，是关于教育本质和规律的知识体系，是人类在教育实践和研究的长期过程中逐步建立起来的。教育理论的学习，使得我们突破个体认识水平和经验的局限，获得作为合格教师所必备的教育专业知识(条件性知识)。从而使我们能够对千姿百态的教育现象有更加深刻的理性认识，准确把握小学教育现象、问题及其本质。同时，我们能在此基础上深刻地认识到一个小学教育工作者的任务、使命、价值、素质和要求，确立起理想的教师形象和专业发展的目标，形成教师的教育信念。这种以科学知识和系统理论为基础的教育信念，是小学教师专业成熟的重要标志，也是专业人员与非专业人员的重要区别。这种教育信念能为我们的专业行为确立基本的理性支点，使教育和教学行为有着科学的理论依据和高度的自觉性、创造性。

2. 判断和决策功能

苏联教育家马卡连柯(1888—1939)说过："一般地说来，教育学是最辩证、最灵活的一种科学，也是最复杂、最多样化的一种科学。这种见解，就是我的教育信念的基本标志。"[①]诚然，小学教育实践是一个复杂的、充满各种矛盾和不确定性的工作，初等教育学不可能为我们提供现成的解决问题的"处方"、照章操作的工艺步骤。教师必须在系统的教育理论基础上，独立地对小学教育现象、问题作深入研究与反思，对其本质特点和必然趋势进行科学的判断、预测和把握。在此基础上，提出解决问题和开展小学教育活动的方案、策略和办法。

3. 引领和提升功能

教育规律是固有的、客观存在的，因此教育理论是在科学研究基础上形成的事实性认识；同时，在阶级社会中，人们对教育规律的认识总是受阶级意识的影响和制约的。也就是说，教育理论又是一种价值性判断。首先，初等教育学的学习，会使我们在对教育的规律性认识的基础上，走进一个充满责任感、使命感和幸福感的"价值世界"。这使我们形成对小学教育事业、对小学教师职业更为理性而深挚的情感，产生强烈的从教动机，形成更为成熟的职业理想。其次，初等教育学有利于小学教师职业道德规范的养成。现代教育要求小学教师既要成为教学方面优秀的"经师"——教学专家，又要成为具有人格魅力的"人师"。这两方面都要求教师在良好的公民道德基础上，形成教师的职业道德和专业伦理规范——服务精神、深厚博大的"教育爱"、专业自主、责任感和教育公正等。显然，这同样需要建基在教师对于教育使命、教师工作价值和责任等深刻认识之上，并自觉实践的。其三，教师职业手段的获得和职业性格的养成，更离不开教育理论的导向、引领和熏陶。通过初等教育学系统理论知识的学习与研究，使我们能更加深入地了解小学

---

① [苏联]马卡连柯著，刘长松、杨慕之译：《论共产主义教育》，人民教育出版社1979年版，第238页。

教育的特性和品格，走进童心世界，养成丰富的人文情怀，形成小学教师特有的职业性格。

二、促进小学教师的个性化

小学教师在专业化过程中，通过教育理论的学习不断实现社会化的同时，也在进行自我的角色认同、意义建构，形成专业自我，从而完成个性化过程。换句话说，教师职业价值的内化、职业手段的获得、职业规范的认同、职业性格的形成，不是被动接受的结果，而是个体与社会影响的互动，从而促进教师的个性化。这其中，初等教育学对于小学教师的个性化有着不可或缺的功能。

1. 启发教育自觉

小学教育不仅具有巨大的社会价值，而且也具有丰富而深邃的自我本体价值。教师在教书育人、培养人才，对国家、人类、他人和社会作出巨大奉献和贡献的同时，也在不断实现自我的价值，发现并不断彰显自己的生命意义。然而，长期以来，教师的工作总是与"红烛"、"春蚕"、"园丁"、"人梯"联系在一起，似乎教师的工作只是奉献，只具有工具价值。很多小学教师正是背着这种精神上的"十字架"，实现着"红烛"、"春蚕"和"园丁"、"人梯"般的社会价值。这种社会价值至上的精神固然可嘉，但只是一种外在责任、使命和道德的驱动，缺乏内在的精神动力和主体自觉。这其中原因固然复杂，但重要根源在于一直以来，小学教师的思想缺乏系统的教育理论武装，尤其是缺乏对小学教师职业价值全面而深刻的理解和认识；加之，一些小学教师工作虽然繁重艰巨，但缺乏挑战性和创造性，往往只是在低水平重复着自己的劳动，更多是一种消耗、付出和牺牲，难以获得内在的精神充实和幸福感。

初等教育学的学习，一方面有利于我们对小学教育价值、真谛的更深刻的认识和领悟，尤其是重新发现小学教师工作的内在价值，实现职业意识的转变和升华，从而使小学教师的工作由义务、责任的外在驱动或是功利的诱使，发展成为教师对实现自我价值的幸福感、自我发展的成就感，由被动转向主动，由他律走向自我建构、自我追求和自我发展。另一方面，小学教师在教育理论的引领和启示下，改变单纯的重复劳动和个体经验状态，通过自主反思和研究探索，不断创造形象生动、深入浅出的教学形式，探索妙趣横生、活力无限的教育艺术，形成独具特色、丰富多样的教学风格，分享学生成长进步和成才带来的快乐。这样，教师便告别"教书匠"的乏味与无奈，在不断自我更新、自我发现和自我提升过程中，获得一种由创造带来的精神充盈和内在欢乐。

2. 形成教育智慧

教育智慧是小学教师专业素养达到成熟水平的重要标志，它是教师专业知识、能力等各种素养在教师身上实现综合的结果，又是教师长期全身心投入教育实践，不断反思、探索、创造所付出的心血之结晶。初等教育学不是告诉我们一套应当如何如何的教育规条、原则或是机械刻板的教育方法、模式，抑或操作层面的教育教学技能，而是引领我们不断地反思、探索和创造，提升教育智慧的过程。

初等教育学的学习可以促使我们原有的"习俗化"教育知识和经验得到不断改造和提升。师范生对于教育理论的学习并不是"零起点"的，童年及学生时代的生活和教育经历已使我们形成了一系列关于教育、学习、管理以及教师工作的"前科学"水平教育知识,或称为"缄默知识"。它与教育理论的关系是:"如果没有系统的教育理论知识的传递和掌握,就没有教育理论知识的发展;反过来说,如果没有缄默教育知识的揭示、分析和批判,系统的教育理论或显性教育知识也就不能转变为教师真正的思想财富,就不能在教育教学实践中发挥应有的指导作用。"[①]只有实现了这种相互支持和转化,教师的教育知识才能不断建构和优化,而这正是教育智慧最重要的知识基础。同时,教育理论知识以及在学习过程中的分析、比较、反思、质疑和探究,又是我们形成和发展教育思维能力的过程。教师的教育思维能力一般包括教育洞察能力、反思能力、判断能力、决策能力、预见能力和创造能力,是我们在教育实践中分析和解决各种问题、创造性地开展教育工作的重要保证。它比操作层面的方法、技能的指导和训练更加重要。

总之,小学教师社会化与个性化是教师专业化相辅相成的两个方面,这种发展过程是长期的、终身的,持续到整个职业生涯,需要教师不断努力和奋争,也需要持续有效的继续教育和终身学习。但小学教师在职前阶段通过初等教育学等教育理论的系统学习和熏陶,其作用是不可替代的。

第三节 "小学教育概论"的学习与研究

初等教育学对于教师专业化的作用和功能只是应然的、潜在的,建立在该学科基础上的"小学教育概论",其作用的发挥与实现有赖于一系列的因素。一方面是教育理论本身的明晰性、科学性、时代性和文化适应性水平;另一方面是实践者对教育理论的认同和内化,受制于实践者自身的反思意识和能力、理论素养和思维能力,以及创造性应用理论开展实践的能力。[②] 而连接两者的中介因素——学习者对教育理论学习和研究的方法,显得至关重要。

一、理论学习与教育实践相结合

这是学习教育科学的最基本的方法和原则。小学教师的知识结构具有专业特点,即在掌握一般文化知识和本体性知识的同时,还必须具备条件性知识和实践性知识。后两者的有机结合和建构,才能形成小学教师专业实践所依赖的知识基础——教育知识。一个人从普通人成为专业工作者的教师,所接受的专业训练,主要就是教育知识的获得;一个教师从新手成为专家,同样是要习得专家型教师所特有的教育知识。这其中,条件性知识主要是通过系统的教育科学学习和研究,从而获得对教育活动的普遍的规律性认识。有关调查发现,我国中小学教师的知识结构

---

① 石中英著:《知识转型与教育改革》,教育科学出版社 2001 年版,第 252 页。
② 彭泽平:《对教育理论功能的审思和思考》,《教育研究》2002 年第 9 期。

明显不合理,50%以上的中学教师的条件性知识达不到基本要求,小学教师条件性知识的通过率也只有63.2%。[①] 因此,切实加强教育专业课程开设和教学改革,对小学教师专业化尤为重要。然而,条件性知识并不是直接地传授和告知就能够真正内化和获得的,更不是由此而直接转化成教师的教育行为的。教育理论知识只有与我们"先在的"缄默知识有机整合,通过我们的反思、检验、批判,实现对这些"先在的"缄默知识的改造、扬弃和提升,才能由此内化为我们的教育观念和行动指南。另一方面,我们在学习系统的教育理论的同时,还应努力获得与此同等重要的实践性知识。也就是说,我们不单单接受专家和书本提供的教育知识,而且应当成为教育知识的探索者和生产者。新手教师与熟练教师、专家型教师在知识结构上的差距,正是在于熟练教师、专家型教师有着丰富而熟练的实践性知识。

然而,实践性知识总是蕴涵和内嵌在教育实践情境之中的,只有在实践活动中才能获得。因此,在加强教育学科理论课程和教学的同时,必须切实加强教育实践环节。正因为如此,英国20世纪80年代以来建立起了以中小学为基础的校本教师培训,十分重视师范生的教育实践。英国研究生教育证书课程(PGCE课程)中,要求有一半以上时间在中小学校进行教学实践。美国的教师教育虽然重心在大学,但大学与中小学合作建立起的教师"专业发展学校",为师范生临床实践及从专家那里获得实践性知识创造了良好条件。法国大学级教师学院(IUFM)将职业化实习作为课程的重心之一,要求师范生在两年学程里系统进行熟悉性实习、伴随实习和责任实习。

加强教育学科的实践性,首先应使教育理论学习密切联系我们自身的缄默教育知识实际,深入挖掘、分析和反思这些"先在的"教育常识和经验,改变被动接受和单纯的理论知识学习。同时,应积极创造条件,加强教育实践环节,从而在实践情境和指导教师的教学过程中获得宝贵的实践性知识。因此,这种教育实践不同于传统的教育见习和实习,只是作为教育理论学习的辅助环节,而是具有自身独立的意义和价值,即成为获得在课堂、书本和教师那里学不到的实践性知识的重要课堂。

二、理论学习与教育研究相结合

系统而有指导的理论学习不失为小学教师提高教育知识水平的有效途径和方式,但不能限于单纯的接受学习,而应当积极提倡反思性学习、团体性学习、体验性学习和研究性学习。

无论是教育理论知识与缄默知识的整合,还是在教育实践中对实践性知识的获取,都需要我们进行反思性学习。即在学习和实践活动中,把自我作为意识的对象,对自己"先在的"缄默知识和自己的实践行为进行回顾、问诊、反省,以实现自我判断、自我监控、自我修正和探索。反思性学习一般应通过有效的途径和载体。实践表明,"自我提问和问题单"、"案例分析"、"活动分析"(如教学录像、教案等)以及"集体反思"(对话、讨论和交流),有利于理论知识与缄默知识的整合和实践性知识的获取。团体性学习是针对传统的个体学习而提出的,强调在一种相互支持的环

[①] 申继亮等:《知识、反思、观念——当前中小学教师教育的主要任务》,《中小学教师培训》2001年第3期。

境下,通过个体相互间的合作交流、相互观摩评议、集体讨论研讨等方式,相互启发、分享、修正和共同提高。体验性学习是通过个体或团体的活动参与和开展,由书本世界进入现实的教育世界,深入学校、学生、教师以及师生交往的现实生活,以获得对教育的理解、体验和感悟。研究性学习是指在教师指导下,从学习生活和社会生活中选择和确定研究专题,主动地获取知识、应用知识、解决问题的学习活动。这种学习方式已经逐步在中小学生中普及和推广,作为我国基础教育新一轮课程和教学改革的重要部分,我们更应当积极实践和应用。

在系统的理论学习同时,小学教师还应通过适当方式参与教育研究,从中感悟和洞察教育规律。传统上,小学教师一直是一个行动者、"技术员"或"教书匠"的形象。尤其是自近代工业化社会以来,"学校是造就人的工场"[①]。教育成为一个传授系统、一个技术操控过程,教师按照规定的课程标准、教材和教学模式(如从赫尔巴特创立、后续逐步形成并对我国中小学影响至深的"五环节"课堂教学),进行程式化、技术化的重复实践,教师的工作缺乏自主性和创造性,刻板、僵化而缺乏趣味。

教师成为研究者,既是教育改革和发展的迫切要求,也是教师专业化的迫切要求。教师的教育研究主要有教育观察、教育调查、教育经验总结、教育文献研究、行动研究等。尤其是行动研究更为适合实践工作者,我们应尽早掌握和尝试实践。行动研究的基本特征是:为行动而研究,对行动的研究,在行动中研究。[②] 行动研究并不是一种独立研究方法,而是一种教育研究活动。教师通过自己的"行动"与"研究"的有机结合,不断促进自己的专业发展,以实现由"经验型教师"向"研究型教师"、"专家型教师"的提升。关于教师的教育研究,本书将在后面相关章节专门介绍,这里要强调的是应积极开展研究性学习,将教育理论学习与教育实践的行动、反思、探究有机结合,以提高学习的实效。

三、循序渐进与融会贯通相结合

在小学教育专业的系统学习中,课程开设大致包括两大类:一类是"教什么"的知识,亦称为本体性知识,以及与之相关的一般性知识;另一类是"怎样教"的知识,包括教育专业课程学习所获得的条件性知识,以及通过实践探究、反思与体验所获得的实践性知识。其中,教育专业课程是一个包含教育学、心理学、学科课程与教学论、班主任工作等的课程系列。其中,"小学教育概论"作为教育专业课程的导论课,包括小学教育历史论、性质论、功能论、目标论、内容论、制度论、机构论、教师论、儿童论、实践论、发展与改革论等。本门课程对小学教师专业化具有重要的导航和引领作用,为后续课程奠定知识基础,提供方向指引和方法指导。

本门课程在近年来教育科学特别是初等教育学研究基础上,结合国内外小学教育改革和发展实践,旨在探索小学教育的特定性质、特有价值和特殊规律,为高素质专业化小学教师的成长

---

① [捷]夸美纽斯著,傅任敢译:《大教学论》,人民教育出版社1979年版,第51页。
② 袁振国著:《教育研究方法》,高等教育出版社2002年版,第212—213页。

奠定必要的理论基础和价值基础。这就要求学习者要循序渐进,与后续课程学习联系起来,不断深化和拓展。与此同时,"小学教育概论"学习也要加强与"教什么"的知识即学科专业课程的联系和结合,避免两张皮,做到融会贯通,整体提升自己从事小学教育工作的理论和实践水平。

> **思考与研究**
>
> 　　1. 访问本地优秀小学教师,分析研究教育理论学习和教育实践的结合在教师专业成长过程中的作用和影响。
> 　　2. 从理论和实践方面,分析比较中学教师与小学教师专业化的异同,谈谈这种比较对自己职业选择和未来专业发展的启示。
> 　　3. 结合"导论"的学习,谈谈如何看待"小学老师只要中专学历就够了"、"好好的大学生,干嘛到小学做老师,多没出息"的观点。

第二章

小学教育历史论

★ 了解国内外小学教育发展的历程,知道古代、近代、现代小学教育的特点

★ 理解小学教育的内涵,了解国内外现代小学教育的变革历程与特点

★ 理解和把握小学教育的发展规律和未来趋势

案例 2-1

古代的私塾先生

"八岁孩提子,从师入学堂,整容端坐席,开口诵琅琅。"这几句歌谣生动地展现了中国古代儿童开始入学接受启蒙教育的情况。不过,古时儿童所受的教育同现代相比,差别是很大的。

在古代中国,儿童启蒙教育多由民间私塾来承担。私塾教师即塾师,俗称私塾先生或先生。唐宋以后,担任私塾先生的主要是科举落第的秀才,其次是未中秀才的童生。私塾先生从教模式主要分两种情况:一是自己开办私塾施教,二是被延请施教。塾师自己开办的私塾世称"门馆"或"家塾",即塾师在自己家里或借祠堂、庙宇,或租借他人房屋设馆招收附近学童就读。延请塾师任教的私塾又分三种情况,名称也有差别。一是"坐馆"、"教馆",即富贵人家独自聘请教师在家设馆,专教自家子弟及亲友子弟。二是"村塾"、"族塾",即由一村或一族延师择址建馆教授其子弟,有的是一村与邻村自愿结合,推举有名望、热心教育的地方绅士为学董,按田亩摊派费用,聘用塾师,择址设馆,教育子弟。三是"社学"、"义塾"或"义学",即由私人或私人团体创办并主持、经营和管理的私塾,延请塾师教育当地百姓子女。古代中国私人所办"义塾"最典型最感人的例子就是清末聊城冠县人武训通过行乞所办的崇贤义塾。

私塾先生的待遇主要由修金(或等值的实物,称"束修")构成。此外,还有膳食(即学东提供吃住)及节假日的红包或礼物等。由于施教模式、私塾先生的学养及声望、学东家境及态度等不同,私塾先生所获得的收入多少也存在很大差异。

对于私塾先生在儿童启蒙教育及以后人生履历中的作用,古人非常看重。一般平民家中往往用红纸写上"天地君亲师"五个大字供在正屋中,意寓子女学有所成、家族诗书继世,也表达出对"师"的敬重。但就总体而言,塾师的社会地位是相当低的,明清时期更是如此。郑板桥在其《教馆诗》中写道:"教馆本来是下流,傍人门户度春秋。半饥半饱清闲客,无锁无枷自在囚。课少父兄嫌懒惰,功多子弟结冤仇。"当然,由于学识、人格修养等的不同,私塾先生个体的社会声望也存在很大差异。一些知识渊博、教学有方的私塾先生往往会获得较高的社会声望。私塾先生地位虽低,但世人选择私塾先生的标准却是很严格的,除了品行端正和学问好之外,还要求塾师教学经验丰富,"必择人品端方,学问通彻,不嗜烟赌,而又不作辍、不惮烦、勤于讲解者,方足以当此任"。对于相当一部分私塾先生来说,要教好学生,获得好的教学声望,实在不是一件容易的事。

(资料来源 《中国教育报》2008年10月10日)

认识小学教育,必须用历史唯物主义观点、立场和方法,从历史和逻辑的角度,考察小学教育是怎样产生和发展的,从而找到小学教育发展的动力机制、线索轨迹和内在逻辑。以此,我们才能准确把握小学教育内涵、现代小学教育与传统小学教育的关系,以及现代小学教育的本质特点,从而在制度和思想上理解小学教育的发展规律和未来趋势。

第一节 古代小学教育

一、古代小学教育的产生与发展

目前世界上所发现的有文字记载的最早的学校——苏美尔学校,就是小学性质的学校,距今2500年。苏美尔学校主要培养寺院和宫廷的缮写员,"教科书"是几百块刻有象形文字的小泥板,内容有数学、语言学(苏美尔语)、绘画等。校长被称为"学校之父",学生被称做"学校之子",另有助教(称做"老大哥")书写新的内容供学生誊写,并负责检查。导生则负责考勤和鞭打违纪的学生。[①] 西方最早的学校是古希腊时期雅典的文法学校、琴弦学校和斯巴达的国家教育机构。通过文化教育和军事训练,培养和谐发展的个人或武士、军事领导人。

我国最早的学校产生于夏朝。其中,"序"是习射的场所,并发展成为奴隶主贵族议政、祭祀、养老和教育子弟的地方;"校"本是以木材为围栏、驯马养马的地方,后发展成为习武的场所,为奴隶主"为政尚武"、巩固统治政权服务。中国古代自从学校产生以后,便逐步形成了"小学"和"大学"两个并无直接联系的教育阶段。"大学"乃"大人之学",以成人为教育对象,以"修身齐家治国平天下"为目标;而"小学"则以儿童(大致包括6—20岁左右的未成年人)为教育对象,着重进行启蒙教育和行为的训练。如《东汉观书》卷一《帝记》载:"光武……年九岁而南顿君卒,随其叔父在萧,入小学。"汉代的小学教育机构有小学、书馆(可能是比小学更为普遍的儿童教育机构)、书舍(可能比书馆程度高一些)、官邸学(为皇亲国戚子弟设立的小学)、私学等。古代小学教育的基本职能在于:一是蒙养,进行道德品格的培养,行为习惯的训练,读书识字习武和算术等知识技能的学习;二是进行社会道德伦理和文化礼仪的教化。此外,也作为"大学的补充",尤其是在科举时代小学更是为科举考试服务。古代小学有官办的,但数量很少,而主要是私学性质的。

西方自古希腊始,雅典教育中就有文法学校、弦琴学校。古罗马时期的学校教育已形成较完整的体系,7—12岁的男女儿童都可以进"初级学校"学习。进入中世纪以后,学校被教会所垄断。中世纪后期,社会生产力的发展,城市的兴起和市民阶层的出现,促使形成了中世纪的大学以及世俗性的城市学校(即城市自治组织和行会组织成立的"基尔特学校")。城市学校打破了教会对教育的垄断,传授初步的文化知识和实用技能,为后来初等学校的产生奠定了基础。

[①] [美]克雷默著:《最早的学校》,载瞿葆奎主编:《教育学文集·教育与教育学》,人民教育出版社1991年版,第260—261页。

二、古代小学教育的特点

古代小学教育有着一系列基本特点：

一是学校教育与生产劳动严重脱离。进入奴隶社会以后，学校便由不劳而获的奴隶主阶级掌控，他们不允许自己的子弟去学习那些只有奴隶们才需要的生产知识和技术。反过来，他们更不允许从事生产劳动的奴隶进入学校接受教育。学校教育的内容主要是一些统治术、外交术和军事训练。如我国西周的教育以"六艺"为内容，即礼、乐、射、御、书、数。进入封建社会，统治阶级的统治手段改奴隶社会的血腥镇压为道德教化和宗教控制。教育内容主要是渗透着封建伦理的道德文章和宗教教义。中国封建社会教育以伦理道德为本位，形成了完整的儒学教化网络，确立所谓"格物、致知、诚意、正心、修身、齐家、治国、平天下"的求学做人的目标和路径，以此引领着人的一生及整个教育过程。蒙学便是这个教化网络的基础和启蒙阶段。蒙学的学习内容包括：常识类，如《百家姓》；诗歌类，如《神童诗》、《千家诗》；人伦类，如《弟子规》、《童蒙须知》；综合类，如《三字经》、《千字文》等。这些教材从识字入手，将知识性、趣味性、伦理性很好地结合起来，以达到"蒙以养正"的目的，为以后"治国、平天下"立下根本。欧洲中世纪的学校为教会所控制，教育内容是贯串着神学精神的"七艺"——文法、修辞、辩证法、算术、几何、天文、音乐。

二是学校教育具有鲜明的阶级性、宗教性和等级性。古代教育的阶级性突出地表现在教育的领导权和受教育权以及教育目的上。学校成为统治阶级接班人的培养所，享受学校教育是统治阶级的特权和专利，同时也成为其谋取权力、地位和荣华富贵的阶梯和敲门砖。在奴隶社会，所谓"学在官府"、"礼不下四夷"。到了封建社会，虽然学校教育的对象、规模、种类相对扩大和增加了，但教育进一步增加了等级性和宗教性。我国春秋末期私学的产生打破了"学在官府"的文化垄断。私塾将学校教育延伸到乡村，以小地主的子弟和经济条件较好的农民及手工业者的子弟为教育对象。欧洲的教区学校也遍及城镇乡村，一般的劳动者子女也可入学。但绝大多数劳动者子弟被排斥在学校的大门之外，教育的阶级性依然十分明显，只是比奴隶社会有了进步。与此同时，以世袭方式和血缘关系为纽带建立起来的封建等级制加强了对学校的控制。在统治阶级内部，将学校与出仕授官、权力分配直接联系起来，以增强学校的社会分层功能。如我国唐朝官学中的"六学"（国子学、太学、四门学、书学、律学和算学），对每一级学校的入学资格都作出严格规定，区分的主要标志是祖、父辈官品的高低。而皇亲国戚的子弟则专设"二馆"（崇文馆、弘文馆）。宗教性主要是指在西方中世纪时期，教育为教会所垄断，圣经是唯一的最高真理。虽然在"七艺"中也有算术、天文等知识，但无不涂上浓重的宗教色彩。如把"1"解释为上帝是唯一的神，"2"是指耶稣基督具有神性和人性的两重性格，"3"是指圣父、圣子、圣孙的三位一体，"4"是指四个福音天使……

三是教育制度和方法以纪律约束和体罚为主，强调师道尊严。古代教育有着极强的专制性，旨在加强对受教育者的思想和行为控制。中国儒家思想中的三纲五常、中庸之道，西方的宗教教义,都强调对封建统治思想和秩序的服从和维护。在儒家教育思想中,教师作为"道"的化身、"德"的典范、"礼"的代表,具有至高的权威。荀子认为,"师法"事关国家兴亡。他提出:"国将兴,必贵师而重傅;贵师而重傅,则法度存。国将衰,必贱师而轻傅。"①因为,"礼者,所以正身也;师者,所以正礼也。无礼何以正身?无师,吾安知礼之为是也?"②所以教师对学生有绝对的权威。"言而不称师,谓之畔;教而不称师,谓之倍。倍畔之人,明君不内(纳),士大夫遇诸途不与言。"③荀子的这一思想合乎封建统治阶级的利益要求,因此在中国古代教育的发展中影响深远。与此同时,学校以灌输压服、死记硬背和体罚为基本的教学方法。《学记》明确提出:"夏楚二物,收其威也。"宋元的蒙学要求儿童读书要熟读成诵,"不可误一字,不可少一字,不可多一字,不可倒一字"。虽然,教育者们也非常提倡个人的"精思"、"自得",然而个人的自得和修养只能在"三纲五常"的范围之内。在欧洲的僧侣学校中,棍棒、鞭条是必备的"教具",罚跪、监禁、断食、殴打盛行。残酷的棍棒纪律,严重地压制人的个性,消磨和摧灭人的意志。

图 2-1 中国古代的私塾

四是教育组织形式以个别教学为主。建立在个体手工业的基础之上,古代东西方的教育都是以个别施教的形式为主。我国古代的私塾中,每个学生修业时间可同可异,同一时间内学生的课业进度各不一样,教师则分别进行个别指导。古代西方的学校也是个别进行的,同时在校的学生,其入学时间、学习的内容和进度也各异。

---

① 《荀子·大略》。
② 《荀子·修身》。
③ 《荀子·大略》。

> **资料链接**
>
> ### 《庙学典礼》一书对元代官办小学的教学组织形式的记载
>
> 设立小学，照依已行事理施行。
>
> 坐次，师席居中，左右以次设书桌（以左为上）。诸生序齿，两两相对。直日设坐，师席南。两端，钟设于师席右，名牌设于师席左。
>
> ……
>
> 诸生所讲读书，合用朱文公《小学》书为先，次及《孝经》《论语》。早晨，合先讲《小学》书，午后随长幼敏钝分授他书。……
>
> 诸生逐日仪式：
>
> 晨参。（略）
>
> 讲书。直日与侍立各一人，以《小学》书及签筒置于书桌，异于堂中。诸生北面重行立，钟声一声，喝诸生齐揖，拱立。初开讲日，师先讲《小学》书第一章，次日诸生齐揖毕，侍立取签筒置师前桌上，呼其上姓名，闻呼者出班，自东方折旋入本位。或抽三四签，唯师意。毕，复讲第二章。讲毕，鸣钟，喝揖，诸生齐揖。毕，喝复位，诸生各就位。
>
> 诵书。诸生就位诵所授书，或未通晓，起立拱手问，师再说。或斋长先通，师令巡问诸生通否。
>
> 会食。（略）
>
> 习字。（略）
>
> 试书。直日鸣钟，诸生各执书，重行立于师前，以次就试。当试者以两手执书册度与师，或各执，或令斋长右立执之。试者揖毕，拱立念书。毕，复向前取书册而退。俱毕，以次授诸生书。
>
> 授书。（略）
>
> 出入。（略）
>
> 暮归。（略）
>
> （资料来源　迟小芳著：《中国古代小学教育研究》，上海教育出版社1998年版，第282—287页）

以上概括的是古代学校教育的基本特点，但事实上，广大劳动人民虽然没有机会进入学校接受这种系统专门的教育，然而他们在生产劳动和社会生活过程中的教育活动从来没有停止过。"这种自然的、非制度化的学习方式在世界广大地区内一直流行到今天；这种学习方式至今仍为为千百万人提供教育的唯一形式。"①

第二节 近代小学教育

一、近代小学教育的产生

为了反对宗教愚昧主义,反映新兴的市民阶层和资产阶级在教育上的要求,夸美纽斯从"泛智"思想出发,大力倡导开办新型的泛智学校,推行普及小学教育。他依据儿童的年龄特征,把人的教育分为四个阶段:出生到6岁是婴儿期,设立母育学校实施家庭教育;6—12岁是儿童期,由设在每个村落的国语学校进行小学教育;12—18岁是少年期,由设在每个城市的拉丁语学校实施中等教育;18—24岁是青年期,通过设在省或王国的大学实施高等教育。夸美纽斯对小学教育及普及小学教育制度的确立,作出了历史性贡献。

1640年英国资产阶级革命标志着世界近代史的开端。此后,法、俄、美、日等国也先后爆发革命,资本主义制度逐步确立和巩固下来。与之相应的是资本主义教育制度的形成和发展,现代教育制度也随之不断建立和完善。但在20世纪初以前,小学教育一直作为双轨制教育制度的一轨,基本上是为劳动人民子女提供的教育。也就是说,在这一过程中,虽然各国纷纷颁布法令,大力普及小学教育,由国家拨款来建立免费的初等学校网点,设立师范学校来培养初等学校的教师,但这一发展过程中,小学教育的普及与发展,对提高广大劳动人民的科学文化水平,推动现代生产力发展和社会的文明进步产生了巨大作用。

第一,作为慈善事业的小学教育。17世纪中期以后,随着工业革命和资本主义制度的逐步确立和巩固,与之相应的现代国民教育制度也开始形成和发展。但在20世纪初以前,西方的国民教育体系一直是双轨制的。小学教育作为双轨制教育制度的一轨,主要由教会控制,是一种"慈善的事业",为劳动人民子弟提供一种普及性、终结性的谋生教育,而与双轨学制中的另一轨——精英教育的学校系统(大学及其预备学校——文科中学)相隔离。总之,这一时期的小学教育是为劳动人民开办的,主要是在教会控制之下的一种慈善性事业,是工业革命的发展与当时社会政治矛盾共存的产物。

第二,作为公共事业的小学教育。19世纪后半期至20世纪40年代,现代生产对劳动者的知识和能力要求也不断提高,成年工人和童工的知识水平、劳动纪律以及教育问题开始成为资本主义经济和社会发展的重要问题。国家逐步从教会的手中争得初等教育的举办权,初等教育开始纳入国民公共教育制度和体系,作为一项公共事业。德国的魏玛公国1619年颁布的《学校法令》

---

① 联合国教科文组织国际教育发展委员会:《学会生存——教育世界的今天和明天》,教育科学出版社1996年版,第27页。

要求开列6—12岁男女儿童名单以保证适龄儿童入学；普鲁士国王威廉一世于1713年颁布教育法令，详细规定了政府设立学校、强迫义务教育、学校课程、办学经费等。法国在大革命时期，提出人人享有平等的受教育机会和权利，强调普及教育的重要性，由国家举办"国民教育之家"。1833年法国颁布施行《基佐法案》，规定每个乡必须设立一所初等小学，每个城市要设立一所高等小学；儿童入学要交费；初等小学课程有读、写、算、法语、神学、道德，高等小学课程开设几何、测量、绘画、史地、音乐，注重与生产生活相关知识的教学；强调加强宗教教育；教师必须经专门训练，得到国家证书后方可任教。基佐教育法的实施是法国初等教育发展史上的重要步骤，推动了法国初等教育和师范教育的发展。第三共和国于1882年两次颁布《费里法案》，不仅确立了国民教育义务、免费和世俗化三原则，而且将这些原则的贯彻实施具体化。英国1883年在宪章运动的推动下颁布《工厂法》，规定9—13岁的童工每天应在工作时间接受两小时义务教育；1870年《初等教育法》规定国家实行强迫义务教育的具体措施，标志着英国初等教育制度的形成，后又相继通过义务教育和免费教育的法案。1825年美国联邦政府颁布了第一部义务教育法，随后各州相继颁布法令，实施强制初等教育和实现免费义务教育。日本在1872年的《学制令》也规定了义务教育制度。

与古代小学教育相比，近代小学教育的教育对象扩大了，并逐步发展成为一种普及义务教育。小学教育开始面向所有适龄儿童，而不再分等级和性别，国家通过法律进行规定和保障。与此同时，小学教育目标和内容也走向世俗化，功用性目的占据主导地位，基本的读、写、算能力的训练与世俗知识取代了宗教知识的地位，成为小学教育的主要内容。

二、近代小学教育的特点

近代小学教育呈现出以下四个特点：

一是宗教性和慈善性。在西方近代小学教育发展历程中，宗教的影响可谓巨大。可以说，宗教是影响近代西方许多国家发展小学教育的核心力量之一。在宗教改革运动的推动下，小学教育成为新教的领导者们宣传新教教义的重要手段，也成为英国国教重视的对象，在这种背景下，西方近代小学教育呈现出很强的宗教性和慈善性[1]，这不仅表现在初等教育的开办和管理中，也表现在小学教育的课程内容等多方面。即使到了20世纪，西方许多国家的小学教育中，宗教性的学习内容在初等学校中仍然被保留着。宗教性不仅体现在西方近代小学教育的实践活动中，而且体现在西方近代教育家的教育思想中。在夸美纽斯等人的思想中，培养宗教信仰是重要的目标之一。在洛克等人的观念中，初等教育是一种慈善性的工作。随着国家意识和国家权力的加强，教会开办初等学校的权力被逐渐剥夺，小学教育的宗教性和慈善性才逐渐减弱。但小学教育中的宗教教育并没有被完全排除，小学教育的宗教性仍然在一些西方近代国家中被保持下来。

---

[1] 钟文芳著：《西方近代初等教育史》，上海科技教育出版社2006年版，第92页。

二是民族性和国民性。中世纪后期所形成的欧洲国家是以一个民族、一种民族语言为标志的国家。因此,在欧洲,"民族"和"国家"是紧密联系在一起的。近代小学教育产生的标志——本族语学校正是民族性的最初步的体现。18世纪以后,随着民族国家权力的增强,民族意识更加得到强化。尤其是18世纪末19世纪初,在法国思想启蒙运动和法国大革命的推动下,欧洲社会在精神领域兴起了民族主义和国家主义思想,在19世纪的上半叶,"民族主义是最有声势的革命原则"。在卢梭等法国启蒙思想家的思想中,在以费希特、黑格尔为代表的德意志民族主义的思想中,以及建国初期的美国领导者的思想观念上,都强烈地体现出这种以民族和国家利益为上的思想观念。重视本民族语言、本民族文化,强调国家公民对民族利益、国家利益的服从等成为民族主义和国家主义思想观念的主要内涵,在西方近代初等教育中也得到充分体现。民族性和国民性进一步增强,主要表现在:小学教育由教会所控制的慈善事业逐渐转变为由国家所管理的公共事业,普及小学教育作为国家建立的一项教育制度得到推行;小学教育培养目标强调培养国民、公民所需要的各种素养,重视对本民族文化和国家制度的学习,强调培养爱国主义精神。

三是义务性和普及性。义务教育在近代西方社会后期是一个重要的、出现频率较高的词汇。在顾明远主编的《教育大辞典》中,义务教育又被看作是"普及义务教育",根据国家法律规定对适龄儿童实施一定年限的普及的、强迫的、免费的学校教育。由于这种教育要求社会、家庭和学校予以保证,对儿童既是享受的权利,又是应尽的义务,故也称"强迫教育"[①]。从这些解释中,可以确定的是义务教育是一种通过法律来强迫实施的、免费的、普及的教育,这种借助法律的强制性来普及和实施教育的做法在近代得到确立,并且近代义务教育的普及正是从小学教育开始的。从宗教改革起,普及小学义务教育逐渐成为近代西方各国发展小学教育的一个重要方面。这也使得小学教育逐渐成为一种普及的义务性教育,从而逐渐具有了义务性和普及性这一对特性。

四是科学化。西方近代小学教育除了在实践上呈现出国民性、义务性和普及性等特性之外,在发展过程中还呈现出不断科学化的特性。这一特性促进了近代小学教育理论的确立,也促使近代小学教育在实践上越来越注重采用建立在儿童心理发展特点之上的教育教学方法,促进了教育科学方法的科学化。近代小学教育的科学化主要表现在两个方面:一是逐渐确立和形成了以心理学为基础的小学教育理论。从夸美纽斯等人继承古希腊的教育思想、提出教育适应自然的原则开始,到瑞士教育家裴斯泰洛奇明确提出"教育心理学化",直至德国教育家赫尔巴特完成"教育心理学化"的任务,科学的小学教育理论初步建立;二是众多近代教育家在小学教育的实践中纷纷尝试采用新的、符合儿童心理发展特点的教育教学方法。但小学教育的科学化在近代并没有得到真正实现,直到19世纪末20世纪初,随着儿童心理学研究的深入和发展,现代的、科学的小学教育理论才逐渐得到确立。

---

① 顾明远主编:《教育大辞典》,上海教育出版社1998年版,第69页。

第三节　现代小学教育

一、现代小学教育的发端

进入20世纪，随着科技的发展和工业化水平的提高，对各种类型和专业的中高级专门人才的要求也越来越高，传统的大学精英化教育规模不断扩大，并开始向下延伸，中等教育得到大力发展；同时，现代生产对劳动者的知识和能力要求也不断提高，义务教育随之由小学教育阶段上延到中等教育阶段。于是，原先的双轨制学校体系和教育制度逐步发展成为同一性质和体系的公共教育制度。小学教育性质也由此发生根本性转变，并与中等教育直接衔接起来。例如，作为双轨制教育制度代表的英国，1931年在《青年教育》的报告中开始将11岁以下的儿童教育称为小学教育，11岁以上的儿童教育称为中等教育。《初等学校》报告进一步确立了以11岁为界，将教育划分为小学教育和中等教育的观点。1944年的"巴特勒法案"正式将小学教育、中等教育、继续教育构成连续的普通教育学校体系。儿童在接受小学教育后，参加国家组织的统一的"11岁考试"，以决定上不同类型的中学。而作为单轨制代表的美国建之初，学校类型庞杂，无严格制度，水平也很低。为了新国家的政治和经济发展的要求，19世纪30年代开始，在贺拉斯·曼的积极推动下，美国兴起了"公共教育运动"，为培养国家公民而广泛设立学校，使人人享有平等的教育权利；通过征收教育税来维持公共教育的经费，实施免费义务教育；创立师范学校，为小学教育培养优良师资。此后小学教育得到大力的发展，在此基础上，中等教育和高等教育也获得相应的发展。南北战争以后，美国进一步形成了由幼儿教育、小学教育、中等教育、高等教育构成的完备的教育机构和制度体系。

我国小学教育是自清朝末期颁布的《钦定学堂章程》（壬寅学制）开始的。在"壬寅学制"中的三段七级学校制度中，第一级为小学教育，包括蒙学堂4年、寻常小学堂3年、高等小学堂3年。儿童10岁入学。1904年正式付诸实施的"癸卯学制"中的小学教育包括蒙养院（学前教育）4年、初等小学堂5年、高等小学堂4年；儿童7岁入学。至此，传统的蒙学性质的小学，开始向现代教育制度下的小学教育转变。1912—1913年民国政府公布的"壬子癸丑学制"把小学教育缩短为7年，其中初等小学校4年，为义务教育，高等小学校3年，毕业后可入中学或师范学校、实业学校。这反映了资产阶级普及教育和教育平等的要求。1922年的"壬戌学制"进一步将小学教育缩短为6年，即初小4年为义务教育，高小2年，并将幼稚园纳入小学教育阶段，以利于幼儿教育与小学教育的衔接。这样，小学教育的学制年限更加务实、合理，以利于普及义务教育的推行。新中国成立后，为了更有利于劳动人民子女接受完全小学教育，1951年的学制改革进一步把小学教育缩短为5年，实行一贯制；而且，为了使失学的青年和成人能够接受小学教育，新学制还设立了工农速成初等学校、业余初等学校和识字学校。

1963年在吸取建国十五年教育发展大量的经验教训基础上，制定颁发了新的中小学课程，成为改革开放前比较具有代表性的小学教学计划。"文革"期间，学制遭到新中国成立以来最严重的破坏和损失。1978年之后，政府大力推动小学教育的普及与提高。1980年中共中央、国务院《关于普及小学教育若干问题的决定》提出，80年代在全国基本实现普及小学教育历史任务。1986年，全国人民代表大会又制定了《中华人民共和国义务教育法》，明确规定实施九年义务教育。小学作为义务教育的重要组成部分正式纳入法制轨道，极大地促进了小学教育的发展与提高。2001年，在党中央、国务院的领导下，教育部正式启动了新一轮基础教育课程改革，颁发了《基础教育课程改革纲要（试行）》等一系列政策文件，初步构建了符合时代要求、具有中国特色的基础教育课程体系。

2010年，《国家中长期教育改革与发展规划纲要（2010—2020）》提出：巩固提高九年义务教育水平，巩固义务教育普及成果，提高义务教育质量，增强学生体质，推进义务教育均衡发展。我国正努力实施素质教育，培养具有创新精神和实践能力的优秀人才和高素质的劳动者，以适应国际竞争和增强综合国力。

资料链接

中国小学教育质量稳步提升

中央教育科学研究所课程教学研究中心、教育督导与评估研究中心

近年来关注教育质量，科学测评学生学业成就已成为世界教育发展的一大趋势。一些发达国家和国际组织积极推进的学生学业成就调查项目，如美国的NAEP、英国的APU、日本的学力调查、IEA的TIMSS和OECD的PISA项目等都已形成独立的学业成就测评体系，在促进本国或区域教育质量提高方面发挥了独特的作用。在世界各国普遍重视并探索进行宏观教育质量监控的背景下，对我国义务教育小学阶段学生的学业成就状况进行调查，全面、客观、真实地了解和把握我国小学教育的质量，对于推动基础教育课程改革的深化、改进和提高教育教学水平，提高教育质量，促进教育公平和教育均衡发展具有非常重要的意义。

本次学生学业成就调查的对象为小学六年级学生，调查科目是语文、数学、科学、品德与社会四个学科，主要目的是依据国家课程标准对学生在语文阅读、数学问题解决、科学和社会性发展方面的学业成就进行调查，并配合学生问卷和学校问卷对影响学生学业成就的相关因素进行调查分析。

本次学业成就调查采用分层随机抽样的方法从全国东中西部8省共31个区县抽取372所城乡小学中的18600名六年级学生作为调查样本。调查以《全日制小学（六年级）义务教育

国家课程标准(实验稿)》为依据,根据SOLO分类理论关于学习结果的分类来编制语文、数学、科学、品德与社会四个学科的试卷。调查时间为2009年5月。

本次调查中的各科试卷和问卷的回收率均达到了90%以上。本次调查运用项目反应理论(IRT)计算试卷参数和学生能力参数。结果显示,语文、数学、科学、品德与社会四个学科试卷都具有较好的信度和效度,各学科之间的相关系数也达到了非常显著的水平。各学科题目的难度分布较广,题目的区分度比较理想,各学科题目特征曲线的形态都符合项目反应理论模型,表现为能力越高的学生,答对难度大题目的概率越高。

本次调查结论如下:

对八个省共三十一个区县一万八千六百名小学六年级学生的调查表明:

- 语文、数学、科学、品德与社会四科基本达到《课程标准》要求。
- 数学合格率最高,语文最低。
- 具有较高综合解决问题能力的学生不到三分之一。
- 小学义务教育质量区域发展不均衡。男女生学业成就水平无明显差异。

(资料来源 《中国教育报》2009年12月4日)

二、现代小学教育的变革

小学教育是现代教育制度的一部分。现代小学教育的产生是现代教育以及现代社会发展的一个重要标志;同时,小学教育的产生和发展又极大地改变和推动了现代教育以及社会的发展与变革。

第二次世界大战以来,各国普遍进行经济的恢复和政治的变革,科学技术得到飞速发展,各国纷纷重视人才培养和发展教育,加大智力投资。20世纪60年代后,教育进入大发展大改革的时期,现代国民教育体系的进一步发展和完善使教育机会均等成为小学教育的核心目标。70年代,联合国教科文组织在《学会生存——教育世界的今天和明天》中提出:在向学习化社会前进的教育策略考虑的一个基本问题,是"根据需要与可能,采用多种多样的形式,进行普及的基础教育。这一点应放到70年代教育政策的头等优先地位"[①]。1985年,亚洲及太平洋地区教育部长和经济计划部长会议首次提出,把扫盲和普及小学教育作为2000年实现全民教育的目标。1990年世界全民教育大会庄严提出,全民教育的最终目标是"每一个人——儿童、青年和成人——都应获得旨在满足其学习基本需要的受教育机会";它的基本目标或中期目标之一,是在2000年前实现包括普及小学教育、成人扫盲和消除男女差异在内的"全民教育"目标。由此,小学教育具有了

---

① 联合国教科文组织国际教育发展委员会:《学会生存——教育世界的今天和明天》,教育科学出版社1996年版,第235页。

全民教育的性质。

与此同时,随着全民教育和终身教育的兴起,现代小学教育又开始改变过去作为制度化教育的附属地位,发展成为以儿童为中心的学习共同体。小学教育作为一种学习共同体,旨在为儿童终身发展服务,它被纳入个体的整个终身学习历程,注重学前教育与小学教育的衔接、小学教育与中等教育的衔接,以及学校与社区、家庭、社会相互协调与整合,形成一种生态化的学习支持系统——社区大家庭。这种社区大家庭强调学校的学习化与生活化,小学生在校长和老师的领导下,从中实现知识、经验的建构和价值态度的养成。

应当说,现代小学教育的普及和发展对工业化社会的建立作出过重要的历史性贡献。在日益发展和完善的现代教育制度体系中,小学教育有着更加重要的地位和作用。同时,随着信息化、全球化和学习型社会的到来,在信息化、全球化的今天,小学教育又面临新的挑战和变革。

美国卡内基教学促进基金会(The Carnegie Foundation for the Advancement of Teaching)前主席波伊尔(Boyer, E. L.),以其终身的教育智慧凝结成了"学习共同体"的美好理想,他借助丰富的想象力,描绘出了一幅活力无限、魅力无穷的基础学校的理想图画。他在系统研究初等教育、中等教育以及高等教育及整个教育系统过后,得出一个重要结论:"我越发地相信教育是一个整体网络,每一个学习阶段与其他阶段都关联着,而教育改革最具希望的前景在于小学,在于正规教育的头几年。"[①]"处于一个新的千年纪元来临之际,我们有机会对美国最为基本的教育机构——小学作出新的承诺。悠悠万事,唯此为大。"他认为:"基础教育是一切教育的基础。""基础学校是为孩子创造一个美好的世界。"[②]

他在系统研究的基础上提出小学教育变革的新设想。他提出:小学教育的最基本要素,用一个最简单的词来概括——联系。即在一所小学中,人与人之间是相互联系的,形成一个以促进学习为共识的社区大家庭;开设的课程是相互联系的,达到连贯一致的目的;课堂教学内容与文艺生活是联系的,构成一个更加丰富的学习环境;学习与生活是联系的,以此培养学生的优良品德。以上的相互联系,形成未来的一种崭新的小学教育,为孩子建立一个更美好的世界。

> **思考与研究**
>
> 1. 谈谈你对古代小学教育与现代小学教育区别的理解。
> 2. 现代小学教育产生和发展的根本动因是什么?如何把握小学教育发展的阶段特点?
> 3. 如何理解波伊尔提出的未来小学教育理想蓝图?

---

① 吕达、周满生主编:《当代外国教育改革著名文献(美国卷·第四卷)》,人民教育出版社2004年版,第9页。
② 同上书,第10页。

第三章

小学教育性质论

- ★ 理解"教育"的基本意义和时代内涵
- ★ 掌握教育系统的基本构成要素、教育的组织形态及它们各自组成部分之间的关系
- ★ 了解小学教育的社会制约性和内在规定性
- ★ 准确地认识和掌握当代小学教育的性质与内涵，以及我国小学教育性质的历史演变与当代特征

案例 3-1

教育评论:多给孩子"松绑"

近日,英国一群小学生对大黄蜂的觅食行为进行实验观察,并在英国皇家学会主办的《生物学通讯》上发表了研究论文。在这些小学生的眼里,科学实验充满了乐趣,就像是玩一场游戏。诚如该校校长所言,"让学生们丢下书本,花大把时间观察大黄蜂,最终就产生了这样的成果"。

有识之士早就提出,要给孩子"松绑",按时下的说法就是要把孩子从小天地的"圈养"中解放出来,以"放养"之道来培养孩子。高尔基不就是被"放养"出来的吗?他生于一个木匠的家庭,由于父母早亡,幼年时曾寄居在外祖父家里。他只上过两年小学,曾当过鞋匠、面包师、码头工人,但酷爱读书,勤奋自学。后来,他结识了进步知识分子,参加他们的集会,阅读革命著作,这成了高尔基真正的"大学"。虽说,被"放养"对其是无奈之举,但终究因此而造就了高尔基。

鲁迅又何以不是被"放养"出来的?他在《朝花夕拾·小引》上写道:"我有一时,曾经屡次忆起儿时在故乡所吃的蔬果:菱角、罗汉豆、茭白、香瓜。凡这些,都是极其鲜美可口的;都曾是使我思乡的蛊惑。后来,我在久别之后尝到了,也不过如此;唯独在记忆上,还有旧日的意味留存。他们也许要哄骗我一生,使我时时反顾。"这段文字吐露的是怀旧情结,但也从一个侧面折射了其孩提时曾经有过的被"放养"的自由。细细读一读他的《从百草园到三味书屋》、《社戏》等文章,就不难读到少年鲁迅的玩性及其对追求有趣味的自由生活的渴望。

对孩子进行"放养"教育,绝不仅仅是为了放逐天性,也是为了开发智力和智慧。最近读费思发表在《新知客》上的文章,便找到了答案。他指出,孩子的早期发展好比一盘围棋,通过对某一领域的强化,或许能够占据大脑的一席之地。然而,圈地的同时,却可能迷失了天下大势——大脑在定向教育下沦为复读机,不知道自己为什么这么想,不知道接下来该想什么。正确的做法应该是激活神经元细胞体的各个区域和联结通路,"让大脑一开始就锻炼出高度的主动学习能力和适应能力,就像做城市规划那样,先来一个全盘的高瞻远瞩的合理布局,日后,再去精细化局部。与之相应的教育方法应该是:提供一个宽松的环境和丰富的材料,鼓励孩子自主地去探索和发现事物之间的联系;并帮助孩子有意识地强化感受到的经验,从那些看似非常简单的经验产生丰富的认识"。从这个意义上说,英国小学生玩出大论文,是得其神韵的。

如今,无论是家长还是学校都怕孩子输在起跑线上,于是孩子们只能被"圈养"而失却应有的天性。60多年前,教育家陶行知先生就说过:"我们要解放小孩子的空间,让他们去接触大自然中的花草、树木、青山、绿水、日月、星辰以及大社会中之士,农、工、商,三教九流,自由地对宇宙发问,与万物为友,并且向中外古今三百六十行学习。"给孩子"松绑",让孩子享受"放养"之趣,不该成为我们家庭、学校和社会的责任吗?

(资料来源 《解放日报》2011年1月11日)

《中华人民共和国宪法》第十九条规定:"国家举办各种学校,普及初等义务教育,发展中等教育、职业教育和高等教育,并且发展学前教育。"《中华人民共和国教育法》第十七条规定:"国家实行学前教育、初等教育、中等教育、高等教育的学校教育制度。"第十八条规定:"国家实行九年制义务教育制度。"这表明,小学教育作为我国学制相对独立的教育阶段,既有着教育的一般性质和基本特点,又有着自身的特殊性质。在我国全面建设小康社会和建设比较完善的现代国民教育体系背景下,小学教育的性质应当重新理解和把握,并赋予其崭新的时代内涵。

第一节 对教育的基本认识

一、教育的概念

人们往往是在不同范围上理解和使用"教育"的:(1)广义的教育。如《中国大百科全书·教育》(1985年版)认为:"从广义上说,凡是增进人们的知识和技能,影响人们的思想品德的活动,都是教育。"[1]"教育就是把人类积累的生产斗争经验和社会生活经验转化为受教育者的智慧、才能与品德,使他们的身心得到发展,成为社会所要求的人。"[2](2)狭义的教育。一般是指学校教育。(3)特指的教育,主要是指思想品德教育。(4)中义的教育。根据联合国教科文组织1976年编定的《国际教育标准分类》给教育所下的操作性定义:"本标准分类所指的'教育'不是广义的一切教育活动,而是认为有组织地和持续不断地传授知识的工作。"它把"培训"、"校外教育"包括在内,而且既适合正规教育也适合非正规教育,并适用于各种类型的学生和各个年龄组(见表3-1)。[3]这种中义的"教育"反映了国际教育发展和学习化社会的基本方向,也是与我国正在建立的"大教育"体系发展趋向相一致的,因此应引起我们的关注。

---

[1] 《中国大百科全书·教育》,中国大百科全书出版社1985年版,第1页。
[2] 王道俊、王汉澜主编:《教育学》(新编本),人民教育出版社1989年版,第27页。
[3] 陈桂生著:《教育原理》,华东师范大学出版社1993年版,第195页。

表 3-1 《国际教育标准分类》(1976年)中"教育"范围表解

无目的的学习				
在家庭和社会辅导下的学习	《国际教育标准分类》确定的"教育"			自学
^	正规的学校教育和大学(正式的)	成人教育		^
^	^	正式的	非正式的	^
无目的的学习				

人们对"教育"的定义有两个基本的出发点。一是从社会的角度。苏联及我国的教育学研究者大多从社会的角度,如前文所引。这种出发点的定义,强调社会对个体的影响,注重教育的个体社会化功能。另一种是从个体的角度。欧美的教育学者则更多是以个体为出发点来理解和定义"教育"的。如法国近代启蒙思想家卢梭认为:"教育应当依照儿童自然发展的程序,培养儿童所固有的观察、思维和感受的能力。"①美国实用主义教育家杜威认为:"教育即生长。""教育就是经验的改造或改组。"②德国存在主义教育家雅斯贝尔斯认为:"教育即生成……就是习惯的不断形成与不断更新。"③显然,这些定义更注重个体自身的活动及其品质的发展,是一种自我习得和自我建构。

综上可以认为,教育是一种培养人的社会实践活动。这可以说是教育的最基本、最本质的特点,而在"教育"的具体定义上往往受到时代的、文化传统以及研究者自身的哲学主张等因素的影响。不过随着终身教育和学习化社会的到来,我们对教育的理解迫切需要突破的是以学校教育为主的传统观念,建立更为宽广的符合我国现代化发展需要的现代教育概念。

教育是一个复杂而动态发展的社会系统。认识教育必须对教育这一系统的结构要素进行分解和抽象,从而区分出哪些是教育的必要成分,哪些是教育的重要条件。随着教育的现代化,教育的构成要素及其各自的内涵和重要程度也在不断变化。然而,教育的基本要素则是缺一不可的,古今中外,概同于此。

1. 教育者和受教育者

这是教育过程中相辅相成的"两极",两者缺一不可。在广义教育的语境下,教育者是指凡是对受教育者在知识、技能、思想、品德和身心产生影响的人。在教育过程中,教育者的存在是以受教育者的存在和需要为前提的,他的价值也主要体现在对受教育者产生的教育影响上。因此,教育者总是客观地处于主导地位上,但他是否发挥了主导作用,以及发挥作用的性质(正面作用、负面作用)及程度(称职、失职)往往是有条件的。在各种类型的教育者中,教师的作用无以伦比。随着教育和社会的发展,教师的作用已经发生了深刻变化,教师的作用不是降低了,而是期待更

---

① 引自曹孚编:《外国教育史》,人民教育出版社 1979 年版,第 124 页。
② [美]约翰·杜威著,王承绪译:《民主主义与教育》,人民教育出版社 2001 年版,第 49、87 页。
③ [德]雅斯贝尔斯:《什么是教育》,引自王承绪、赵祥麟编译:《西方现代教育论著选》,人民教育出版社 2001 年版,第 347—348 页。

高,要求也更严了。因为,正如第 45 届国际教育大会所确信的:"教师是发生在所有各级各类学校和课堂中并通过所有经验渠道进行教育变革的关键活动者。"①国际 21 世纪教育委员会在报告《教育——财富蕴藏其中》中也提出:"要提高教育质量,首先必须改善教师的招聘、培训、社会地位和工作条件。教师只有在具有所需的知识和技能、个人素质、职业前景和工作动力的情况下,才能满足人们对他们的要求。"②这要求对教师的职业角色进行重新理解和认识,即促进教师专业化,使教师既是教育者,又是学习者;既努力实现社会价值,更好地培养人才,促进学生的发展,又要不断促进自我的专业发展,充分实现自身的价值。这不仅是改变教师职业生存状态的需要,也是教师更好地促进学生发展、适应日益提高的社会要求的根本保证。

受教育者作为教育对象,是教育过程的首要因素。受教育者是指在各种教育活动中从事学习的人。换句话说,教育对象是人,人作为教育的对象。一方面,人具有可教性。随着现代科学尤其是脑科学的发展对人的研究的深入,人的智力开发情景更加广阔,这给教育带来更大的可能空间。另一方面,人又具有需教性。现代社会的发展对人的社会化和个性化要求越来越高,教育在走向终身化,社会在走向知识化和学习化。受教育者早已不是以青少年、未成年人为主的传统学生,而是扩展到了每一个人,延伸到人的一生。学生在教育过程中,既具有受动性,又具有能动性。③自赫尔巴特开始,传统教育一直是把受教育者的受动性(被动性)作为教育的基础。而自卢梭开始,现代教育越来越重视受教育者的能动性。在终身教育和教育民主化的推动下,受教育者自身的主体地位得到进一步的凸显。"现代教学,同传统的观念与实践相反,应该使它本身适应于学习者,而学习者不应屈从于预先规定的教学规则。"在获得更大自主权的同时,学习者也承担更多的责任。"所有的学习者,无论是青年还是成人,不仅应该在他们本身的教育中,而且应该在整个教育事业中发挥他们负责任的作用。"④近年来,我国也正在积极进行"主体性教育"的理论和实践探索。

2. 教育影响

对此,各种教育学著作提法各异,如"教育中介"、"教育资料",也有将其分为教育内容、教育物资。显然,教育者与受教育者主体间的互动(既包括教育者对受教育者的影响,也包括受教育者对教育者的反馈和影响),总是通过一定的教育影响才能发生的。教育影响一方面是基于人类文化而经过选择、提炼和组织形成具有特定目的性、计划性的教育内容,主要是指课程。它是需要教育者和受教育者共同认识和掌握的。另一方面,教育内容又总是与一定的载体相联系的,包括教育的技术手段(教育媒体)、教育的活动场所和设施、教育的组织形式和方式方法等。随着科技发展和教育的改革,教育的影响力越来越大。教育的现代化,非常重要的方面正是要积极推进教育内

---

① 赵中建主译:《全球教育发展的历史轨迹——国际教育大会 60 年建议书》,教育科学出版社 1999 年版,第 522 页。
② 联合国教科文组织国际 21 世纪教育委员会:《教育——财富蕴藏其中》,教育科学出版社 1996 年版,第 134—135 页。
③ 陈桂生著:《教育原理》,华东师范大学出版社 1993 年版,第 14—15 页。
④ 联合国教科文组织国际教育发展委员会:《学会生存——教育世界的今天和明天》,教育科学出版社 1996 年版,第 262—265 页。

容、形式和技术、手段的现代化,努力提高教育的质量和效率。现代教师的专业化水平,也正是在于充分掌握、合理开发和有效应用这些教育影响因素,以促进受教育者的社会化和个性化的。

教育并不是这三个构成要素的简单相加,但它们却是必不可少的、最基本和最重要的。其中,教育者与受教育者作为教育的主体因素,是决定性的;同时,在现代教育中,教育影响尤其是教育内容(课程)和教育手段的现代化具有越来越重要的作用。但相比之下,这些"物"的因素最终要通过主体的创造和合理的开发使用才能发挥作用。

二、什么是小学教育

作为现代学校教育制度中的一个重要部分,小学教育是与学前教育、中等教育、高等教育并存的一个教育阶段。由于小学教育与初等教育、基础教育等概念连在一起,我们需要通过比较来加以认识。

1. 小学教育与初等教育

根据联合国教科文组织发布的《国际教育标准分类(第三次修订)》确认,初等教育是基础教育的第一阶段,此级教育的重点是向法定的入学年龄不低于 5 岁或不大于 7 岁的儿童提供教育,包括向学生提供读写算方面扎实基础的教育课程,同时对其他科目也有一些基本了解。在大多数情况下,小学教育的开始也就是义务教育的开始。① 在我国,初等教育的概念有广义与狭义之分,是"对受教育者实施最初阶段的教育"②。从阶段性看,广义的初等教育是相对中等教育及高等教育而言的,包括接受中等教育以前的教育阶段,涵盖小学教育和学前教育;狭义的初等教育主要是指小学教育。从教育对象和教育形式看,我国 1951 年的学制确立的初等教育,包括儿童的初等教育和青年、成人的初等教育两个系列。儿童初等教育主要是通过全日制小学给儿童以全面的基础教育;青年、成人初等教育通过工农速成初等学校等,施以相当于小学程度的教育。

从比较看,各国实施初等教育的学校机构是多样化的,与学前教育、中等教育衔接方式也各不相同,但初等教育在学制体系中的性质和地位是共同的、恒定的。初等教育是现代国民教育制度体系中一个具有独特性质和独立地位的教育阶段,小学则是实施初等教育的主要机构。正因为如此,人们将初等教育与小学教育等同起来。但初等教育与小学教育又有区别。在我国,初等教育不仅要对儿童施以全面的基础教育,还担负着对青年、成人进行相当于小学程度的扫盲任务。20 世纪 90 年代以来,随着全民教育的兴起,初等教育的对象范围开始面向全民,成为全民教育的核心指针和基本内容,以满足儿童、青年、成人的"基本学习需要"为目标。

2. 小学教育与基础教育

20 世纪上半叶,随着教育民主化和社会的发展,义务教育上延到初中阶段,原先两种性质的小学教育逐步走向并轨,成为全体少年儿童接受的国民基础教育。基础教育成为一个内涵和外

---

① 引自王长纯、梁建著:《初等教育》,吉林教育出版社 2000 年版,第 1 页。
② 《辞海(教育心理分册)》,上海辞书出版社 1980 年版,第 14 页。

延相对固定的概念,不存在选拔淘汰、升学与就业的分流,主要系指学前教育和小学教育。"它是终身学习和人类发展的基础,而各国可以在这一基础上建立其他层次其他类型的教育和培训。"[①] 其中,小学教育是各国基础教育中最基本的、必不可少的一部分。联合国教科文组织1972年在《学会生存——教育世界的今天和明天》中提出,基础教育是为"所有的儿童"普及完全的、全日制及其他形式的小学教育。90年代全民教育兴起,《世界全民教育宣言》提出要"扩大并不断重新确定基础教育的范围",包括早期的幼儿看护和初始教育、普及的小学教育、满足青年和成人学习需要的多种传授系统等,以满足全民的基本学习需要。1996年《教育——财富蕴藏其中》进一步勾画了各级教育发展的目标任务,将基础教育作为每个人"走向生活的通行证"。其中,基础教育包括儿童基础教育和成人基础教育,"普遍提供一种适合于所有人的教育,它既能使人们为今后的学习打下坚实的基础,也能使人们获得积极参加社会生活的基本能力"[②]。"儿童的基础教育可以确定为(正规或非正规的)启蒙教育。这一教育原则上从孩子3岁开始,一直到至少12岁。"[③]

在我国,基础教育反映的是人们对于被纳入其中的这部分教育之于社会发展和个体发展的意义和价值一种理解,以及它与其他各级各类教育的一种关系,它的范围和程度是不断扩大和提升的。所谓基础教育,"亦称'国民基础教育',对国民实施基本的普通文化知识的教育,是培养公民基本素质的教育。也为继续升学或就业打好基础的教育。一般指小学教育,有的包括初中教育"[④]。2001年《国务院关于基础教育改革和发展的决定》指称的基础教育,进一步扩展为学前教育、义务教育和普通高中教育。

我国把小学教育作为基础教育的一个阶段和部分,有利于小学教育与基础教育其他阶段和其他部分联系和衔接起来,但难以保持小学教育的独立性和独特性,甚至被卷入应试和选拔的旋涡而难以自拔。因此,确立小学教育在基础教育中的独立性和独特价值,应当成为我国小学教育发展的根本出路以及基础教育改革的基本方向。

第二节 小学教育的基本性质

一、小学教育性质的制约因素

小学教育是现代国民教育体系的第一阶段和最基本的组成部分,是近代工业化和社会发展的产物。欧洲小学教育始自15世纪,法律基础上的公共小学教育,是19世纪后开始建立和发展

[①] 联合国教科文组织国际教育发展委员会:《教育的使命——面向21世纪的教育宣言和行动纲领》,教育科学出版社1996年版,第16页。
[②] 联合国教科文组织国际21世纪教育委员会:《教育——财富蕴藏其中》,教育科学出版社1996年版,第110页。
[③] 同上书,第109页。
[④] 顾明远主编:《教育大辞典(1)》,上海教育出版社1989年版,第71页。

起来的。20世纪60年代以来世界教育的全民化、终身化、民主化和个性化,使小学教育又发生了深刻变革。

小学教育性质是随着现代国民教育体系的演变、发展而不断演变、发展的,形成自身特有的规律和内在逻辑。它既具有复杂的社会制约性,也受小学教育自身一系列内因的制约。对这些内在和外在制约因素的综合分析,有利于我们更加准确、深刻理解和把握小学教育的性质。

(一) 小学教育的社会制约性

1. 经济制约

小学教育成为普及义务教育,首先是社会经济发展的客观要求。15世纪之前,欧洲国家虽然有了各种类型的初等学校,但带有很强的宗教性、等级性和非正规性。15世纪开始,小学教育由教会垄断的局面逐步被打破,出现了一些面向劳动人民子弟的世俗化初等学校。在以蒸汽机技术为标志的第一次科技革命推动下,大工业生产要求劳动者必须具备一定的文化知识、读写算技能,遵守劳动纪律,这为小学教育的普及和发展提供了根本动力。它使小学教育由原先的宗教性和慈善性,发展成为与世俗生活和生产发展有着直接关系的社会事业,以培养掌握基本知识和技能、遵守劳动纪律的熟练劳动者,显现小学教育的经济发展功能。正如1870年直接负责制定《小学教育法》的英国教育署长福斯特指出:"我国产业的繁荣取决于小学教育的发展速度。对没有受过小学教育的职工实施技术教育是不可能的。没有受过教育的工人——我国多数工人没有受过教育——不是熟练工人,如果这样继续下去,尽管他们有健美的肌肉和高度的热能,但在国际竞争中必然要完全失败。"①

同时,社会生产力发展为小学教育成为免费的义务教育,奠定了不可或缺的经济基础。以日本为例,从1872年颁布《学制令》起就开始推行初等义务教育,但由于经济落后而采用"受益者负担"的原则,要求学生缴纳学费。虽然国家强迫推行,但小学教育的入学率很低,1886年才达到46.33%。1900年开始实行免费义务教育,小学教育入学率当年就增至81.5%,1910年上升至98.1%。② 日俄战争后,日本经济进一步增强,并进入重工业阶段。1907年日本初等义务教育由4年延至6年,并于1912年完全实现了义务教育。

第二次世界大战以来,随着以内燃机、电动机的使用为标志的第二次科技革命,尤其在以原子能、电子计算机技术为标志的第三次科技革命的推动下,世界教育体系、结构和功能发生了巨大变革。小学教育也由原先传授"3R"知识、培养合格劳动者和单一的经济功能,转向了以促进人的发展为目的,成为每个人"走向生活的通行证"。小学教育进一步显现全民性和为人的终身学习与生命发展奠定基础的崭新功能。

2. 政治制约

政治对小学教育性质的制约,主要是国家通过制定和实施一定的政策和法律来实现的。虽

---

① 引自吴文侃、杨汉清主编:《比较教育》,人民教育出版社1999年版,第393—394页。
② 饶从满等著:《当代日本小学教育》,山西教育出版社1999年版,第17页。

然小学教育是在经济发展的驱动下实现普及和发展的，但小学教育一开始是与精英教育相隔离、面向劳动人民子弟的大众教育，作为"双轨制"的一轨，有着鲜明的阶级性，地位低下。小学教育是由教会和慈善机构面向劳动人民子弟开展的传授读写算初步知识和宣传宗教教义的教育。17世纪中期到18世纪末的资产阶级革命，新兴的资产阶级国家纷纷从教会手中夺得教育的领导权，教育实现了世俗化和国家化。19世纪世界范围的民族主义运动实现了国家的独立。各民族国家在独立后也十分重视对教育的领导和控制，同时，工人阶级争取民主、争取受教育权斗争的不断推进。在这一系列政治因素的作用下，资本主义国家纷纷通过立法手段和教育改革，促使小学教育实现法制化，由双轨实现并轨并与中等教育衔接，成为统一的国民教育，走向统一、平等和民主。小学教育由先前只为劳动人民子弟就业服务的终结性教育，发展成为整个国民教育体系的基础一环。

资料链接

各国小学教育立法

德国最早颁布义务教育法令。普鲁士于1763年颁布《普通学校法》，规定5—13岁的儿童必须接受义务教育。1919年魏玛宪法规定对6—14岁的儿童实施强迫教育。

法国1833年《基佐法案》规定每一市镇设立一所小学；1867年《迪律伊法案》规定市镇可以征税用于义务教育开支。1881年法令规定实施免费小学教育。

美国1852年由马萨诸塞州率先颁布《义务教育法》。之后各州相继颁布义务教育法令。

英国于1870年颁布《小学教育法》，规定5—12岁儿童必须进小学。1876年颁布法令规定5—10岁为义务教育年龄。1944年的《巴特勒法案》改变了传统的"双轨制"，通过11岁考试以实现中等教育阶段的分流。

日本1872年《学制令》规定对6—14岁的儿童实施初等义务教育，与纳税、服兵役一道成为国民应尽的三大义务。

中国1903年清政府颁布第一个现代学制，小学教育作为第一教育阶段，规定儿童6岁进蒙学堂，10岁入小学堂，学习6年。次年颁布《奏定学堂章程》，在全国范围组织实施。1951年，新中国颁布的《关于学制改革的决定》，实现五年一贯制小学教育，并设立儿童和青年成人小学教育两个系统。1986年颁布《中华人民共和国义务教育法》，推行九年义务教育，在普及小学教育的基础上普及初级中等教育。

此外，政治体制和结构对小学教育的性质也有一定的影响。如，美国的教育一开始也仿照欧洲国家的"双轨制"。由于产业革命和电气化的推动，美国由农业社会向工业社会急剧发展，形成势力强大的新兴阶级。他们在教育上的广泛需求冲击着原先的双轨学制。传统的学术性教育一轨没有得到充分发展,进而被迅速兴起的群众性教育所淹没,形成美国式的单轨学制。小学教育成为儿童共同接受的基础教育。这种单轨制的小学教育有着许多优点,并被许多国家所效法,成为一种发展趋势。

资料链接

儿童权利宣言(摘录)(1959年第14届联合国大会通过)

第七条 儿童享有受教育的权利。这种教育至少在初级阶段应当是免费的、义务的。儿童应享有提高一般教养的教育。根据机会均等的原则,发展其能力、判断力及道德的与社会的责任感,使之成为社会有用的一员。

负有教育与指导之责任者,应当以儿童的最高利益为其指导原则。这种责任首先在于儿童的双亲。儿童应享有游戏和娱乐的充分的机会。这种游戏和娱乐应当同教育的目标相一致。社会及公共机关应努力促进这一权利为儿童所享有。

3. 文化制约

文化是与自然、先天等概念相对应的人类认识和改造自然、社会及人类自身所积累和创造的物质财富和精神财富的总和。应当说,教育是一种特殊形态的文化形式,它既作为文化的一部分,又是文化传承、交流和创造的重要载体;而且,教育的自身存在、演变和发展也逐步形成一种文化——教育文化。诚然,小学教育性质总是立足于一定的社会文化基础之上的。与政治、经济对小学教育的"硬约束"不同,社会文化对小学教育更主要的是一种"软约束",这是我们以往研究小学教育与社会关系时所普遍忽视的。

例如,各国不同文化传统对小学教育性质就有一种深刻的"软制约"。文化传统是在长期历史发展过程中积淀而成的对现实社会产生直接和间接影响的文化特质和文化模式,对小学教育有着巨大的和潜在的影响力、渗透力。在中国,以儒家思想为主流的中国民族文化传统,有着重视教育的优良风尚,但也留下"学而优则仕"的功名思想,深印在人们的思想观念之中,挥之不去;重视德育和对道德境界的无限追求,以人伦道德为中心,所谓"童蒙养正",而忽视对道德以外的物质世界的探求,自然科学和技术没有得到应有的重视和发展;强调群体意识的"和"、"合",主张个体依附和服从群体,力求"克己"、"慎独",压抑个性的自由发展;注重尊师敬长、为人师表,但师道尊严又严重压抑了学生的主体性和创造性,造成教师严重的角色冲突。这些与不同文化传统和背景下的美国小学教育就有着显著区别。

> **资料链接**

美国初等教育的主要特点

1. 传授知识时间迟。以算术为例,美国小学三年级教授 100 以内的四则运算,只相当于我国一年级下学期水平。

2. 课程、教材虽浅,但面宽。如"科学"课较我国"自然"课内容多,涉及当代科技基础知识。另有介绍政府、政治等内容的课程。

3. 日授课课时比例小。美国小学生每日在校约八小时(包括午餐时间),课堂教学仅占约一半时间。

4. 校内活动丰富、生动。除算术、英语、科学等课程外,其他课程均以活动形式进行,用孩子和家长的话说,就是"玩",如游戏、绘画、手工制作、植物栽培、表演等。

5. 教学管理气氛轻松。众多科目教师只负责组织,具体由孩子凭想象去干。例如手工制作,孩子可利用各种工具、材料"为所欲为",教师不多干预,作品五花八门,别出心裁。

6. 课外作业量少,但有趣。作业形式大都符合孩子的心理,使其乐于完成。如观察某一现象(像种子在水中如何发芽等)、制作一手工制品、画一张画、编个故事等。孩子完成的作业虽然幼稚,有的不伦不类甚至荒诞,但毫无思想制约,体现并开启了孩子的想象力和创造力。

7. 注重培养组织、演说、社交能力。不少活动,教师布置后即由孩子自己独立完成。我们时常收到美国小学生来信索要有关中国的材料,办"展览"、做报告,令人好笑又发人深思,但从中可体会他们的勇气和自信。

8. 广泛接触自然和社会。针对孩子爱玩的天性,学校经常组织学生外出参观、旅游,使他们接触自然、认识自然、了解社会。美国的风景区、历史、文化设施对学生优惠。

9. 发展个性。美国是政治、文化多元化社会,注重人的个性,学校不以统一模式"铸造"学生,教师对学生"管"得不多,评语多是鼓励性的,以国内观点看,未免"放任自流"。

10. 爱国主义教育潜移默化。美国小学不开设与我国对应的思想品德教育课程,他们的爱国主义教育通过组织学生参加各种社会活动、参观、访问,了解重大历史事件来进行,不讲很多道理,却直观、形象地从小培养孩子的民族自尊自豪感。

11. 教师负担相对较轻。由于教材内容不深,作业量少,注重学生个性发展,学校并不包揽学生一切事务,"放"多于"管"。

(资料来源 朱芝教:《对美国初等教育的观察与思考》,《中国教育报》1995 年 2 月 7 日)

（二）小学教育的内在规定性

小学教育的性质不仅有客观的社会制约性，也与不同时代人们对小学教育及其对象——儿童的认识有关。古代及欧洲的中世纪，人们认为，儿童生来就有"原罪"，应当尽早开始"赎罪"。因而，儿童作为"小成人"必须服从成人的意志和行为规则，不存在自己的权利和价值。《旧约圣经》说："不可不管教儿童……你要用杖打他，就可以从地狱救出他的灵魂。"文艺复兴使儿童逐步从传统社会的从属关系中解放出来。荷兰教育家伊拉斯谟（1466—1536）提出，用教育手段把本来是自由的儿童奴隶化，是何等的荒谬。他主张儿童天性是自然和自由的，应当得到顺应和尊重。英国教育家洛克进一步提出，儿童生来就是没有原罪而是纯真无瑕的"白板"。他极力反对鞭挞、体罚儿童。

夸美纽斯从"泛智"思想出发，大力推行普及小学教育。他依据儿童的年龄特征，把人的教育分为四个阶段：婴儿期（出生到6岁）设立母育学校实施家庭教育；儿童期（6—12岁）进行小学教育；少年期（12—18岁）实施中等教育；青年期（18—24岁）实施高等教育。夸美纽斯为了达到"把一切事物教给一切人"的目的，他所重视的小学教育，重点放在知识的传授上。他所首倡的班级授课制也作为知识传授廉价而有效的方法而得到大力推行。

18世纪教育家卢梭从根本上扭转了以成人社会的要求来对待儿童的观念，确立了把儿童视为具有其固有法则的自然存在的崭新的儿童观，被公认为"儿童的发现者"。他提出，大自然希望儿童在成人之前，就要像儿童的样子。儿童本身具有不可转让的价值，是一种不断地渴望创造性表现的独立存在。他认为，12岁以前的儿童处在理智睡眠期，即感性阶段，不可急急忙忙灌输知识，应当使儿童在游戏中度过他们的童年。儿童最好的学习不是书本而是接触并认识周围的事物。同样，此时的道德教育也不应是一种道理说教而应是一种"自然后果的教育"。他的教育思想对近代以来小学教育的性质、功能产生了深刻影响。

资料链接

卢梭对"儿童的发现"

大自然希望儿童在成人以前，就像儿童的样子。如果我们打乱了这个次序，就会造成一些果实早熟，它们长得既不丰满又不甜美，而且很快就会腐烂：我们将造成一些年纪轻轻的博士和老态龙钟的儿童。儿童是有他特有的看法、想法和感情的；如果想用我们的看法、想法和感情去代替他们的看法、想法和感情，那简直是愚蠢的事。

（资料来源　卢梭《爱弥儿》，引自任钟印主编：《西方近代教育论著选》，人民教育出版社2001年版，第129页）

瑞士教育家裴斯泰洛齐在吸收卢梭教育思想的基础上，积极实践，不断创造，赋予小学教育新的内涵。他首倡"教育心理学化"，把夸美纽斯的"教育要适应自然"和卢梭"教育要顺应自然"的思想大大推进了一步。他认为，每个人都具有一些自然赋予的潜在力量和天赋能力，并从出生那天起就自然确立了他的发展道路，这是教育的基础。人的自然包括肉体、智力和道德三个部分，教育应当依照自然法则，开展体育、智育和德育，促进儿童身体、智力和道德的均衡和谐发展。儿童是娇嫩的"植物"，教师是"园丁"，教育的全部艺术在于促进自然天性、遵循它固有的方式发展。

德国教育家赫尔巴特受到裴斯泰洛齐"教育心理学化"的影响，进一步在伦理学和心理学基础上促进教育学的科学化。他十分重视传授系统知识对于儿童发展的重要性，反对放任儿童"自然"成长。他把教师比作"建筑师"，用未来成人应当具备的知识和品格有计划、有步骤地建造儿童的心灵。他的"四段教学法"（后被他的学生发展成为著名的"五段教学法"）正是教师向儿童传授新知识的形式阶段；同时，在儿童的管理上，他认为儿童起初并没有形成一种能下决断的意志而是处处表现出不服从的烈性，在儿童形成道德观念之前，应当加强管理，通过课业、威胁、监督、命令与服从、惩罚等管理方法，以养成一种守秩序的精神。

20世纪初，赫尔巴特教育思想受到新教育运动和进步主义教育的激烈批评。杜威从实用主义教育思想出发提出崭新的儿童观、教育观。他既批判把教育看作儿童的潜力向一个确定目的的发展的"展开说"，也批评把教育作为从外面用教材去训练儿童心智的"形成说"。他把教育理解为个人经验的生长过程，即促使儿童个人经验不断改组和改造的生长发展过程。他于1896—1903年在芝加哥大学创立实验学校（杜威学校），成为"美国整个教育史上最重要的大胆的实验"。该学校按儿童成长的三个阶段来组织：1—8岁阶段——以儿童直接的兴趣为中心，从事直接的社会的外部活动——做事和说话，很少进行理性的阐述和专门知识的掌握；8—10岁——认识儿童自己身上所发生的变化并作出反应，重点在读写算以及操作能力的培养，尤其是手工劳动和科学制作，儿童在亲历中积累经验，从经验中提供问题、动机和兴趣，并求助书本来解决、满足和探求；10—13岁（实际延伸到15岁）——在已获得经验、知识和技能的基础上研究和思考，进而认识到概括的重要性。这是中等教育学习专门学科的开始。杜威学校的课程是将课程与儿童能力和经验生长自然地协调一致，以保证儿童经验的连续性、创造性习惯的培养和使用实验方法的技能的获得，而不是外加的、现成知识的灌输。

20世纪中期以来，教育科学发展促进儿童观和教育观的进一步发展，出现了如皮亚杰的认知发展理论、加德纳的多元智能理论和凯利的建构主义理论，以及以存在主义、生命哲学等为主要代表的人本主义教育思想，等等。这些对当代教育产生了深刻影响，小学教育的性质也以此得到崭新的内涵诠释。

综观以上，小学教育性质是历史和时代、客观与主观、社会制约性与内在规定性的互动统一。

二、小学教育的基本性质

随着社会政治、经济和文化的发展，以及小学教育思想、理论、制度和结构的不断变革，小学教育在不同历史阶段、社会背景和教育体系下的性质与内涵是不断演变和发展的。我们应当通过历史回顾和综合比较，来准确地认识和把握当代小学教育的性质与内涵。这些基本性质与内涵不仅构成当代小学教育与以往小学教育的本质区别，也借以确认当代小学教育进一步发展和革新的基本方向。

1. 小学教育的全民性

小学教育自产生以来，就一直关注广大劳动人民子女的教育普及。国家通过立法手段使小学教育成为人人都必须接受和得以享受的一种义务教育和权利。从世界各国的实践看，普及义务教育首先是以普及小学教育为目标的，在普及义务小学教育后再逐步向上延伸。这使得小学教育具有义务教育所共有的基本性质，即国家性、强制性、普及性、公共性和免费性。

然而，20世纪60年代教育的大发展、大改革，尤其是90年代全民教育思想兴起以来，全民教育运动成为各国普遍重视和广泛参与的一种世界性潮流。全民性成为当代小学教育的一个最主要、最根本的性质之一。1990年3月，联合国教科文组织以"使人人都有享受教育的机会"为主题召开的世界全民教育大会，通过了《世界全民教育宣言：满足基本学习需要》，提出："每一个人——无论他是儿童、青年还是成人——都应能获益于旨在满足其基本学习需要的受教育机会。"为此，大会确定世界全民教育的目标是，到2000年，普及并完成小学教育，成人文盲率减少到1990年水平的一半，等等。

在现代国民教育体系中，与中等教育、高等教育及终身教育相比，小学教育作为全民教育，应当普及入学机会，将教育对象扩展为向所有儿童、青年和成人提供基础教育，成为一种全纳性教育。也就是说，小学教育是作为一种非选择和非淘汰性的教育，面向和惠及全民尤其是所有儿童，并努力满足青年、成人在内的所有人的"基本学习需要"，促进教育的全民化。

2. 小学教育的基础性

小学教育起初是一种为劳动人民子女提供为了谋生和就业所必需的"读、写、算"的知识和技能的大众教育。小学教育毕业，学生就面临就业和走向社会。因而，此时的小学教育是一种与高一级教育相隔离的结业教育，不具有基础性。此后，小学教育成为与中等教育沟通、适龄儿童共同接受的统一的国民基础教育。它不再是为掌握劳动和谋生所必要的知识和技能，不再是一种结业教育、一次性教育，而是成为整个教育系统的基础一环。

全民教育运动的兴起，小学教育成为全体社会成员应当完成和享受的，旨在满足"基本学习需要"的基础教育（不同于我国通常的广义的基础教育）。按照世界全民教育大会的界定，所谓基本学习需要，包括人们为生存下去，为发展自己的潜力，为有尊严地生活和工作，为改善自己的生活质量，为作出有见识的决策，为继续学习所需的基本学习手段（如扫盲、演算和解题）和基本学习内容（如知识、价值观和态度）。这种教育，既是现代社会对一个合格公民的最基本要求和最低限度教育，也是为每一个人今后的学习打下坚实基础、获得参加社会生活的基本能力。因此，小学教育要提供一种适合所有人的教育，成为每一个人"走向生活的通行证"。

首先，小学教育是为全体社会成员终身学习和发展、奠定宽厚而坚实基础的教育。它重视培养儿童、青年和成人的一般素养、基础学力,而不是一种职业定向教育或是某一方面的专门教育。这不仅是因为现代社会发展充满变化和不确定性,只有具备这些一般素养、基础学力,一个人才能在充满变化和不确定性的现代社会赖以生存。同时,由于儿童身心发展具有极大的可塑性和可能性,只有打好全面而扎实的基础,将来才能获得更加充分的发展。

其次,小学教育应当实施全面而综合的普通教育。一方面,是小学教育目标的全面性。即,在进行基础知识和技能的教育和训练,为高一级教育奠定必要的知识基础的同时,越来越关心儿童的体格发展和健康教育、人格养成和心理健康、创造性和责任心的形成。另一方面,是教育内容的综合性。这是由于客观世界本身是一个有机联系的整体,而儿童身心发展也处于未分化阶段。因此,小学教育的课程结构、内容和评价标准,以及小学教师的素质结构,都要求具有广泛性、综合性和整体性。

再次,小学教育应当成为促进儿童个性全面、和谐、健康发展的基础教育。全民教育下的小学教育不再是一种终结性或一次性教育,它的主要任务是为儿童一生的发展奠定基础,为各级各类教育及人才的培养奠定基础,为国民素质的整体提高奠定基础。换言之,它应当成为提供全人类共有的"统一因素",发展中国家和发达国家所有儿童都能具备的最起码的能力的教育。其他层次和类型的教育和培训应当是在这一基础上,即在满足所有人"基本学习需要"的基础上建立和开展的。

3. 小学教育的平等性

当代小学教育作为一种向儿童、青年和成人提供的基础教育,应当使"一个人(无论他是儿童、青年还是成人)都应能获益于旨在满足其基本学习需要的受教育机会"。这种教育机会的平等,不仅表现为起点的平等,而且应当向过程平等和结果平等的方向发展。

首先,是小学教育的起点平等。世界全民教育运动所以推行小学教育,正是要扩大小学教育的入学机会并促进平等,使所有儿童、青年和成人都获得达到和维持必要的学习水平的机会。其中,最为紧迫的任务是确保女童和妇女的入学机会,关注处境不利的弱势群体以及残疾人的教育,消除教育差异,促进入学机会的平等,改善教育质量。

其次,是小学教育的过程平等。小学教育应当是一种适合所有人的教育,既能使人们为今后的学习打下坚实的基础,又能使人们获得积极参加社会生活的基本能力。因此,它既要提供起码的、基础的知识,满足学习者多样化的学习需求和所处环境的多样性,充分尊重学习者的个性差异,也包括适应不同国家、地区、社区、家庭对人的教育的不同需求。为此,小学教育应扩大教育的手段和范围。其中,同时应通过多种途径,如利用信息、通讯技术等,发展非正规小学教育,以满足那些没有或很少接受正规学校教育的儿童、青年和成人的基本学习需要。

再次,是小学教育的结果平等。诚然,在教育制度中充满着竞争和选拔,这尤其表现在中等教育和高等教育阶段。从历史发展看,小学教育是通过并轨实现与中等教育接轨,成为公共教育制度中两个不同阶段的。此时的小学教育具有很强的竞争性和选拔性,儿童通过严格的考试和选拔,进入不同类型的中学,甚至有很多儿童被淘汰了。英国历史上的"11岁开始"最为典型。

然而,对于个人或社会来说,教育机会的扩大是否具有真正的意义,最终取决于这些教育机会的结果。当代小学教育的发展,其原有的竞争性和选拔性逐步被消除。小学教育不单纯注重入学、学习计划以及完成证书的要求,而是把重点放在知识的实际获得和结果上,以促进教育质量的提高以及教育机会的过程和结果的均等,使小学教育成为每一个人走向生活的必要"通行证"。

4. 小学教育的优先性

小学教育的全民性、基础性和平等性,决定了国家在小学教育发展和投入上的优先性。例如,以"教育立国"著称的日本,一开始就把小学教育、义务教育放在优先发展的战略地位。早在明治维新初期,日本政府就确立了"抓两头、带中间"的教育发展战略——首先发展小学教育和高等教育,再考虑中等教育的发展。而对于"两头"的发展,小学教育又被摆在更加重要的位置上。二战后日本进一步把教育发展重点放在小学教育上。即使是随着九年义务教育目标的实现而相应地提高其他层次和类型教育投入的比例,但日本的义务教育经费仍然维持在学校教育投资的50%,其中小学教育经费维持在学校教育经费的27%以上。1990年,日本小学教育总额达6252401万日元,生均66.7万日元,是1890年的313倍、1950年的76.3倍。[①]

联合国教科文组织在考察各国教育政策基础上提出,把公共教育投资重点放在基础教育上的发展方针,构成有助于各国确定教育经费分配先后顺序的良好基础。

资料链接

在公共投资中优先考虑基础教育

在新的教育各国投资进行更加有效、更加公平合理和更加长期的分配,非常有助于教育系统迎接今天面临的挑战。效率在于将各国教育经费投资到它们会产生最大效益的地方。一般来说,在教育方面,就是要投资到基础教育上。

政府可根据以下原则,将学费与在公共部门的有效投资结合起来:

- 实行免费基础教育,包括由当地社区承担部分费用,并向贫苦家庭的孩子提供补助金。
- 必要时,在高中阶段有选择地征收学费,并向一些学生提供助学金。
- 在公立高等教育中,普遍征收学费,同时采取贷款、免税和其他使贫困学生能够推迟到挣钱时再交纳学费的措施;有选择地颁发助学金,使那些没钱的人能够克服不愿意为今后无法确定的收入欠债的心理。

---

① 饶从满等著:《当代日本小学教育》,山西教育出版社1999年版,第51页。

- 保证所有儿童有机会接受高质量的初等教育,在教育公共开支方面,各国应绝对优先于这一级教育。
- 在所有儿童均有机会接受高质量的初等教育之后,应把扩大接受普通中等教育(先是初中,尔后是各级中等教育)的机会作为第二位目标。
- 使各级学校的公共开支合理化。

(资料来源　联合国教科文组织国际21世纪教育委员会:《教育——财富蕴藏其中》,教育科学出版社1996年版,第164页)

第三节　我国小学教育的当代特征

由于小学教育的性质受到经济、政治、文化等社会因素的制约,并受到整个教育发展水平的影响,因此,不同国家的经济发展水平、政治性质和文化特点不同,以及教育发展水平的制约,其小学教育性质也具有自身的特殊性。我国小学教育的当代特征表现为全民性、基础性、平等性、优先性。

一、我国小学教育的全民性

新中国成立以来,我国在十分薄弱的基础上建立起了面向儿童少年和成人、青年的两种小学教育学校体系和教育制度。1985年颁发的《中共中央关于教育体制改革的决定》,把在2000年基本实现九年义务教育当作关系民族素质提高和国家兴旺发达的一件大事,突出地提了出来,动员全党、全社会和全国各族人民,用最大的努力,积极地、有步骤地予以实施。1986年《中华人民共和国义务教育法》的颁布,使义务教育的实施有了重要的法律保证。1990年世界全民教育大会在泰国宗迪恩举行,中国派代表团参加,并在会议期间主办了题为"中国全民基础教育的发展与改革"国别圆桌会议。1993年《中国教育改革和发展纲要》进一步提出90年代我国教育发展的总目标,包括"全民受教育水平有明显提高"、"全国基本普及九年义务教育"、"全国基本扫除青壮年文盲"。在此推动下,我国小学教育与初级中等教育作为基础教育和义务教育,成为提高民族素质的奠基工程、教育发展的"重中之重"。

到2000年底,我国已如期实现了基本普及九年义务教育和基本扫除青壮年文盲的奋斗目标,走到了世界全民教育发展的前列。在85%的人口地区普及了九年义务教育,全国小学净入学率达到99.1%,初中阶段的入学率达到88.6%,青壮年文盲率下降到5%以下,残疾儿童受教育率也有了较大提高。全国人口平均受教育程度由80年代的不足5年提高到2000年的8年以上。同时全国仍有450个县级单位(占全国人口10%)尚未实现"普九",并集中在"老、少、边、穷"地区;已实现"普九"的广大农村地区基础相当薄弱,巩固提高的任务十分繁重;同时,全国尚有成人文盲8507万。近年来,贫困地区适龄儿童、流动人口子女、城市低收入家庭子女、残疾儿童等弱势群体接受和完成义务教育难的问题日益突出。

在我国完成普及九年义务教育的历史任务之后,2006年新修订的《义务教育法》以及新近公布的《国家中长期教育改革和发展规划纲要(2010—2020年)》进一步提出:"义务教育是国家依法统一实施、所有适龄儿童少年必须接受的教育,具有强制性、免费性和普及性,是教育工作的重中之重。""到2020年,全面提高普及水平,全面提高教育质量,基本实现区域内均衡发展,确保适龄儿童少年接受良好义务教育。"当前,我国正按照这一目标要求,大力推进包括小学教育在内的义务教育发展,巩固义务教育普及成果,合理规划学校布局,办好必要的教学点,方便学生就近入学,确保进城务工人员随迁子女平等接受义务教育,建立健全农村留守儿童关爱服务体系和动态监测机制。在巩固义务教育普及成果的过程中,小学教育正在向着高水平、高质量、全民化方向迈进。

资料链接

联合国报告:中国超前实现普及初等教育千年目标

根据联合国驻华机构25日在这里发布的《中国实施千年发展目标进展情况》报告,中国在实现普及初等教育目标方面"已经超前"。

报告显示,小学净入学率已经从1990年的96.3%达到2002年的98.6%。初中的毛入学率从1990年的66.7%达到2002年的90%。报告同时指出,农村和贫困地区的辍学率较高、流动人口子女入学困难。此外,初等教育体系在贫困地区由于地方财政拮据而无法正常运转;在能够正常运转的地区,教育质量在城市内部和城乡之间往往有很大差别。报告建议建立一个有效追踪小学和初中教育完成率的系统,在贫困地区采用灵活和小规模的教育方式,并向贫困家庭提供教育补助。

报告还建议解决流动人口子女的教育问题,以及增加对0—6岁儿童的初级教育投入。

(资料来源 http://www.people.com.cn/GB/shizheng/102612410358.html)

二、我国小学教育的基础性

随着我国九年义务教育的基本普及和现代国民教育体系的进一步完善,小学教育由数量型发展向质量型发展转型,小学教育的基础性需要重新理解和定位。

首先,小学教育是实施"科教兴国"战略的重要基础。1980年中共中央、国务院《关于普及小学教育若干问题的决定》指出:"小学教育是整个教育的基础,要提高教育质量,提高全民族的科学文化水平,必须从小学抓起。"邓小平从他"科学技术是第一生产力"的战略思想出发,提出"从小学抓起"的教育发展观。按照小平同志"从小学抓起"的教育发展观,教育是一项需要一直抓下去的长远、系统工程,教育的成效有近、中、远和小、中、大。要取得长期和大的教育成效,必须从"小学抓起"。邓小平的"从小学抓起"的教育发展观揭示了小学教育在整个教育事业发展中重要的基础地位,以及在实施"科教兴国"战略和坚持社会主义方向中的战略地位和特殊使命。简言之,小学教育是新时期我国教育全面、协调、可持续发展的重要基础。

其次,小学教育是建立比较完善的现代国民教育体系的重要基础。从小学教育当代发展的现实看,我国小学教育从一开始就是建立在单轨制的学制体系之上的,与中等教育相通,成为一种"基础教育"。近年来,随着素质教育的实施和小学升初中考试的取消,小学教育得以摆脱应试教育的羁绊,获得一种相对独立的存在和发展空间。但在现行体制下,我国小学教育缺乏独立的质量目标和标准、相应的质量管理和评价机制。小学教育往往处在一种自发、自为的状态,难以由数量为主的"年限教育"发展成为以促进儿童个性全面和谐发展的"优质教育",甚至在很多地方出现"普九"达标后小学教育质量滑坡现象。

因此,在建立和完善我国现代国民教育体系过程中,应当确立小学教育独立的发展目标和质量要求。具体而言,小学教育作为现代国民教育体系的第一级教育,既不是为了发现、培养和选拔人才,充当第二、三级(中等、高等)教育的附庸,也不能发展成一种职业定向教育或某一方面的专门教育。它的主要任务是培养和提高全体社会成员的一般素养、基础学力,着眼于全体学生的全面发展,为各级各类教育及人才培养奠定基础,为国民素质整体提高奠定基础。

再次,小学教育是儿童终身学习和生命发展的重要基础。小学教育如果只是作为整个教育事业的基础,它的独立价值很容易被异化、扭曲,成为一种升学预备教育,"双基"训练和书本学习成为小学教育的主要任务,儿童因而失去个性自由和创造的灵性。随着小学教育发展作为全民教育的基础,其性质、任务和目标必将展现丰富而深远的生命意义和生命价值,进而从生命立场来认识和理解小学教育的基础性。

简言之,我们不仅要从心理的、社会的角度,而且要从生命的角度来理解和研究小学教育,使小学教育真正摆脱应试教育羁绊,不再是单纯传授知识而远离生命活动的教育孤岛,回归生活、回归小学儿童灿烂童年,促进儿童生命的全面、和谐、自由、创造性地成长;使小学充满对儿童生命成长的理解、尊重与人文关怀,成为培育儿童丰富人性的精神家园。朱小蔓教授研究提出:"小学教育不是升学教育的基础,而是素质教育的基础,在人类倡导构建学习化社会的时代,它是终身教育的奠基阶段,是为人生的发展奠定基础的。""对小学教育'基础性'的重新定位表明,每一个学生潜能的开发,健康个性的发展,为适应未来社会发展变化所必需的终身学习的愿望和能力的初步形成,将逐步代替对文化知识的灌输,成为小学教育的重要任务。"①

三、我国小学教育的平等性

我国《教育法》明确规定:"公民不分民族、种族、性别、职业、财产状况、宗教信仰等,依法享有平等的受教育机会。"而且,还对女子、家庭经济困难的儿童少年以及残疾人和有违法犯罪行为的未成年人平等享有受教育的权利,设立了专门的保护条款。新中国成立以来尤其是随着"两基"目标的基本实现,我国儿童少年接受和完成小学教育的机会得到了史无前例的扩大和满足。但由于种种原因,我国小学教育的平等性尤其是过程平等和结果平等的实现,还有很多现实差距和困难。保证城乡、地区教育的均衡发展,努力缩小不同地区、不同人群之间的受教育差距,使全民尤其是所有适龄儿童享有接受平等、优质的小学教育机会,实现有质量和高质量的教育平等,是全面建设小康社会和建立比较全面的现代国民教育体系必须坚持的工作方针。《国家中长期教育改革和发展规划纲要(2010—2020年)》提出,将均衡发展作为义务教育的战略性任务,建立健全义务教育均衡发展保障机制,切实缩小校际差距,着力解决择校问题;加快缩小城乡差距,建立城乡一体化义务教育发展机制,率先在县(区)域内实现城乡均衡发展。

四、我国小学教育的优先性

从教育现代化的历程看,发达国家都有一个教育重心逐步上移和后移的过程。但无论中等教育、高等教育以及终身教育如何重视和发展,小学教育都一直居于恒久不变的优先发展地位。世界各国十分重视小学教育的经费投入。以下国家小学教育、中等教育、高等教育学生的经费比例为:日本(1982年)1∶1.1∶1.38;法国(1980年)1∶1.78∶2.67;英国(1982年)1∶1.94∶6.25;巴西(1983年)1∶1.14∶7.62;泰国(1983年)1∶1.16∶1.11。而我国1995年小学、中学、大学生生均经费之比为:1∶1.85∶20.48。② 同样的情形,OECD国家2000年各国小学生、初中生、高中生和大学生生均经费指数为19、24、29、44,我国则为11、17、51、188。③

以上可见,我国小学教育的优先性应进一步得到充分体现。否则,义务教育与非义务教育投入的错位,直接导致义务教育尤其是小学教育的萎缩和质量降低,终究也使中等教育、高等教育缺乏后劲和基础,难以实现教育的全面、协调、可持续发展。小学教育发展成为惠及全民、均衡发展、满足基本学习需要的国民基础教育。建立比较完善的国民教育体系,应当从最广大人民的根本利益出发,充分认识小学教育在促进教育机会均等和均衡发展、全面提高民族素质中的重要作用,将小学教育放在优先发展的战略地位。

---

① 朱小蔓:《认识小学儿童,认识小学教育》,《中国教育学刊》2003年第8期。
② 引自吴志宏著:《教育行政学》,人民教育出版社2000年版,第326页。
③ 王蓉、岳昌君、李文利:《努力构筑我国公共教育财政体制(下)》,《北京大学教育评论》2003年第3期。

思考与研究

1. 如何从小学教育与初等教育、基础教育等相关概念的关系,来理解小学教育的基本性质?
2. 怎样理解我国小学教育性质的当代特征?
3. 从全民教育角度出发谈谈在新时期加强和发展小学教育的现实意义。

第四章

小学教育功能论

★ 了解小学教育功能及其历史演变
★ 理解小学教育在社会发展中的重要功能
★ 立足实际,认识小学教育功能对于实施素质教育的意义

案例 4-1

海南思源学校小学生边上学边学习养鱼种菜

校长拥有办学自主权,学校养猪养鱼为学生改善生活……首批 10 所思源实验学校创新之举接二连三,成为海南教育改革的示范区和实验田。

屯昌思源实验学校的鼓号队

住校生不用交费还有生活补助

省教育厅厅长胡光辉说,教育扶贫移民工程主要是把自然条件差、基础设施薄弱的贫困自然村和生态核心保护区边远村庄的学生,转移至乡镇中心学校或县城学校就读,为贫困地区的孩子提供与城镇孩子同等的教育条件。

九年制思源实验学校的学生不用交学费、住宿费,学生进入学校后,还有生活补助。为解决贫困移民学生的寄宿生活所需,省政府按照小学生每人每年 600 元、初中生每人每年 750 元,交通费每人每年 160 元的标准补助贫困移民学生。一些市县政府在省财政补助的基础上,又进一步提高了贫困生生活费补助标准,并给单亲家庭子女、孤儿发放特别补助。如屯昌县政府一年来共拨款 124 万元用于解决特困生在校生活困难问题,受益人数达到 1600 人次。

校长拥有办学自主权

为确保思源实验学校顺利运行,2009 年 11 月,省政府召开专题会议,创新举措,制定了明确的政策措施予以解决。进一步落实校长办学自主权,副校长由校长提名,经组织考察后任用。紧接着,屯昌县制定了《屯昌思源实验学校校长办学自主权暂行规定》,明确校长行政决策权、干部人事任免权、财务管理权等权力事项,学校的副校长到中层领导都由校长自主聘任,充分放权支持校长自主办学。校长可自行选聘副校长和中层领导,把认真负责的年轻骨干教师调整到学校管理团队中来。

学校办"电视台"学生当播音员

坐在昌江思源实验学校的教室里,打开电视机,可收看到一台特殊的新闻广播节目。笑容可掬的播音员是戴着鲜艳红领巾的本校学生,播音室的背景写着五个大字:校园电视台。据昌江思源实验学校校长孙玄介绍,县政府高度重视思源学校的硬件建设,补充25万元改善学校的办学条件,为每一间教室安装电视机,38间教室全部与学校网络中心联网,网络中心提供了包括语音、数据、图像等综合多媒体,使昌江思源在全省率先实现了"班班通",提高了学校的教育现代化水平。该校有校园局域网,还拥有多功能广播系统,连接室外8个广播和教室44个广播,实现分片分年级广播。

(资料来源 http://www.hinews.cn/news/system/2011/03/01/012084608.shtml)

第一节 小学教育功能的历史演变

小学教育功能是指小学教育在与人的发展及社会发展相互影响中所发挥的作用。小学教育功能是由小学教育的性质及其相关(政治、经济、文化)制约因素共同决定的,是小学教育性质及其结构特点满足主体需要的表现形式。小学教育功能主要包括社会功能和本体功能两个方面,前者是小学教育对社会政治、经济、文化等方面的作用和价值,后者则包括小学对教育对象——儿童以及对整个教育事业的作用和价值。这两方面功能的内涵在不同社会历史阶段和教育条件下是不同的。

一、古代小学教育功能

在人类社会的早期存在着一种原始形态的教育。人类这种最初的教育存在于两个过程之中:一是为了满足生产生活实践需要的教育,使每个社会成员都学会如何制作必要的工具和按照明确规定的方式做好每件事情,从而取得所期望的结果;二是为了熟悉礼拜步骤和宗教仪式的教育,使每个社会成员都通过礼拜或宗教,尽力抚慰灵魂世界、培养伦理行为准则与善良勇敢之心。这种形态的教育,没有与人类的生活和生产实践相区分,但从性质上说,那时也有类似当前小学教育中一些特定的儿童活动与生活。这两个过程都蕴涵着针对儿童的基本的技能训练和原始的伦理教育。

在我国，从夏商时代开始就有小学教育。根据宋代理学家、教育家朱熹推测，校、序、庠都是当时的小学。小学教育的早期学校化阶段，无论是中国还是西方，在教育目的上，象征性的形式目的占据着主导地位，而功用性的实用目的不被重视。学生接受教育的主要目的不是为了获得实用知识，而是为了塑造和谐的身心，养成完美的品德和行为规范，成为社会的楷模。

在孔子那里，基本的教育目的是为了培养能志道、宏道和行道的士与君子，教育就是为了宣传自己的政治主张和促进儿童品行的成长。在苏格拉底(前469—前399)那里，教育是为了帮助学生寻找人类的善与勇敢的品质。汉魏六朝时代，由于政治上尊儒，并且在选拔官吏上强调通习儒经的水平，小学教育基本上没有脱离为经学学习，从而为谋取一定的官职打基础的套路。因此，尽管在理论上我们可以将那时的小学教育职能归结为知识技能训练，但这种知识技能训练却不是从儿童的合理需要出发，而是出于求取功名的需要。自宋代开始，理学把"修身、齐家、治国、平天下"置于一个非常重要的地位，特别是元代以后，各类小学的道德教育职能都得到了强化。

在国外，最早是在距今约5000年左右的前希腊时期，书写以及由文字记载的社会制度的建立，产生了西方教育史一般所称的超越了生活化教育形态的新教育，即"人类历史上第一次出现了学校"。两河流域早期的苏美尔人，为了训练寺庙的书吏学习文字与符号，设立了专门教学的"泥板书舍"(tablet house)。在尼罗河流域，古埃及设立了宫廷学校(court school)，为皇室子弟和少数权势人物的孩子提供学习书写、阅读、宫廷习俗和仪式的教育教学；寺庙学校(temple school)由祭司执教，为执行宗教职责而训练学生熟练的书写技能；书吏学校(department school)由政府部门掌管，训练儿童将来从事国家行政管理工作的相关技能。"所有这些初等教育都是职业性质的"，分别承担不同的教育职能，对不同的对象实施教育。

直至中世纪，世俗的小学或初等教育被中断，教会教育取得了绝对的主导地位。修道院、主教学校和堂区学校都对低年龄儿童实行教育，让他们学习圣经与七艺，进行简单的读写算和最简单的世俗知识的教学。在世俗教育方面，占据主导地位的骑士教育的整个过程都是通过家庭教育来完成的。其基础阶段早期由母亲来完成，内容涉及宗教知识、道德教育。

二、近代小学教育功能

随着13—15世纪文艺复兴运动的展开，以及欧洲资本主义的萌芽与迅速发展，随着人性对神性、科学理性对蒙昧主义、个性解放对封建专制、平等友爱对等级观念、现世生活对来世及天国幸福的胜利，教育发生了重大的变化。与之相应，小学教育也出现了革命性变革。随着各国世俗政权的确立，近代科学知识的积累与资本主义经济的发展，宗教教育内容已经完全不能满足小学教育的需要，小学教育的功用性目的逐渐占据了主导地位。近代小学教育主要是为大工业生产培养具有基本的读、写、算知识和技能的熟练劳动者，同时进行劳动纪律和道德教义的灌输，使劳动者既能为统治者创造更多的剩余价值，又不惊扰他们的悠闲与安宁。19世纪以来，随着民族主义高潮和民族国家的独立，国家兴办小学教育的一个新的目的，是向儿童灌输民族意识和国家观念,甚至进行沙文主义和军国主义教育。尤其是日本的小学教育更是成为军国主义和法西斯统治的工具。1870年时任英国教育署长的福斯特就指出:"无知的选民是不能处理政治问题的。我们的未来取决于小学教育的迅速发展。"①

这里需要特别指出的是,马克思十分重视小学教育(初等教育)的功能。他认为,初等教育虽不是完全的教育,却具有重要的政治意义、经济价值和人的发展价值,是工人阶级争取教育利益、获得自身解放的重要目标与手段。他提出小学教育最好不到9岁就开始,以作为一种最必要的抗毒素,来抵制资本主义制度和意识形态的侵蚀。同时,马克思重视小学教育对社会生产和人的发展的重要作用。他认为工厂法把初等教育宣布为劳动的强制性条件,这虽然是从资本那里争取来的最初的微小让步,但它"第一次证明了智育和体育同体力劳动相结合的可能性,从而也证明了体力劳动同智育和体育相结合的可能性"②。这种工厂制度"萌发出了未来教育萌芽,未来教育对所有已满一段年龄的儿童来说,就是生产劳动同智育和体育相结合,它不仅是提高社会生产的一种方法,而且是造就全面发展的人的唯一方法"③。

三、现代小学教育功能

近代教育在形成国民教育义务制度的同时,也暴露出一些弊端,特别是高度的制度化特性和对社会功能的偏重,使人在教育过程中丧失个性和自由,与儿童的生活相隔离。如何促进教育的科学化、民主化,彰显儿童的主体地位,培养适应和能够改造社会发展需要、具有公民素质、民主理想和民主生活能力的人,成了现代教育革新的历史使命。

20世纪初期欧洲兴起的新教育运动和美国的进步教育运动遥相呼应,形成合流,确立了现代小学教育的功能取向。新教育运动强调通过自由的教育发展儿童内在的潜能,尊重儿童个性,鼓励儿童自主地活动、自发地学习,反对体罚,注重培养儿童适应现代社会需要,进一步确立了儿童在教育中的中心地位,促使其成为具有主动精神和创新精神的人才。

资料链接

新教育运动的七项原则

1921年,新教育联谊会提出了新教育运动的七项原则:
1. 一切教育的根本目的是保持和增进儿童内在的精神力量;

---

① 引自吴文侃、杨汉清主编:《比较教育》,人民教育出版社1999年版,第394页。
② 马克思著:《资本论》,人民出版社2004年版,第556页。
③ 同上书,第557页。

2. 教育应该尊重儿童的个性;
3. 教育应使儿童的天赋兴趣自由施展;
4. 鼓励儿童自制;
5. 培养儿童为社会服务的合作精神;
6. 发展男女儿童教育间的协作;
7. 要求儿童尊重他人,并保持个人尊严。

(资料来源　张斌贤主编:《外国教育史》,教育科学出版社2008年版,第338页)

同样,进步主义教育思想在批判传统教育忽视儿童的基础上,进一步确立了儿童在教育中的中心地位,关注儿童的一切能力。

20世纪60年代以来,政治民主化也促进了教育民主化进程,小学教育的功能有了进一步拓展。小学教育在促进教育机会均等、促进国际理解和交流等方面发挥了重要作用。在此之下,儿童的学习权益及受教育权得到了政府和国际组织的承认和确立。

中国现代小学教育自20世纪初确立开始,也是注重其社会功能,同时兼及本体功能。1903年《奏定初等小学堂章程》规定:"设立初等小学堂,令凡国民七岁以上者入焉,以启其人生应有之知识,立其明伦爱国家之根基,并调护儿童身体,令其发育为宗旨。"[1]1912年中华民国颁布的《教育部公布小学校令》则进一步凸显了小学教育的本体功能,同时,教育的社会功能注重原先的修身、读经,更加重视国民道德的培养和生活必需的知识技能:"小学校教育以留意儿童身心之发育,培养国民道德之基础,并授以生活所必需之知识技能为宗旨。"[2]

在革命战争年代,毛泽东就重视小学教育的推行与实施。在1938年中国共产党第六届中央委员会扩大的第六次全体会议上,他提出一切为着战争的文化教育政策,就包括"办好义务的小学教育,以民族精神教育新后代"[3]。在《陕甘宁边区施政纲领》中,他提出要"健全学制,普及国民教育,改善小学教员生活"[4]。要求小学的设立应当由一个乡一所进一步发展到一个村办一所。新中国成立后,以毛泽东同志为核心的党和国家第一代领导人对中小学教育给以高度重视,重在维护和实现工农大众的教育利益。1949年12月23日召开的第一次全国教育工作会议上,毛泽东同志提出,新中国教育是新民主主义的教育,是"民族的、科学的、大众的教育"。会议提出新中国"教育工作的发展方针是普及与提高的正确结合。在相当长的时间内以普及为主"[5]。毛泽东

---

[1] 舒新城编:《中国近代教育史资料》(中),人民教育出版社1981年版,第411页。
[2] 同上书,第444页。
[3] 《毛泽东邓小平江泽民论教育》,中央文献出版社2002年版,第18页。
[4] 同上书,第35页。
[5] 中央教育科学研究所编:《中华人民共和国教育大事记(1949—1982)》,教育科学出版社1984年版,第8页。

同志还明确提出要发挥人民群众的积极性,限期普及小学教育。周恩来也提出,中小学教育的发展是一个重要而艰巨的任务,"这就要求大家眼光向下,从大学看到中学、小学"。"在落后的中小学教育的基础上,是不能把大学教育办好的。教育要大众化,首先要办好中小学教育。"①并专门指示:"教育部的工作不能'大大、小小'。当然,高等教育很重要,不能削弱,质量也要提高,但数量毕竟是很小的;中小学教育数量很大,关系也很大,决不能忽视。"②

邓小平十分重视抓教育要"从小学抓起"。首先,他重视小学教育的社会功能,认为现代化目标的实现,"根本大计是要从教育着手,从小学抓起,否则赶超就变成了一句空话"③。一方面,"抓科技必须同时抓教育。从小学抓起,一直到中学、大学。我希望从现在开始做起,五年小见成效,十年中见成效,十五年二十年大见成效"④。1986年他在会见香港知名人士包玉刚等人时指出:"教育是一个民族最根本的事业。四化建设的实现要靠知识、靠人才。人才也不是一天两天就能培养出来的,这就要抓教育,要从娃娃抓起。"另一方面,他认为:"革命的理想、共产主义的品德,要从小开始培养。"⑤他针对十年动乱造成的不良社会风气指出:"现在我们的青少年中,有些人有些坏的风气。改变这种风气,要从小学教育开始。""教师有责任把这些好风气带动起来。"⑥"加强法制重要的是要进行教育,根本问题是教育人。法制教育要从娃娃开始,从小学、中学都要进行这个教育。"⑦其次,他重视教育的本体功能,他认为:"培养人,中心是把基础打好,然后干哪一行都行。"⑧第三,他重视教育在教育事业发展中的基础功能。他提出:"我们要在科学技术上赶超世界先进水平,不但要提高高等教育的质量,而且首先要提高中小学教育的质量。"⑨因为,"高等院校学生来源于中学,中学学生来源于小学,因此要重视中小学教育"⑩。

第二节 小学教育的社会功能

一、小学教育是提高全民素质、实现国家富强和民族复兴的重要基础

作为现代教育最基本的一级,小学教育的普及和发展对工业化社会的建立作出过重要的历

---

① 中央教育科学研究所编:《中华人民共和国教育大事记(1949—1982)》,教育科学出版社1984年版,第3页。
② 同上书,第225页。
③ 1977年邓小平关于恢复高考的讲话和批示选载[DB/OL].
　　http://news.xinhuanet.com/politics/2007-08/23/content_6587765_1.htm
④ 《邓小平文选》(第2卷),人民出版社1994年版,第40页。
⑤ 同上书,第105页。
⑥ 同上书,第54页。
⑦ 《邓小平文选》(第3卷),人民出版社1993年版,第163页。
⑧ 《毛泽东邓小平江泽民论教育》,中央文献出版社2002年版,第136页。
⑨ 《邓小平文选》(第2卷),人民出版社1994年版,第104页。
⑩ 同上书,第54页。

史性贡献。在日益发展和完善的现代教育制度体系中,小学教育对社会政治、经济、文化、科技等方面的发展发挥着更加重要的基础性功能。也就是说,小学教育功能与中等教育、高等教育相比,具有自身的特殊性质和方式。简言之,小学教育是现代教育功能得以发挥和实现的重要基础和前提,我们不能以后者的标准来衡量小学教育功能的大小。

这是因为,现代教育是一个庞大而复杂的系统结构,这个系统结构的不同层次、阶段和类型有着各自特定的功能。这种特定功能既是对于系统的其他部分和结构而言,也是对于社会而言。过去,人们一般只看到小学教育对于现代教育自身的基础功能,而忽视小学教育特定的社会功能。小学教育相对于现代教育的其他层次、阶段和类型而言,它的特定功能在于提高全民身体、心理、知识、道德等基本素质,为各级各类人才培养和社会发展奠定坚实基础。

资料链接

基础教育是必须跨出的第一步

基础教育是必不可少的"走向生活的通行证",它使享受这一教育的人能够选择自己将要从事的职业,参与建设集体的未来和继续学习。如要成功地同两性之间的不平等以及同各国内部和国家之间的不平等现象作斗争,基础教育则是至关重要的。为了缩小给妇女、农村居民、城市贫民、处于社会边缘的少数民族和数百万位上学的童工等许多群体带来痛苦的巨大差距,基础教育是必须跨出的第一步。

(资料来源　联合国教科文组织国际21世纪教育委员会:《教育——财富蕴藏其中》,教育科学出版社1996年版,第109页)

二、提高全民科学知识和能力素质,促进社会经济发展

人力资本理论认为,教育的财政支出是国民生产的要素之一,是人力资本的投资。它通过提高受教育者的生产能力,成为重要的生产性投资,具有促进经济增长的巨大经济效益。人力资本理论的创立者舒尔茨经过科学测算认为,美国1929—1957年间经济增长中有33%是教育的贡献率。1998年世界银行的报告也指出:"美国1929—1982年间人均GDP的增长中,25%可以由受教育年限的增长来解释。"从国际教育发展的一般情况看,小学教育的社会收益率和个人收益率都是所有教育层次中最高的。一般来说,提高小学教育入学率和成人识字率与提高人均收入和经济上更加平等之间有着密切的联系。研究表明,在所有各级教育中,(相对于费用而

言)小学教育具有最高的经济效益。在发展中国家,小学教育的投资收益率在25%左右,而高等教育的投资收益率则为12%;在相同环境下,接受过教育的农民的生产力比没有接受过教育的农民高。

表4-1 小学教育的社会收益率与个人收益率比较[①]

地区	社会收益率(%)			个人收益率(%)		
	初等教育	中等教育	高等教育	初等教育	中等教育	高等教育
非洲	28	17	13	45	26	32
亚洲	27	15	13	31	15	18
拉丁美洲	26	18	16	32	23	23

党的十六大报告指出:"教育是发展科学技术和培养人才的基础,在现代化建设中具有先导性全局性作用,必须摆在优先发展的战略地位。"十七大进一步提出,"优先发展教育,建设人力资源强国"。《国家中长期教育改革和发展规划纲要(2010—2020年)》进一步指出:"百年大计,教育为本。教育是民族振兴、社会进步的基石,是提高国民素质、促进人的全面发展的根本途径,寄托着亿万家庭对美好生活的期盼。强国必先强教。优先发展教育、提高教育现代化水平,对实现全面建设小康社会奋斗目标、建设富强民主文明和谐的社会主义现代化国家具有决定性意义。"小学教育作为我国现代国民教育体系的重要一级,促进全民尤其是全体儿童少年科学知识和能力的提高,把沉重的人口负担转变为巨大的人力资源优势,为培养数以亿计的高素质劳动者、数以千万计的专门人才和一大批拔尖创新人才,奠定坚实的基础。

三、提高全民思想道德和心理素质,促进政治文明和精神文明发展

在现代社会,政治功能成为现代教育多种社会功能中一个重要的方面。无论是资本主义还是社会主义国家,在重视教育促进经济发展和科技进步等方面功能的同时,从来也没有放松过教育在社会成员的政治社会化方面的影响和作用。正如列宁说的:"文盲是站在政治之外的,必须先教他们识字,不识字就没有政治,不识字只能有流言蜚语、传闻偏见,而没有政治。"邓小平同志指出:"革命的理想,共产主义的品德,要从小开始培养。""中小学教师和幼儿教育工作者,负有培养革命接班人的幼苗的重任。"[②]

诚然,影响社会成员政治社会化的因素主要有家庭、学校、同辈群体、党团组织、社区以及大众传播媒体等。相比之下,教育尤其是学校教育往往代表着社会中的主流政治思想和文化,而且这种影响最具系统性、理论性和深刻性,也最有说服力。例如,现代教育通过民主教育,传播民主知识、民主思想,启发和引领人们的政治参与意识和能力;通过对公民的法制教育,提高公民的法

[①] 蒋凯:《从"奢侈品"到"生存的必需"》,《全球教育展望》2001年第6期。
[②] 《邓小平文选》(第2卷),人民出版社1983年版,第105、106页。

制观念、维权意识、平等意识,从而促进政治的民主化。另外,现代教育自身也日趋民主化,如师生关系已由古代教育中的权威与服从关系发展成为尊师爱生、民主平等的新型关系,教育对象已由古代教育中的特权垄断发展成为教育机会相对均等,教育管理已由古代教育中的封闭、集权发展成为开放自主,教育方法已由古代教育中的灌输、专制发展成为启发、合作。因此,在现代教育中,无论是教育者还是受教育者,都越来越需要形成一种民主、平等、参与的意识和能力,成为有社会主义思想觉悟和政治素养的新型公民。

在社会成员政治社会化、培养新型公民的过程中,小学教育起着十分重要的启蒙和奠基作用。小学教育在提高全民科学知识和能力素质的同时,通过开展积极有效的思想道德教育、丰富多彩的学校生活和教育活动,促进全民尤其是儿童少年的思想道德素质和身心健康。这是我国社会主义政治文明和精神文明建设最广泛的基础。

四、提高全民基本文化素质,促进文化交流、国际理解和和平

小学教育在受文化影响和制约的过程中,也不是消极被动、无能为力的。相反,小学教育在社会文化系统中对文化的传承、交流、改造和创新,促进民族文化传统的现代转化,形成和发展社会主义先进文化有着不可或缺的功能。这个过程正是人类的文化财富内化为个体的精神世界,成为其生命活动的一部分,人类文明薪火相传、生生不息。

首先,儿童通过语言的学习尤其是母语的学习和掌握,继承人类文化宝库中最基本、最精粹的文化因子,形成一种民族和国家的认同感和归属感。这是因为,各民族所形成的母语,负载着民族的行为方式、价值观念、情感态度和思想内容。母语的学习和掌握,有利于儿童成为具有本民族行为方式、情感态度和思想的人。

其次,小学教育在进行文化选择和引导的同时,还促进不同文化之间的交流和融合。文化具有地域性和民族性,文化的发展和强盛,总是在与其他不同种类和民族文化的主动交流和融合过程中实现的。通过对异域文化的学习、借鉴和引进,我们创造出新的民族文化。闭关自守、抱守残缺的狭隘的民族主义、地方主义,必然导致文化的自我窒息,走向没落。现代教育在促进文化的交流和融合方面,发挥着十分重要的作用。而且,在社会文化交流和传播的各种途径和方式中,教育是最积极和最有效的途径和方式。它不是对异域文化的简单的盲目的"拿来"和复制,而是一种主动的分析、选择和重构的过程,去其糟粕,吸取精华,实现不同文化的融合,从而引起本土和原有文化的发展和创新。

随着现代教育的国际化、全球化,教育在促进文化的交流、融合和共同发展,促进国际理解和多元文化的发展等方面,将发挥更加重要的作用。正如1947年联合国通过的《联合国教科文组织宪章》的前言宣称:"战争既发动人心,故和平之堡垒须建筑于人心。"小学教育正是要使各国人民尤其是新生一代了解、理解和接受其他国家,建立一种对人权、主权国家的尊重、宽容和团结的态度,消除偏见、猜疑、失信和敌意,消除种族、宗教和文化的隔阂和冲突,培养一种和平和民主的文化精神。

再次,小学教育对促进传统性向现代性转化、形成与现代化相适应的先进文化能够发挥重要作用。虽然,小学教育的主要任务不是科学研究和技术开发,直接生产新的科学成果、新的文化产品,但它可以通过培养和开发新生一代的创造力,造就具有创新精神和实践能力的人才,在根本上促进一个国家和民族的创新能力和国际竞争能力的提高。而且,小学教育对全民的人口、环境、可持续发展概念的形成,改善和提高全民的生活质量,都有着重要的促进作用。据研究,在绝大多数发展中国家,由于成人文盲较多,尤其是女性文盲多而小学教育又不普及,整体人口的文化水平低,因而这些国家的人口出生率往往保持持续高水平。发达国家与此相反。世界人口理事会主席卡尔松所言:"在一些有多生孩子传统的国家里,受过小学以上教育的妇女比没有受过教育和受教育不多的妇女(只有1至3年)平均少生3个孩子。"①

第三节　小学教育的本体功能

关于小学教育的本体功能,一方面是要分析小学教育对于现代国民教育体系建立和发展的作用,另一方面是要发挥小学教育对于教育对象——人的作用。

小学教育作为现代教育的重要阶段和组成部分,对现代教育的整体和其他阶段、层次和组成部分有着不可或缺的重要作用和功能。

一、对现代国民教育体系的建立和完善有着重要作用

现代国民教育体系是指国家通过法规确定的,为本国提供教育服务的组织体系,包括各级各类的学校和教育行政机构。在现代国民教育体系的建立和发展中,小学教育具有独特的、不可替代和或缺的作用和价值。只有充分普及并具有高质量的小学教育,才能为中等教育、高等教育以及终身教育奠定更为坚实的基础,才能使全体适龄儿童在此基础上更有效地实现教育机会的均等。

1. 在普及九年义务教育和扫盲中发挥重要作用

从世界各国的实践看,义务教育的普及和实施,普遍是从小学教育入手和作为实现目标的。义务教育是国家用法律形式规定的对适龄儿童和青少年实施一定年限的普及的、强迫的、免费的学校教育。义务教育的普及程度、质量优劣,直接关系着国民整体素质和各级各类人才的培养质量。小学教育是义务教育的第一阶段,在实施义务教育中负有重大责任并能发挥重要作用。同时,小学教育的实施和完善,对扫除文盲和杜绝新文盲的产生,保证全民教育的实现和每个人都享受基本均等的教育机会,发挥着重要作用。

---

① 引自赵中建编:《教育的使命》,教育科学出版社1996年版,第7页。

2. 是各级各类学校教育的基础和准备

小学教育作为现代学制的第一阶段，是中等教育和高等教育的重要准备。也就是说，小学教育在实现并轨以及与中等教育沟通和衔接以来，就不再是一种终结性教育，而是主要为高一级学校提供合格生源，即为儿童进一步接受高一级教育作好准备、打好基础。这种基础包括良好的知识基础、能力基础、道德基础、体质基础以及心理基础。赞科夫在《论小学教学》中研究指出："造就新人的基础正是在小学里奠定的，进一步掌握知识和技巧的基础，也是在小学里建立的。学生在以后是否能卓有成效地掌握知识和技巧，其发展的速度与质量究竟怎么样，在许多方面都取决于如何安排小学阶段的教学及教育工作。"①

随着我国九年义务教育的基本实现和小学升初中考试的取消，小学教育作为基础教育，它的任务已由先前的"双重任务"（为社会主义建设事业培养劳动后备力量，为高一级学校输送合格新生）转变为"单一任务"——为儿童进一步接受高一级教育作好准备、打好基础。应当重视的是，由于应试教育亦即过于强烈的就业性的教育动机，使得很多儿童渴望学习和满足好奇心的教育动机萎缩和降低。正如《学会生存——教育世界的今天和明天》一书指出的："我们发现了这样一种近乎荒唐的情况：在有些地区，全部儿童中只有一半能进入学校，而这一半中又有一半儿童不适应于这样的学校。即使在小学教育阶段，这些儿童已经心灰意懒了。"②这种小学教育虽然为中等教育和高等教育奠定了一定的知识和能力基础，但对中等教育和高等教育质量的提高造成深刻的不良影响。这严重阻碍了小学教育功能的发挥。

3. 具有自身独立的价值和功能

教育功能具有培养功能和选拔功能两个基本方面。其中，培养功能是基本的、永恒的，选拔功能是派生的、附属的。在九年义务教育尚未普及和小学升初中考试未取消的情况下，小学教育同样具有这两个方面的功能。今天，小学教育的选拔功能已经取消和终结，而回归为一种真正意义的培养功能。这使得小学教育越来越凸显其自身的一种独立价值。这种独立价值和功能，意味着小学教育不是作为中等教育和高等教育的附依，或是以高一级教育的标准（如升学率）来衡量小学教育的优劣得失。小学教育作为全民教育和基础教育，它的独立价值和功能表现在：促进全体儿童、青年和成人接受机会均等的基本教育，满足所有人的"基本学习需要"。它不是开展一种专业的或是职业的教育，也不是为了培养和选拔少数专门人才，而是着眼于整个民族素质的提高。

二、对人的生命发展具有重要作用和功能

人们对于小学教育功能的理解和认识的另一个局限，是在制度化教育的框架中把小学教育

---

① ［苏联］赞科夫著，俞翔辉译：《论小学教学》，教育科学出版社2001年版，第1页。
② 联合国教科文组织国际教育发展委员会：《学会生存——教育世界的今天和明天》，教育科学出版社1996年版，第11页。

理解为整个教育事业的基础,作为进入中学的基础和预备,升上大学的基础和台阶。这种小学教育的结果,不仅对整个教育体系造成不良影响,也给儿童的童年生活以及生命发展套上枷锁。在现代国民教育体系日益完善和终身教育不断兴起的当代,小学教育的一项崭新功能,是进一步回归到为儿童生命发展奠基这个"元点"上来。这也是我国新时期全面建设小康社会,坚持"以人为本",促进人的全面发展所要求的。

教育是人的生命的心路历程,它基于生命,通过生命活动,并促进生命发展和生命质量的提高。教育对于生命价值,表现在焕发和提升人的生命、创造人的精神生命的意义上,即对于生命潜能的开发和发展需要的满足。小学教育对于人的生命发展的作用和功能主要表现在两个基本方面:

1. 为人的生命发展创造快乐幸福的童年

马克斯·范梅南说:"儿童不只是一个未来的存在,他更是一个当前的存在。我们的教师,不仅要为儿童的未来作准备,更要关心他们的现在。……关心儿童的现实,就要关心儿童的兴趣、需要,从他的需要兴趣出发,造就一个适合他们的教育,而不是削足适履,使他们适合教育。"

小学教育不是一味地为儿童未来作准备,模仿成人的生活,而是以现实为基础,关心儿童的现实,回归儿童的现实生活,积极创造条件,去激活、去展示儿童生命的灵动与飞扬,促进每个儿童创造性地、富有个性地发展。

资料链接

英国新一轮小学课程改革蓝图出炉(2011年实施)

2009年4月30日,随着《小学课程独立评估:总结报告》的发布,英格兰新一轮小学课程改革蓝图公之于众,20年来英格兰小学教育最大的变革即将拉开序幕。报告为英国小学教育应对21世纪时代变迁提出了一揽子变革课程的建议,其要旨包括促进终身学习,减少指令性规定,给学校和教师更大的灵活性。报告指出,应该废弃现行的英格兰小学课程,用一个经过"瘦身"的版本代替,在"教什么"上给学校更大的自由度。

报告高度重视培养学生说与听的能力,强调个人发展对提高学业水准的关键作用,允许夏天出生的儿童在满4周岁后可以在当年的9月入学。此外,在新课程中,"玩中学"在小学低年级被高度强调,信息技术(ICT)与英语、数学一道成为新的核心课程。鲍尔斯大臣表示接受这份报告的所有建议,新的小学课程将从2011年9月开始实施。

根据这份报告,新的小学课程最大的变化之一就是将原有的11门法定学科(subjects)变成"六大学习领域"(areas of learning):英语、交流与语言(外语),数学、艺术、历史、地理和社会,身体发育、健康与幸福,科学与技术。在这六大学习领域中,核心(core)是听说读写(literacy)、算术(numeracy)、信息技术(ICT)和个人发展(personal development)。一年级的儿童就应该会使用 Google,到了11岁,他们就应该学习发布网页和播客(podcasts)。

尽管报告建议的新课程正在征求公众的意见,但新课程蓝图已经得到了很多教师的欢迎。伦敦东部赛尔温小学的校长罗伯·西斯泰德说:"喜欢六大学习领域的概念,学校有机会把课程组织成更易被儿童接受的形式,使之更有吸引力和创造性,有利于更好地激发学生,让学生学得更加投入。"一位出生在8月的儿童家长说,儿童入学的时候很不适应,大力强调"玩中学"、口语交际和个人技能的培养,但非常棒。

不过,英国保守党的影子学校教育大臣尼克·吉布说:"新课程降低了难度,给学生打下的学业基础没有以前那么牢固,而牢固的基础是他们在中学获得成功所必需的。"自由民主党的有关人士说,由于该报告并未涉及有小学毕业统考之称的 Sats 的改革,因而影响有限。一个由政府委托的专家组完成的 Sats 调研报告将在随后两周内出台。

(资料来源 《中国教师报》2009年5月7日,有删改)

2. 为人的生命发展孕育潜力、注入动力、奠定基础

童年期是人生发展的黄金时期。这一阶段的可塑性和可接受性很大。他们在这一时期所形成的生活经验、态度和情感,对日后的发展有着深刻影响;而且此时儿童的道德、人格、智力和体质发展处在关键期。《教育——财富蕴藏其中》指出:"将伴随一个人一生的对待学习的态度,正是在家庭中,广而言之也是在基础教育(其中尤其包括学前教育和小学教育)阶段培养形成的,在此阶段,人的创造性思想火花可能光芒四射,也可能渐渐熄灭;接触知识可能成为现实,也可能无法实现。正是在这一时期,每个人都在获取有助于提高推理能力和想象力、判断力和责任感的手段,也都在学习如何对周围世界产生浓厚兴趣。"[①]因此,小学教育的功能不单是为人的发展奠定基本的能力基础,更不只是传统上的"双基",而是促进每个学生潜能的开发、健康个性的发展、为适应未来社会发展变化所必需的自我教育、终身学习的愿望和能力,为人的终身发展提供动力和奠定基础。

---

① 联合国教科文组织国际21世纪教育委员会:《教育——财富蕴藏其中》,教育科学出版社1996年版,第105页。

资料链接

我心中理想的小学教育

合肥市安庆路第三小学校长　郑家凯

　　人类从野蛮走向文明，从孔子游说列国，到夸美纽斯实行班级授课制，从陶行知晓庄师范的"生活教育"，到朱永新主持的"新教育实验"，无不凝聚着教育者的艰辛与智慧。人类的文明史便是教育的文明史，那么理想的小学教育是什么？

　　理想的教育理应是全民的教育，是一种"阳光普照"工程。教育要面向全体学生，无论是学生睿智的，还是笨拙的；无论是高贵的，还是贫贱的；无论是强健的，还是柔弱的，教育都应该向每一位学生敞开宽广的胸怀，让每一位学生尽情吮吸其丰富的营养。理想的教育，不应该是一种"精英教育"，而是一种大众教育。学生有不同的先天素质和生活环境，有自己的爱好和长处。教育要面向全体学生，面向有个性差异的学生。学生的差异不仅指考试成绩的优劣，还包括生理特点、心理素质、兴趣爱好……教师要正确判断每一位学生个性的不同特征及其发展潜质，从分析学生自我意识、学习风格、智力或能力等个体因素入手，制定丰富而灵活的教育计划和教育策略，以适应不同天资禀赋的学生，开发每一位学生的潜能，使"好学生"、"中等生"和所谓的"差生"、"后进生"在原有的基础上得到充分的发展，得到新的提高。是泥土，便可以烧成砖瓦；是铁矿，皆可以百炼成钢；是金子，就应该放出光彩。

　　理想的教育是一种全人的教育，要让学生全面发展。教育的本质是育人，使一个自然人变为社会人。全面发展，就是使学生在德、智、体、美、劳等方面都能获得正常、健全、和谐的发展，学生的脑力与体力、做人与做事、继承与创新、学习与实践同样不可偏废。人的身心是一个和谐发展的整体，人的认知、情感和意志应该互相支持、协调发展。理想的教育不应该只重视智育而轻视德育，忽视美育和体育。思想不好是危险品，学习不好是次品，身体不好是废品，心理不好是易碎品。智力因素是学生发展的基础，非智力因素是学生发展的动力。理想的教育在传授知识的同时，不能忘记塑造人格；在关心学生学习成绩的同时，更要关注学生的内心世界，让学生的内心世界丰盈起来。

　　理想的教育，更应该是全程的教育，立足于现在，着眼于未来，为学生终身发展打下亮丽的"底色"。传统教育中"注入式"、"填鸭式"教育的弊端，就是教师简单地将自己的知识强加给学生，那种以"告诉"为主的教育方式，剥夺了学生思维、选择和尝试的权利，扼杀学生个性发展和创造力的发挥，而这些恰恰又是"学生离开学校教育后剩下的"，是学生终身受用的。每一个儿童都是一个珍贵的生命，每一个学生都是一幅生动的画卷，教师应当体会生命的最大丰富性和主动性,关注学生成长与发展的每一点进步,帮助学生发现自己,肯定自己。理想的教育应该是解放学生的脑,让他们自由地想;解放学生的口,让他们自由地说;解放学生的手,让他们自由去做。学生的头脑不是一个被填满的容器,而是需要点燃的火把,教师的责任就是点燃火把,并让它燃烧得更旺。教师不应做学生思维的保姆,而要让知识成为学生思考的果实。教师应当是使学生成长的引导者、发展的引路人,不是带着知识走向学生,而是带着学生走向知识,最后,让学生步履蹒跚到铿锵有力地主动走向知识,走向生活。

(资料来源 《合肥晚报》2004年12月17日)

思考与研究

1. 依据小学教育的性质以及现代学制系统结构,深入探讨小学教育的重要作用和地位。
2. 谈谈小学教育在社会发展中的重要功能。
3. 联系实际,谈谈现阶段小学教育本体功能的失缺及其危害,如何发挥小学教育的本体功能,更好地实施素质教育,为儿童生命发展奠定基础。

第五章

小学教育目标论

★ 了解厘定小学教育目标的依据和价值取向
★ 通过比较,理解各国小学教育目标厘定主体、依据、价值取向的变化和差异的特点
★ 理解我国不同历史时期小学教育目标的变化及其内涵

案例 5-1

小学语文教材≠政治手册

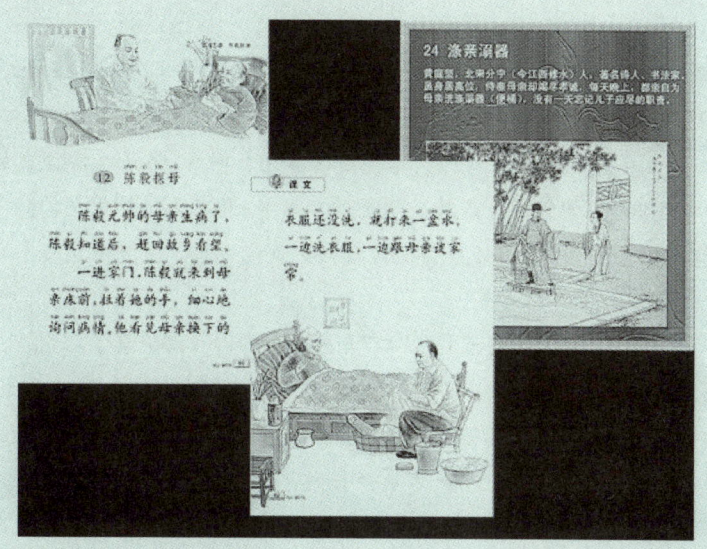

10月7日,《救救孩子:小学语文教材批判》一书发布会在杭州晓风书店举行。该书以教材点评的方式,对目前使用最广的小学语义教材中涉及母亲与母爱的文章进行了点评,认为存在"四大缺失",分别是经典的缺失、儿童视角的缺失、快乐的缺失和事实的缺失。(《中国青年报》10月20日)

该书主要作者曾邀我参加发布会,因故没去,却听了9日在绍兴南方书店举行的郭初阳的讲座。郭初阳在讲座的最后,提到了一个隐蔽课程问题,即三套教材大量地引进了有关旨在意识形态灌输的文本,并以人教版为例,通过幻灯片逐一念出每一册所选的此类课文,12册共计46篇,平均每册4篇,涉及毛泽东的有7篇。并说,经过这样6年的教育,有两点突出的成果:其一是问学生最推崇的人是谁,学生答"毛泽东";其二是在一系列战争故事和暴力教育中,传递了对于日本人的仇恨。

从对人教版第十套小学语文教材主编之一蒯福棣专访中可知,此类课文对学生的影响很深,且深受学生欢迎。蒯福棣从学生回信里摘录了这样的话,"《十里长街送总理》这篇课文特别感人,一读就想流泪,好像自己也去送总理","《倔强的小红军》中的小红军和我们年龄差不多,我们很敬佩他这种舍己为人的品德"等等。蒯主编借此说明他们很尊重学生的反馈,随时对教材进行"挖改",字里行间不乏自得之意。

韩国教授高英根在研究大陆中小学生政治社会化课题中认为："大陆中小学教育制度下,任何一门课的教材都会或多或少地包含着政治教育的意义,即通过每门教材使中小学生形成共产主义的价值观。"此乃教材编写的一大原则。为了达到这一目的,必须保证入选的篇目数量。但要找如此之多的经典文本谈何容易,于是只能靠编撰与虚构(如《陈毅探母》),或者来个滥竽充数,将一些非经典的描述领袖和英雄人物事迹的文章也选入。这才导致"四大缺失"。

我同意郭初阳的判断,随着多次教科书的修改,语文教科书作为年轻一代的政治手册功能已有所淡化,但问题依然存在,尤其是小学语文教科书。那么,小学语文教材到底有无必要选编如此多的旨在意识形态灌输的文本?要回答这个问题,得从小学语文的功能说起。众所周知,小学语文最基本的功能是教会学生识字写字、遣字造句及作文,其次才是落实文以载道的功能。但这个"道"应该涵盖哪些内容呢?我认为除了主流意识形态之外,更应关注公民常识、人格修养、品德培养等。

现在的问题是,小学语文教材承载的"道"太宏大、太高尚、太沉重了,只怕小学生承受不起。试想,一、二年级的小学生,大字不识几个,就要教育他们发扬小红军舍己为人的高尚品德,是不是有些强人所难?他们最需要接受的是启蒙教育,如古人教《三字经》、《弟子规》那样,教会他们不闯红绿灯、不随地吐痰、尊敬师长和父母、爱国爱家等公民常识。换言之,就是要教会他们怎样做一个合格的小公民、文明人。至于那些关乎宏大的政治叙事的教育,留待初、高中和大学老师去完成吧。

(资料来源 《中国青年报》2010年10月21日)

教育作为一种培养人的社会实践活动,总是在特定的理性——"为谁培养人,根据什么培养人,培养什么样的人"等目的和宗旨的引领之下。目的性是教育活动的最基本特性。小学教育目的是小学教育性质与功能的具体体现,又是小学教育学制的深层因素。小学教育性质和功能的历史发展,直接体现在教育目的上。当代小学教育的全民性、基础性、平等性和优先性,当代小学教育的社会功能和本体功能,如何通过一定的教育目的得以贯彻和落实,是小学教育学研究的重要理论和实践问题。

第一节　小学教育目标概述

小学教育目标既具有重要的理论意义,也具有重要的实践价值。一方面,小学教育目的受到社会政治、经济、文化条件的制约，以及各种教育目的论的影响。这使得小学教育目的纷繁多样，必须从历史的和理论的视角进行具体分析和整体把握，以此来准确地确定和理解。另一方面，在教育实践活动中，人们常常把教育目的遮蔽了，甚至把手段、工作过程本身当成了教育目的，教育目的却被遗忘、迷失和忽略了，成为没有终点的旅程。因而，只有自觉理解和把握小学教育目标和内容，才能使教育实践在正确的教育理念和培养目标指导下健康有效地开展。

一、教育目的与小学教育目标

（一）教育目的的性质和构成

我国教育学者陈桂生指出："我们把'教育目的'看得那么重要，对它的研究又那么草率，仿佛它本身没有什么问题值得推敲。"[①]这是由于，长期以来，教育目的只是由权力机构厘定的、不容置疑的关于"培养什么样的人"的总要求；至于教育工作者、教育机构或是具体的哪一级教育，只需了解和贯彻执行而不需要再去深入考虑了。但深想一下，教育目的究竟是由谁来厘定的，是由外部所规定的还是应当由教育主体自觉树立的呢？教育目的究竟是一种"应然"的意向和要求，还是"实然"的规格和反映？教育目的究竟是根据什么来厘定的，是根据社会的要求，还是为了人本身的发展？教育目的究竟是一元式的统一规定，还是应当制订出多元式、分层次、可操作的教育目的？就现实而言，往往是国家明文规定一套最权威的教育目的，而一些学校虽然在口头上、计划上提出贯彻教育目的方针，但实际上则以升学率、达线率、重点率作为自己的行动目的和价值追求；很多学生和家长更是以分数、名次、考大学、升重点、进名牌作为实际追求的教育目的；而且，小学、中学、大学围绕一个共同的、普遍的教育目的，难以结合不同教育层次、阶段和类型，进行具体的可操作性的贯彻。

简言之，教育目的是教育主体对教育活动所培养的人的质量标准和规格要求的一种预期和设定。对这一概念，我们可以作以下几点分析和阐释：

1. 由谁厘定——教育目的厘定主体的确立

教育目的对于教育主体及其活动具有导向作用、激励作用、调控作用和评价作用。这种作用的有效发挥，与教育目的的厘定主体有关。即，教育目的究竟反映"谁"的目的。根据国内外有关研究的观点，教育目的及其厘定主体可以分为两大类：

一类是外在教育目的。它是由国家行政或立法机构、教育行政主管部门对整个教育系统的教育活动所制定的教育目的。这类教育目的是一种外在于教育活动的明文规定，体现国家、政府和教育行政主管部门在"为谁培养人"和"培养什么样的人"这样一些根本问题上的意志和要求。它一般是指向未来、全体的统一要求，是一种"应然"的、较为抽象的指令或指导性的要求。这种教育目的往往由厘定主体通过行政的或法律的形式正式颁布，作为国家教育方针的核心部分，具有很强的政策性、强制性和权威性。

---

① 陈桂生著：《"教育学视界"辨析》，华东师范大学出版社1997年版，第23页。

另一类是内在教育目的。它是教育活动中教育主体如学校、教师、家长、学生根据国家权力机构、教育主管部门或教育机构所厘定的统一的教育目的，结合现实情况、自身利益立场，所确立的对自身教育实践活动发生具体、直接作用的教育目的。这种内在教育目的反映了教育活动中教育主体的自觉程度，它体现着教育活动主体对外在教育目的的领会和认同程度，也就是教育主体对外在教育目的的意识水平，反映着教育活动中教育目的的"实然"状态。这种教育目的往往借助一定的理论主张、社会舆论、个体的思想理念而存在。我们很难用外在的教育目的来代替教育活动过程中教育主体实际奉行的教育目的的作用。换言之，外在教育目的只有转化成为教育主体的内在教育目的，才具有实际操作意义。

外在教育目的与内在教育目的并不总是统一的和同质的，有时存在程度、内容、性质和水平的各种差异和矛盾。在促进外在教育目的向内在教育目的的转化过程中，学校这个特定的教育主体能够发挥十分重要的中介作用。无论是在哪一种教育管理体制（中央集权制或地方分权制）下，学校作为一个重要的教育实体和机构，一方面代表和体现国家和教育主管部门在教育上的意志和要求（包括总的教育目的和一定的培养目标）；另一方面，它立足一定的社区环境和学校内部环境，必须充分考虑教师、学生及其家长的实际情况和需要。在这两者的结合点上来确立自己的办学宗旨、人才培养目标。也就是说，学校的办学宗旨和人才培养目标是外部培养目标与内在教育目的的结合体，有利于促进教育过程中教师、学生及其家长对国家、教育行政主管部门厘定的教育目的的理解、接受，树立正确的教育思想和理念，进而使国家的教育方针即外在教育目的得到有效的贯彻实施。现实中所谓"素质教育轰轰烈烈，应试教育扎扎实实"的现象，正反映了一些学校办学宗旨和人才培养目标缺少对外在培养目标和内在教育目的的整合。

资料链接

从"竞选班长"看民主意识的培养

2001年9月21日，北京第二实验小学六年级（4）班的班干部竞选活动正在进行。

教室的黑板上写着5个大字："班干部竞选。"班主任姚煊——一位梳着马尾辫的年轻教师坐在台下一把小椅子上。两位男女学生主持人落落大方地站在讲台中央。

竞选程序分为三个步骤：先是上一届班干部述职演讲，并对下任干部提出希望和建议；第二步是竞选班干部的同学发表竞选演说，即兴回答"选民"提出的问题；最后是大家投票。现任班长是一位很自信的女生。她述职的时候不仅表现得相当从容、有条不紊，而且讲得较为全面。她觉得自己做得不错，只是感觉"男同学不大支持我"，并对以前因为自己的工作方法不对头，有时急于求成，可能对一些同学造成了伤害表示道歉。最后，她感谢三位副班长和全班同学的支持。述职演说虽然简短，但程序和风度都很到位。

老班委述职完毕,主持人宣布竞选开始。先是宣传委员的竞选,申请的竟有8人之多,在各个委员的竞选中是最多的。据同学介绍,这是因为做了宣传委员,可以有出黑板报,展示书法、绘画等方面特长的机会。

小学生们对于"锻炼能力"的概念认识得很清楚,许多同学上台明确表示,竞选的目的之一是锻炼自己的相关能力。同学们的参与热情很高。短短一个小时的时间里,先后有近20人到台上"表现"自我。台下的同学也全身心投入,有的侧耳倾听,有的急欲发言,有的鼓励别人上台,有的干脆自己起身跃跃欲试。

给人留下深刻印象的是,上一届的班长落选了,而上一届的副班长当选为班长。新班长是个文静漂亮的女孩,两人相差20多票。揭晓后,"老班长"真诚地向新一届班长鞠躬表示祝贺,新班长也鞠躬表示感谢。一切都做得那么认真,那么自然,体现了民主、平等的精神。

李烈校长说,班干部竞选是学校"双主体育人"办学思想指导下的一项举措。竞选注重过程,培养学生的民主意识,同时让每一个同学都有当干部的机会和体验,锻炼自信,提高学生的自我管理能力。学校有一条独特的校规:如果哪一个学生到六年级还没有当过干部,可以直接向校长投诉,一定要让学生们在毕业前得到当班干部的体验。

北师大教育学院教授刘惠珍认为,现代社会要求现代人具有责任心和合作意识。如果没有这种经验,就不可能养成这种素质。在竞选制下,孩子有了获得这种体验的机会,才会慢慢形成这种意识。"官本位"思想在我们社会早就受到批判,越来越落后于社会的发展。在学校中消除"官本位"影响,培养学生的参与意识、民主意识和各种社会需要的能力是当务之急。在这一过程中,班级和班主任起着重要的作用。做班干部能培养责任感、团队精神和自信心,能教人学会如何看待自己和他人,如何应对挫折。没有这种锻炼的机会,就不可能得到这种体验。

(资料来源 闵捷、祁靖一:《李烈和她的教师团队》,《北京教育》2002年第10期)

由此可见,教育目的的厘定主体是有不同层次和类型的,教育目的也就表现出多层次和多类型的特点。它们之间相辅相成,有着各自特定的作用和功能。不能以国家和教育行政主管部门厘定的总的教育目的来包办和代替其他层次和类型的教育目的的作用。正像英国教育哲学家约翰·怀特指出的:"除非教育工作者对这些教育目的一清二楚,否则他们培养出来的人才质量肯定会受损失。"[①]例如,我国当前新课程改革就是一个由国家到学校和教师的由上而下、由外而内的逐步落实和转化的过程。这个过程的背后,正是不同教育主体对教育目的的价值取向趋于认同和统一的过程;否则,便出现新课程实施的变异、走样,以及各行其是和走过场的不良现象。

---

① [英]约翰·怀特著,李永宏译:《再论教育目的》,教育科学出版社1992年版,第3页。

2. 根据什么来培养人——教育目的的价值取向

教育目的是一种主观性、价值性极强的教育元素。无论外在教育目的还是内在教育目的，它的厘定及其贯彻实施无不体现着特定的教育价值取向，即根据什么来厘定教育目的和为谁培养人。在这个核心问题上，不同的政党、教育行政主管机构，不同的文化背景和时代，不同的教育思想家和实践者，不同的教育机构或利益集团的主张既表现出一些共性的倾向和类型，又存在形态各异、多种多样的理解和追求。我们大致将其分为社会本位和人本位两大价值取向。也就是说，按照这两种价值取向，教育目的要么是为社会培养人，要么是为了促进人自身的生长和发展。它们各自又有许多派生的亚种。我们将在下面展开具体论述。

3. 培养什么样的人——教育目的的规格目标的制订

教育目的对教育活动的导向、激励、调控和评价作用，直接体现在它所制订的具体规格目标上。无论是外在经验目的还是内在教育目的，无论是社会本位还是人本位，教育目的总是要外化和落实在"培养什么样的人"这一具体的规格目标上。而且，教育目的不同的厘定主体、价值取向，其所确立的教育目的的规格目标是各不相同的。

资料链接

美国自由主义教育观的教育目的(1938年)

美国民主主义的教育目的，可以分为四个主要方面来考虑：(1)自我实现的目标；(2)人际关系的目标；(3)经济效益的目标；(4)公民责任的目标。这些目标可以分别进一步分析出如下小目标：

(1) 自我实现的目标——探究心、说、读、写、数、见闻、健康知识、健康习惯、公共卫生、修养、认知兴趣……

(2) 人际关系的目标——尊重人性、友好、协作、礼仪、爱好家庭……

(3) 经济效益的目标——工作、职业知识、职业选择、效率、调整、爱好、个人经济、消费者的判断、顾客的效率、消费者的保护。

(4) 公民责任的目标——社会主义、社会活动、社会理解、批判性判断、宽容……

苏联社会主义教育观的教育目的(1957年)

苏维埃学校教育的基本目的是培养全面发展的人，培养共产主义社会的积极建设者。

……苏维埃学校面临着并且正在实现着下列的主要任务:(1)保证学生的身体的正常发展,培养健康的和生气勃勃的一代人;(2)使学生掌握关于自然、社会和人类思维的科学基本知识,培养他们科学的辩证唯物主义的世界观,发展他们的认识能力;(3)授予青年一代关于现代生产的科学基本知识,以及把科学规律应用于社会主义建设实践的知识……(4)保证培养学生的高尚的道德品质和信念,培养他们对祖国的热爱和劳动者国际主义团结的情感,形成热爱劳动和公共财物的共产主义态度……(5)给予多方面的劳动教育,培养热爱劳动的情感和从事劳动的技能;(6)对学生进行美育,……授予他们艺术教育的原理。

(资料来源 [日]筑波大学教育学研究会编,钟启泉译:《现代教育学基础》,上海教育出版社1986年版,第129页)

综上分析,我们可以通过图5-1对教育目的系统结构有一个直观而整体的理解。

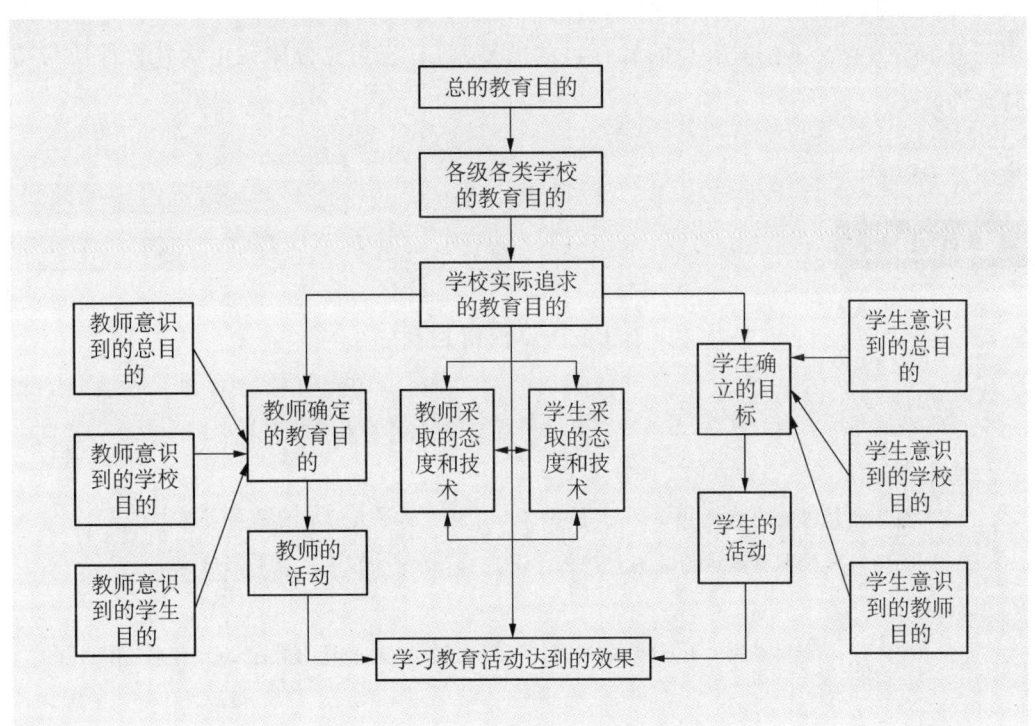

图5-1 教育目的系统结构图①

---

① 陈桂生著:《"教育学视界"辨析》,华东师范大学出版社1997年版,第36页。

(二)小学教育目标

当代教育哲学家约翰·怀特结合英国的教育实际指出:"如果我们能够归纳出诸如此类的最终目标,那么,我们就能暂时建构起一个包括诸多从属目标的框架,其目的是使得孩子们在五至十六岁之间享有的义务教育能成为一个连续的整体。在这个框架中还包括为不同年龄或阶段的孩子们制定的次级目标,并根据这些次级目标在具体的学年或学期中极为详尽地开设出具体的课程。"① 进而言之,教育目的可以作更具体的分解。即,国家行政或立法机构、教育行政主管部门在厘定整个教育系统总的教育目的基础上,往往对各级各类学校的教育目的作出具体的规定。如小学教育的目的、中等教育的目的、高等教育的目的、终身教育的目的。这些具体教育目的既是总的教育目的的体现和落实,又反映出各级各类教育的特性和特殊功能。这种层次的教育目的,一般称为该层次和类型教育的培养目标,亦称教育目标。通常,所谓的课程目标、教学目标,正是在培养目标基础上进一步制订的。

小学教育目标不是一个国家总的教育目的的简单演绎。它必须结合特定国家和时代的小学教育的性质与功能进行科学的论证,是社会政治、经济、文化等客观条件与教育主体特定的价值取向相互作用下形成的。小学教育目标与国家总的教育目的是上下位的关系。即小学教育目标服从和服务于国家总的教育目的,是总的教育目的在小学教育阶段的体现与落实。但小学教育又不是国家总的教育目的的复制,它应当充分体现小学教育性质与功能的特殊性。

资料链接

德国小学教育目标

1. 促进所有儿童的发展,给所有儿童以同样的关心,考虑儿童性格发展对其形成社会行为和他们的学业与实践能力的不同特点的影响;
2. 教给儿童基础的技能和知识,所教内容与方法应适应儿童各自的学习能力;
3. 帮助与鼓励儿童逐步地掌握系统的学习方式,为今后的学习打下基础。

(资料来源　王长纯、梁建著:《初等教育》,吉林教育出版社2000年版,第34页)

---

① [英]约翰·怀特著,李永宏等译:《再论教育目的》,教育科学出版社1997年版,第147页。

二、小学教育目标的依据与取向

小学教育目标的厘定,包括对小学教育目标(培养目标)的价值取向、目标选取、规格设计和结果认定。小学教育虽然具有学制地位上的恒定性,但普遍的、统一的小学教育目标是不存在的。小学教育目标的厘定是一项重要而又复杂的工作。它受到一系列客观和主观因素的制约和影响。这为我们理解和领会国家厘定的小学教育目标,以及在此基础上确立一所学校、一门课程以及一项教育教学活动的目的和宗旨,提供了一种价值参照和具体方法。

(一) 厘定小学教育目标的客观依据

1. 社会因素

小学教育为谁培养人、根据什么培养人,以及培养什么样的人,不是抽象的,而是受到特定社会背景下政治、经济、文化的制约和影响,与社会生产发展水平相一致。

小学教育目标的厘定,首先要客观地受到经济发展的影响和制约。18世纪60年代,以蒸汽机为标志的第一次工业革命,使得文盲劳动力不再能适应这种生产力的需要。普及初等义务教育的兴起和发展,就是通过"3R"的教育,传授劳动人民子女就业所需要的基本知识和技能。但在这种生产力条件下,要求资产阶级为工人子女开展无产阶级性质的道德教育和美育是不可思议的。正如马克思所说:"无论是小学还是中学,都不应开设那些允许进行政党的或阶级的解释的课目。只有像自然科学、文法等这样的课目才可以在学校里讲授。"[1]

> **资料链接**
>
> ### 法国基佐教育部长给小学教师的通知(1833年)
>
> ……这个法律是为整个国家的,是为公共利益的。如果没有在任何处境下都能倾听理性的呼声的经过充分启迪的人民,自由便不能确保,正义不能捍卫。普遍的小学教育是秩序和社会稳定的保证。我们政府的一切原则都是健全而理性的。所以,发展理智、普及知识,也就是进一步巩固王国和君主立宪制度……
>
> (资料来源 引自[日]筑波大学教育学研究会编,钟启泉译:《现代教育学基础》,上海教育出版社1986年版,第134页)

---

[1]《马克思恩格斯全集》(第16卷),人民出版社1972年版,第656页。

而当生产力发展和科学技术进步要求延长义务教育年限，小学教育不再作为就业教育和终结性教育，而是作为国民教育初级阶段时，小学教育的目的和宗旨也随之发生了重要改变。以美国为例，由于生产的迅猛发展和知识大爆炸以及苏美争霸的需要，20世纪50年代开始了深刻的教育改革。T·H·布里格斯教授将此时的美国小学教育目标概括为：一是为所有儿童，不分性别、家庭社会地位或个人将来职业，提供基础知识和技能的训练；二是通过普通教育，使我们这个民主国家未来的公民的品德表现臻于完善。①

而当第三次工业革命的兴起与发展，终身教育和学习化社会日益到来之际，小学教育的性质和功能再一次发生了转变，"生长与发展成为小学教育目的的关键词"②。小学教育不仅作为国民基础教育，以培养合格公民为目标，而且成为每一个人走向生活的通行证、生命发展的奠基。此时，美国小学教育目标发展成为：③

（1）增进儿童的健康和发展儿童的体格。小学的教育计划应该适应儿童体格的需要，应使身体缺陷儿童能够参加正规教育计划；

（2）增进儿童的心理健康和发展儿童的人格。小学的活动要能帮助儿童形成全面的自我概念。注意给儿童提供机会，使他们对所做的事情有成功的经验和成就感。努力创造一个把儿童的紧张程度减到最低的环境；

（3）形成儿童对社会和科学世界的理解。改进教学教育内容，帮助儿童理解环境，把儿童的眼前世界带入未来的世界，让他们更好地理解遥远和抽象的东西。基本技能和知识的教授应能有利于儿童进一步的学习和今后更有效地生活；

（4）发展儿童有效参与民主社会的技能。注意引导他们及早参与集体生活，为儿童学习和参与民主社会生活的责任心创造情境，提供多样化的机会，培养他们的责任心，学习自我引导和有效地与他人沟通；

（5）发展儿童符合民主生活的价值。这些价值是诚实、尊重个人人格、个人的社会的责任心、思想言论自由、学习以及使用智能的方法。社会争夺、社会所关切的事情，是课堂经验的一部分，重点放在帮助儿童形成为人类有价值的成员的内在动机上；

（6）通过创造性活动激发儿童的创造性。创造性的课堂应对使用各种各样办法解决问题、发表意见、与他人沟通发挥激发和支持的作用。

其次，小学教育目标的厘定，受到一定的生产关系和以这种生产关系为基础的政治观点、政治制度的制约。小学教育的社会性质直接决定于生产关系和政治的性质。那种企图寻找和确立一种适合不同国家和政治制度的普遍的小学教育目标是不切实际的。即使是在当代全民小学教育下，小学教育是为了满足所有人的"基本学习需要"，但各国小学教育目的的政治性质和观点是不同的。

---

① 朱勃、王孟宪编译：《比较教育：名著与评论》，吉林教育出版社1988年版，第151页。
② 王长纯、梁建著：《初等教育》，吉林教育出版社2000年版，第4页。
③ 同上书，第11页。

2. 人的因素

小学教育目标的厘定不仅要充分反映社会的特点和需要,而且要尊重人本身的发展特点和需要。心理学的研究揭示了人的身心发展的阶段性和顺序性、稳定性和可变性、不平衡性和差异性等特点。而且,人通过接受小学教育而不断实现社会化,成为合格公民的同时,也在不断实现自身的个性化,形成和发展自己的个性、情感和精神世界。不完成社会化的过程,人难以适应社会、参与社会,也使不同的个体失去共存共处的基础和赖以交往的基本规范;同样,没有人的个性化,个体的才智和潜能也难以充分自由地发挥和发展,缺乏自主和创造能力,精神空虚。人的发展和成长,正是社会化与个性化的和谐统一。正因为如此,当代小学教育正力图改变单纯的系统知识传授和由此带来的学业负担过重,学生身心憔悴、消极,越来越注重回归儿童的生活世界,促进儿童经验的生长,给儿童充分的时间和空间以实现自主发展;在注重基本知识和技能教学的同时,更加注重学生人文精神的培育,在思想、情感、知识、道德、人格等方面为儿童的童年生活和未来的生命发展作好充分准备。

资料链接

面临两个分裂的世界 儿童像一个脱离实际的傀儡

当抽象知识是一个作用和反作用于日常生活的连续过程的一部分时,我们必须承认:小学教育(中学教育也有这种情况)的共同趋势是必须把理论和实践结合起来,把脑力劳动和体力劳动结合起来;学校不能和生活脱节;儿童的人格不能分裂成为两个不接触的世界——在一个世界里,儿童像一个脱离实际的傀儡一样,从事学习;而在另一个世界里,他通过某种违背教育的活动来获得自我满足。

(资料来源 联合国教科文组织国际教育发展委员会:《学会生存——教育世界的今天和明天》,教育科学出版社1996年版,第12页)

总体看来,小学教育目标所依据的社会因素与人的因素两者之间,既有矛盾和冲突的一面,也有统一和整合的基础。根据马克思主义的观点,人的发展水平和状况不是抽象的,而是以社会存在作为基本条件,并随社会历史条件的变化而不断改变。社会发展是个人发展的基本条件。一定历史阶段社会发展的水平决定着社会对于人的个性发展的需要和允许程度,脱离社会历史条件和社会发展水平,抽象地谈人的个性发展和培养,是不切实际的。而且,社会发展与人的发展存在着一定的矛盾和冲突。在相当长的历史阶段,个人发展和受教育的机会是有限的。正如

马克思指出:"'人'类的才能的这种发展,虽然在开始时要靠牺牲多数人,甚至牺牲整个阶级来实现,但最终会克服这种对抗,而同每个人的发展相一致;因此个性的比较高度的发展,只有以牺牲个人的历史过程为代价。"① 只有到共产主义社会,人的发展和社会发展才能实现高度统一,人的个性解放和充分发展才能真正实现。

另一方面,人作为社会实践的主体,作为生产力和科学文化的承担者,对社会发展具有重要的作用。也就是说,人在社会生活和历史进程中,不是消极被动地适应现实环境的,人在社会生活中会不断产生新的需要、目标、理想和追求,进而改变现实环境,以满足自身的需要,并在改变现实环境的同时也不断改变了自身,实现自身的不断超越和发展。在这一过程中,教育起着十分重要的中介作用。教育根据社会发展的条件和要求,激发和调动人的主体需要,以促进人的充分发展,培养适应社会发展的人。

(二) 小学教育目标的价值取向

制约小学教育目标的这些客观的社会因素,总是反映到教育主体——人的思想认识中来,并通过人来纳入到小学教育目标中去。因而,小学教育目标既有着客观的社会制约性,又具有很强的主观色彩,受到一系列主观因素的制约和影响,如小学教育目的厘定者所持有的人性假设、所追求的理想人格,都集中体现在对教育目的的价值取向上。这样就形成了形形色色的教育目的论。这些教育目的论的主要研究和争论的焦点,是教育目的价值取向。

所谓教育目的价值取向,是在教育活动中,教育主体根据自身需求来进行教育选择时所表现出来的一种价值倾向。即在同时存在若干种教育价值方案和意向的情况下,教育主体总是根据自己的需求和利益选择或倾向于其中的某一种方案和意向,并确定自己的教育目的和行为。这就形成了流派各异的教育目的取向。比较具有代表性的教育目的价值取向有两种——社会本位的价值取向和人本位的价值取向。它们对小学教育目标的厘定产生了广泛而直接的影响。

1. 社会本位的价值取向

社会本位的价值取向主张,教育目的的厘定应当根据社会的需要,把满足社会需要作为教育目的的价值追求。认为教育是培养人的社会活动,应当从社会需要出发,为了社会实现人的社会价值。这种观点在古代就有,发展成为系统的理论是19世纪至20世纪初的社会学。这种价值取向旨在把受教育者培养成为符合社会需要和准则的公民,使受教育者社会化,以保证社会生活的稳定和延续。如迪尔凯姆认为,每个人身上都具有"个体我"与"社会我"的双重人格,教育的目的是塑造"社会我"——使年轻一代社会化,在身体、智力、道德方面都得到激励和发展,以适应现实社会和未来社会对他们的要求。诺笃尔普则认为:"事实上个人是不存在的,因为人之所以为人,只是因为他生活在人群中,并且参加社会生活。"② 凯兴斯泰纳明确提出:"我十分明确地把培养有

---

① 《马克思恩格斯全集》(第26卷),人民出版社1972年版,第124—125页。
② 吴俊生著:《教育哲学大纲》,商务印书馆1942年版,第149页。

用的国家公民当作国民学校的教育目标,并且是国民学校的根本目标。"①这种把人当作社会工具,而不是把人作为"人"来培养的教育目的价值取向,常常被集权制国家所采用。

2. 人本位的价值取向

人本位的教育目的价值取向,主张从受教育者的本性出发,而不是从社会需要出发,使人的本性、本能得到自然发展,进而把受教育者培养成人。教育不是外加的东西,教育目的的厘定,应当根据人的本性发展和自我完善这样一种"天然的需要";教育的价值在于个人价值的增进、个性的发展和个体需要的满足。

这一观点有一个历史发展的过程。古希腊智者派就认为,人是万物的尺度,教育目的在于弘扬人性、发展人的个性。文艺复兴时期,思想家们从人道主义和人性论出发,反对宗教神学对人的束缚,把人的解放和个体自我意识的觉醒,培养独立个人作为教育的目的。18、19世纪,以卢梭为代表的自然主义者认为,个人自由、幸福是人生来就有的"自然权利",教育的目的,是把人培养成为具有独立人格和尊严的"自然人"——爱弥儿。他反对把儿童训练成为违背儿童自然生长秩序的社会人——"公民"。以裴斯泰洛齐为代表的人文主义者则认为,自然赋予人的力量和能力具有渴求发展的倾向,教育目的是要使人的善良本性和理性得到发展,以理性战胜情欲,使理性、意志、自由和各项天赋能力得到和谐发展。他说:"发展个人天赋的内在力量,使其经过锻炼,使人能尽其才,能在社会上达到他应有的地位。这就是教育的目的。发展人的内在力量,不得不利用社会与人生相结合的教育方法,从而使其得到人的品德、家庭幸福、工作能力,直到实现社会上的需要。"②

杜威试图来调和社会本位与人本位这两种价值取向之间的分歧。一方面,他提出"教育即生长",他认为教育就是儿童的生长,在它自身以外,没有别的目的。他反对脱离儿童的本能、需要、兴趣和经验而对儿童的生长过程强加一种外在目的。他说:"所需的信仰不能硬灌进去;所需的态度不能粘贴上去。"③"从外面强加的教育目的的缺陷根子很深。教师从上级机关接受教育目的,上级机关又从社会上流行的目的中接受这些目的。教师把这些目的强加于儿童。"这"使教师和学生的工作都变成机械的、奴隶性的工作"④。另一方面,他又认为,社会是许多沿着共同的方向、共同的精神、为了共同的目标而并肩工作的人们的聚合体。民主社会中,选举人和被统治者只有接受了良好的教育,民主政治才能实现。道德教育、政治信仰教育是民主社会实现的重要环节。"社会把她自己所成就的一切,通过学校机构,交给它的未来的成员。"⑤

那么,如何把"教育是一个社会过程"与"教育即(儿童)生长"统一和协调起来呢?杜威提出"学校即社会"的观点,即有效的社会目的只有渗透进学校情境中去,"使得每个学校都成为一种雏形的社会生活",通过这种"小社会"的活动来保证大社会的和谐。他反对外加的教育目的,实

---

① [德]凯兴斯泰纳著,郑惠卿选译:《凯兴斯泰纳教育论著选》,人民教育出版社1984年版,第15页。
② 张焕庭主编:《西方资产阶级教育论著选》,人民教育出版社1979年版,第173页。
③ [美]杜威著,王承绪译:《民主主义与教育》,人民教育出版社1990年版,第12页。
④ 同上书,第115页。
⑤ [美]杜威著,孙有中译:《新旧个人主义》,上海社会科学院出版社1997年版,第200—201页。

际上是打通社会因素与教育过程之间的阻隔,使这种目的隐性化,通过在学校中创造一定的情境造成儿童在品德和政治信仰上的自然的经验的生长。因此,杜威的教育目的,是要为他所谓的民主社会培养合格公民,而不是真正的"教育无目的",因而这种教育目的论存在自身矛盾性。

3. 马克思主义关于人的全面发展学说

马克思、恩格斯从辩证唯物主义和历史唯物主义出发,对社会发展与个人发展的关系作了科学的考察和阐述。这给我们正确理解和解决教育目的价值取向上的矛盾和问题奠定了理论基础,提供了新的方法论。

马克思、恩格斯在考察人的发展问题上,不是停留在思辨领域,脱离具体的社会历史条件,去抽象地谈"人"的发展和教育目的的价值取向,而是认为:"个人是什么样的,这取决于他们进行生产的物质条件。"[1]他们在《德意志意识形态》一书中指出:人们的生产关系"在历史发展的每一阶段上都是与同一时期的生产力的发展相适应的,所以它们的历史同时也是发展着的、为各个新的一代所承受下来的生产力的历史,从而也是个人本身力量发展的历史"[2]。马克思、恩格斯历史地考察人的发展的社会基础,而不是像卢梭等人抽象的人性论或是欧文的空想社会主义对人的发展的设想。他们提出人的发展是由社会分工所决定的,从个体劳动到工场手工业、再到机器大工业,人的发展必然从片面发展走向全面发展,而发展的基本途径是教育与生产劳动的结合。但在资本主义制度下,生产关系和意识形态的矛盾性又决定了人的全面发展不可能实现,只有到共产主义社会才能真正实现人的全面发展。

一方面,生产力发展是人的发展最重要的决定因素。这是由于,不同的生产力水平,有着不同的分工状况。人类社会先后经历了两次大的体力劳动与脑力劳动的分离。第一次分离产生了专门从事剥削和统治体力劳动者的脑力劳动者,学校教育的目的正是培养这样一些统治阶级的接班人。这也使人的发展走向了片面化。而且,人的片面发展到了工场手工业阶段,达到了极点——造成工人肢体和精神上的畸形发展。

体力劳动与脑力劳动的第二次分离,是人类进入资本主义社会以后,由于科学技术的进步和工业革命的推动,机器大工业生产的发展,从事物质生产的脑力劳动从从事物质生产的体力劳动中分离出来,由此产生的一大批脑力劳动者与体力劳动者一样都作为"雇佣劳动者"——科学家、技术人员和管理专家等。同时,广大的体力劳动者——工人也必须掌握一定的文化知识和专业技术,了解劳动过程和一定的生产原理,并能适应科学技术进步必然带来的劳动的变换、职能的更动和职业的流动。由此,学校教育的目的,开始由培养统治人才转向部分目的是培养统治人才,主要目的是培养现代化生产所需要的脑力劳动者和具有一定文化知识和专业技术的体力劳动者。现代社会机器大工业的发展,对克服体力劳动与脑力劳动分离所造成的人的片面发展,进而实现体力和脑力的全面发展提出了客观要求,也创造了物质条件。

---

[1]《马克思恩格斯选集》(第3卷),人民出版社1972年版,第83页。
[2]《马克思恩格斯选集》(第1卷),人民出版社1972年版,第79页。

另一方面,生产关系是人的全面发展重要的制约因素。在各个不同社会条件下,社会在要求人获得一定发展的同时,统治阶级又利用自己手中的权力从维护自身利益出发,对人的发展进行一定的掌控。这就是生产关系对人的发展的制约作用。这种作用既表现在生产关系决定了谁掌握所需要的物质资源和把这些物质资源提供给哪部分人发展上,也表现在生产关系决定了使有条件获得发展的这部分人朝哪个方向发展和为谁服务。在此之下,少数人垄断着发展权、教育权和受教育权,人的个性及其自由发展的机会和空间十分有限。"在这种情况下,教育对于教育者和受教育者来说,还主要是一种谋生的手段,而表示个性完善的手段;个人还主要是当作工具塑造,而不是当作目的培养。"马克思、恩格斯指出,在资本主义社会下,必须通过斗争要求资产阶级学校为工人子女提供全面的教育;同时敏锐地洞察到,资产阶级学校不可能进行真正的德育和美育。因此,在资本主义制度下,虽然是机器大工业生产迫切要求人的全面发展,但资本主义的生产关系又成为人的全面发展的障碍。

个人发展和社会发展的高度统一和充分实现,只有到共产主义社会才能真正实现。所谓人的全面发展,首先是指人的劳动能力的全面的、普遍的发展,是人能够适应不同劳动及其职能变换,而使自己的体力和智力得到全面充分的发展,同时又表现为人的才能和志趣的全面发展,即包括个性自由、独创的高度的发展。因为,进入共产主义社会,生产力高度发展和社会财富的极大丰富,私有制彻底消灭,个人与他人组成联合体,占有全部生产资料并自觉地控制自己的生产关系,成为社会的和自身的真正主人,实现社会和人的彻底解放。而且,劳动者得以从旧的分工中彻底解放出来,劳动成为人的一种真正自由、自主的劳动,变成人的第一生活需要。这时,作为社会主体的人的全面发展将成为社会发展的目的,也成为了教育的目的。

第二节 小学教育目标的比较分析

通过以上关于小学教育目标的厘定主体、依据和价值取向的分析,我们可以对近现代以来各国的教育目的进行一种历史回顾和比较分析。以此把握小学教育目标的基本精神和发展演变的脉络、特点和未来走向。

一、小学教育目标的厘定主体

小学教育目标的厘定主体,从宗教团体或国家向国家权力机关、教育实体和教育过程中当事人共同参与决策的方向转变。

在慈善小学教育阶段,小学教育主要是由教会组织、慈善组织出资创立的。因而,小学教育目标厘定主体也就是这些教会组织和慈善组织。例如,17、18世纪法国的耶稣会、基督教"圣乐会"、冉森主义的"坡塔·诺亚尔"教师团体、基督教学校兄弟会等。18世纪末的法国革命,从根本上消灭了法国的封建制度,确立了资产阶级政权,先后执政的资产阶级党派,纷纷从发展资产阶级政治、经济需要出发,积极改革封建传统教育,提出了许多具有资产阶级特色的教育方案。塔力兰、孔多塞、雷佩尔等人提出的教育方案最具代表性。如作为大商业资产阶级利益代表的数学家、思想家孔多塞认为,一个自由的宪法,必须有与之相应的公民教育。通过教育,每个人的才能方能得到充分发展,从而满足需要、保全幸福,懂得应享受的权利,明确应尽的义务。在他所提出的公共教育方案中,要求为一切儿童提供普及、义务、免费的小学教育。旨在授予一切儿童可保证其"独立"的各种知识,培养其道德行为,并使其能够从事一定的职业,以享受自由平等的权利。19世纪末,法国工业革命完成,资产阶级共和政权日益确立和完善。此时,小学教育完全实现了国家化,小学教育目的进一步通过国家法律的形式颁布实施。1881年法国颁布了著名的"费里教育法",提出国民教育的"义务、免费、世俗化"的三原则。

进入20世纪,美国教育家杜威从他的民主主义教育理想出发,对传统上由立法、行政部门、社会团体厘定教育目的的状况提出质疑。他认为:"整个社会的某部分人将会发现他们的目的是由外来的命令来决定的;他们的目的并不是从他们自己的经验自由发展而来,他们有名义上的目的,(但这)并不真是他们自己的目的,而只是达到别人比较隐藏的目的的手段。"①因此,外在目的只能导致一种无法实现这种目的的、无效的、灌输的教育模式。由此,他将教育目的分为外在教育目的和内在教育目的。他认为,教育即生活,即儿童经验的生长。"我们探讨教育目的时,并不是要到教育过程以外去寻找一个目的,使教育服从这个目的。"②传统教育在教育过程之外设置一种目的,使教育过程服从这个外在的目的,而这种外在目的并不是由儿童自己的经验自由发展而来的,"并不真是他们自己的目的"。他在针砭外在教育目的的局限性的同时,指出内在教育目的的重要性。他认为:"教育本身并无目的。只是人,即家长、教师等才有自己的目的。"③这就是教育过程的内在目的。

杜威这种带有民主主义理想和教育革新色彩的教育目的论,对20世纪小学教育目的厘定主体的多元化和民主化起了很大的促进作用。随着60年代教育民主化运动的勃兴,教育目的的厘定主体逐步由国家最高权力机构自上而下的权威颁布,转向地方当局、学校、教师、家长甚至学生共同参与制定和决策分享。约翰·怀特在他的《再论教育目的》一书中指出:"任何学校都必须有用来帮助制订课程计划、教学大纲和教学方法的教育目的。"④而且,"如果一个学校的教师队伍在教育目的上达成一致并齐心协力地去努力,教育目的就更容易实现。……没有达到一致性的学校从表面上看也是秩序井然,可能也会有某些共同目的,……但是危险在于,教师们越来越拘泥于最高的共同目的上,而越来越少地把他们的所作所为与根本目的联系起来"⑤。他

---

① [美]杜威著,王承绪译:《民主主义与教育》,人民教育出版社1990年版,第106页。
② 同上书,第106页。
③ 同上书,第114页。
④ [英]约翰·怀特著,李永宏等译:《再论教育目的》,教育科学出版社1997年版,第2页。
⑤ 同上书,第20页。

还举例指出:"学生们,特别是年幼的学生时常对老师的教育目的并不明晰。小学老师教算术时可能会把全班分成几个商店,让学生们扮演售货员和顾客。对孩子们来说,这与游戏没什么区别,只因为好玩他们才乐于参加;对老师来说,这可能是职业基础教育或者为社会培养合格公民的第一步。"①

进入 80 年代,随着校本管理的兴起,学校作为主要决策单位,进一步普遍确立了自己的办学理想和宗旨,以一套共有的期望、信念和价值来指引学校成员的工作方向和教育活动。下面,我们分别看一下日本和我国台湾的小学的教育目标系统图(见图 5-2、表 5-1)。

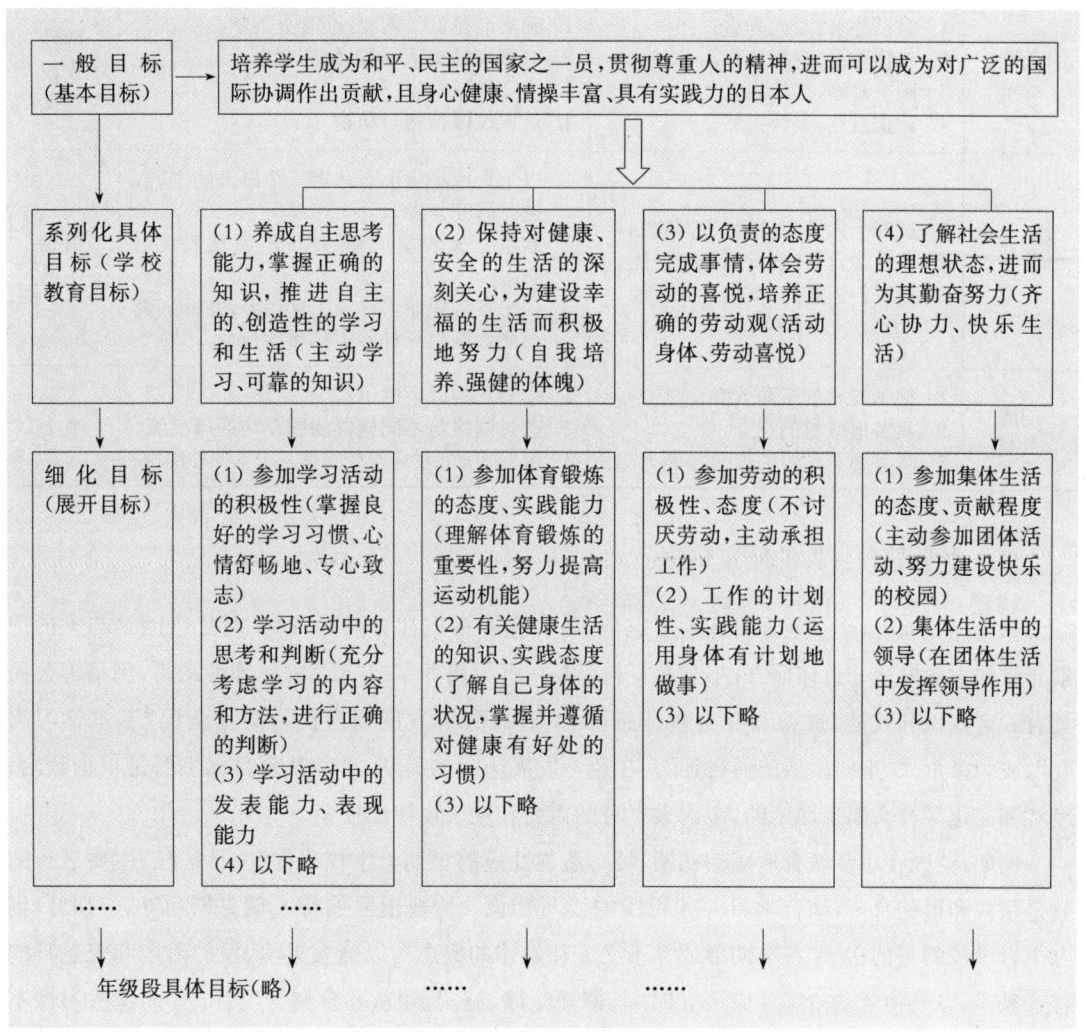

图 5-2　日本东京都新宿区立落合第四小学学校教育目标系统图②

---

① [英]约翰·怀特著,李永宏等译:《再论教育目的》,教育科学出版社 1997 年版,第 165 页。
② 饶从满等著:《日本小学教育》,山西教育出版社 1999 年版,第 141—142 页。

表 5-1 我国台湾云林县永光国小小学教育目标

学校愿景	经营目标	具体实施策略	融入新兴议题
健康快乐	1. 注重身体健康,锻炼强健体魄。 2. 形塑正确习惯,培养优质生活。 3. 营造快乐环境,提高自我效能。	1. 每位学童至少学会球类、田径等体育活动一项。 2. 每位学童至少学会棋艺、乐器演奏等休闲技能一项。 3. 学生养成正确洁牙、洗手、均衡饮食等良好的卫生习惯。	家政
负责尊重	1. 对己要求、对人尊重。 2. 对物珍惜、对事负责。 3. 民主素养、法治观念。 4. 认识自然、关怀自然。	1. 确实准备上学需要,准时上下学。 2. 对事脚踏实地,对人信守承诺。 3. 遵守学校校规。 4. 认识校园植物与动物。	两性 人权 环保
创新希望	1. 试探个人性向,进行生涯规划。 2. 尊重多元智能,发展独特潜能。 3. 启发创造能力,贡献个人智能。	1. 以个人或小组形态选定三个以上的主题,进行研究并发表。 2. 欣赏艺文表演活动,并写出与发表观后心得。 3. 认识各种职业名称及工作内容,并依兴趣与能力选出三种希望从事的行业。	信息 生涯
前瞻远见	1. 接纳与欣赏不同族群文化。 2. 具备地球村的观念。 3. 具备终身学习的理念与能力。	1. 学会三种以上的语言。 2. 透过网络与不同族群的朋友沟通与交流。 3. 每位学童每学年至少阅读三十本课外读物。	乡土

二、小学教育目标的厘定依据

纵向比较而言,小学教育目标的厘定依据,从主要根据社会因素,逐步向社会因素与人的因素兼重的方向发展。总体而言,小学教育目标从一开始培养掌握"3R"的熟练劳动者,到培养公民具有一定知识和技能、道德和社会责任感的合格公民,再发展到当代为满足全民"基本学习需要",成为每个人"走向生活的通行证"。在这一发展历程的前期,小学教育目标主要是根据政治、经济和文化等社会因素厘定的,考虑人本身的需要和发展规律比较少。

例如,英国在小学教育形成的初期,带有慈善性质的星期天学校或称"主日学校"主要进行的就是宗教和道德合一,结合学习一些粗浅的读写知识。传教士罗伯特·瑞克斯(1781—1811)创办主日学校的目的在于"在早期形成关于义务和纪律的概念",以拯救灵魂、保护财产和安息日的社会秩序,以及使劳动阶级养成严守时刻、遵守纪律、诚实、顺从和自制等习性。[1] 而这些习性不仅是现代生产所需要的,更是资本家所需要的人的基本品质。即使是国家从教会手中夺得小学教育的控制权之后,小学教育的目的同样是从政治、经济和文化等社会因素出发来厘定的。例如,法国改革国体、设立议会后,在 1791 年制定的宪法中规定,创立公共教育制度,多设小学以适

---

[1] 戴本博主编:《外国教育史》(中),人民教育出版社 1990 年版,第 168—169 页。

应人民需要授予所有公民以一切不可缺少的知识；规定各种纪念日、开展各种纪念活动，以培养公民爱护宪法、爱护国家的思想感情。根据宪法规定，公共教育委员会指派塔里兰提出的第一个具有资产阶级性质的学校教育体系，规定小学教育目的是使儿童明白新时代国民应尽的义务、个人行为应遵循的准则，并授予初步文化知识，使之摆脱愚昧无知，成为有用的公民。学习的课程主要有国语、算术、宗教、道德和宪法。①

进入20世纪尤其是两次世界大战之间，随着义务教育年限的延长和国民教育体系的不断完善，中等教育的发展使小学教育的基础性不断拓展和深化。小学教育不再是为儿童直接参加社会劳动、成为合格公民而准备，而是为了在此基础上进一步接受普通教育或职业教育打基础。因而小学教育目标的厘定开始考虑到儿童自身发展和进一步学习的需要。如1931年英国教育部在关于《小学教育》的报告中，提出的小学教育的目标是：②

（1）发展儿童的基本才能；
（2）鼓励儿童对文明的兴趣和关心；
（3）帮助儿童树立责任感，启发他们的理想，培养他们的情感，使他们理解并效法生活中最优秀的范例。

第二次世界大战后尤其是进入五六十年代以来，各国教育经历了大发展、大改革，尤其是高等教育的发展和逐步大众化、终身教育的兴起，使小学教育成为基础的基础。小学教育目标更加着眼于儿童自身发展的全面性和可能性。

从20世纪以来，人本主义教育思想反对现代化尤其是西方工业化造成对人的异化，要求维护和恢复人的生命价值和尊严，倡扬主体精神，坚持以人为本，培养人的独立性、个性的自由和谐发展，满足人的发展需要。

三、小学教育目标的价值取向

再来看小学教育目标的价值取向的发展趋势，同样沿着一种从社会本位向社会本位与人本位兼重的方向发展。

虽然，卢梭的自然主义教育思想在欧洲产生了深刻影响，他在教育上所起的革命性作用，犹如哥白尼在天文学上所起的作用；尤其是裴斯泰洛齐的人文主义教育思想和他杰出的小学教育理论与实践，在欧洲很多国家产生了广泛的影响。但总体而言，他们所共同倡导的人本位的教育价值观，并没有成为这一时期小学教育目的的价值取向。此时，无论是宗教组织的慈善小学教育，还是资产阶级国家推行的初等义务教育，教育目的的厘定的价值取向普遍采用社会本位的价值取向，以道德教化和知识灌输为目的。

进入20世纪以后，教育科学的发展对儿童身心发展的规律有了深入的研究和了解。欧洲的

---

① 戴本博主编：《外国教育史》（中），人民教育出版社1990年版，第179—180页。
② 戴本博主编：《外国教育史》（下），人民教育出版社1990年版，第138页。

"新教育运动"和美国的"进步教育运动"遥相呼应,提出了以"生活教育"、"尊重个性"、"自发学习"为主旨的教育纲领,反对传统教育,重视儿童自身的兴趣和经验,遵循儿童身心发展的特点和规律。这些新的教育思想和实践对欧美的小学教育产生了深刻影响。

二战以来,各国教育在大发展的同时也进行了一轮又一轮的改革。在这一过程中,一方面,国家发展和国际竞争使得国家愈加强调教育的社会价值;与此同时,民主化的教育思潮和革新运动也不断提升了人自身的价值,并注重儿童身心的发展。而且,在社会发展和科技进步的过程中,人的道德、情感、交往和理解等也遇到越来越多的问题。在此之下,对人自身的关怀也成为一个重要的社会课题。此外,教育自身体系和功能的发展,尤其是传统的终结性教育也不再适应社会发展和人自身发展的需要,终身教育和全民教育的应运而生,使得小学教育不再是就业的基础,也不再只是为接受高一级教育作准备,而是社会发展和人生发展的重要奠基。此时,作为国民教育的最初阶段,小学教育的目的必须面临社会本位与人本位的价值整合,以使儿童的精神、道德、文化、心智、身体各方面得到全面、均衡的发展。英国学者菲利普·泰勒对世界各国小学教育的目标进行比较后作出以下归纳(见表5-2)。从中可以看出,前两项目标占了近80%的比重,这表明作为基础教育的小学教育所承担的使学生的智力、体力和道德等方面获得全面均衡发展的任务在世界各国小学教育目标中得到较为充分的体现。[①]

表 5-2 菲利普·泰勒对世界各国小学教育目标类型的比较

目 标 类 型	百分比(%)
1. 基础知识和技能(即读写算)	41
2. 使儿童的心智、社会性和道德获得发展的普通教育(即儿童发展的全部潜能)	38
3. 为以后的教育提供基础(即为下一阶段的教育作准备)	20
4. 其他目标(包括社会融合、就业技能、爱国主义、宗教灌输等)	1

资料链接

日本不同时期的小学教育目标

《修正小学令》的小学教育目标(明治23年)

小学校以留意儿童身体之发育授以道德教育及国民教育之基础及其生活上必需之普通知识技能为宗旨。

[①] 吴文侃、杨汉清主编:《比较教育学》(修订本),人民教育出版社1999年版,第430页。

《学校教育法》小学教育目标(1948年)

第十七条　小学以适应儿童的身心发展,实施初等普通教育为目的。

第十八条　小学教育为了实现前条的目的,必须努力达到下列目标:

1. 基于学校内外社会生活的经验,教育学生正确理解人与人之间的相互关系,并培养学生具有同心协力和自主、自律的精神。

2. 引导学生正确理解乡土和国家的现状及传统,并进而培养国际协调合作的精神。

3. 培养学生对日常生活所必需的衣、食、住和生产等方面具有基本的理解并掌握基本的技能。

4. 培养学生正确理解和使用日常生活所必需的国语的能力。

5. 培养学生科学地观察和处理日常生活必需的数量关系的能力。

6. 培养学生科学地观察和处理日常生活中自然现象的能力。

7. 培养学生健康、安全地幸福生活所必需的习惯,并力求使其身心得到协调发展。

8. 培养学生对于能够生活明朗快活,丰富充实的音乐、美术、文艺等基本的理解和技能。

《关于教育改革的第一次咨询报告》(1985年)

当今初等中等教育的主要课题是:"让学生作终身人的形成的基础所必需的素质、丰富的个性与社会性,培养学生具备真才实学和强壮的体魄、丰富的心灵。"1996年,日本第15届中央教育审议会提交的《关于面向21世纪我们教育的发展方向——让孩子都有"生存能力"和"轻松宽裕"》的咨询报告,对小学教育目的又提出了新的要求:

(1) 适应社会变化,能够自己发现课题、自学、独立思考、自主地进行判断、采取行动、更好地解决问题的素质和能力;

(2) 丰富的人性,即不断自律,与他人互相协调,具有关怀体谅他人之心和感动之心等;

(3) 为坚强地生活所包括的健康和体力。

(资料来源　王长纯、梁建著:《初等教育》,吉林教育出版社2000年版,第63页)

第三节　我国小学教育目标

一、我国小学教育目标的历史发展

我国现代意义的小学教育始自1902年的《壬寅学制》,该学制设立初等小学堂,规定初等小学堂的宗旨是"授以道德知识及一切有益身体之事"①。与之平行的有简易实业学堂,进行最初步的职业技能的教育。1904年的《癸卯学制》纵向上设立的第一阶段教育即小学教育,包括蒙养院、初等小学堂和高等小学堂。规定初等小学堂以"启其人生应有之知识,立其明伦理爱国家之根基,并强调儿童身体,令其发育为宗旨;以识字之民日多为成效"②。高等小学堂旨在"培养国民之善性,扩充国民之知识,强壮国民之气质为宗旨;以童年皆知作人之正理,皆有谋生之计虑为成效"③。

1912年,南京临时政府提出了带有资产阶级性质和色彩的教育宗旨,并在《小学校令》中规定了小学的培养目标是:"(1)留意儿童身心之发育;(2)培养国民道德之基础;(3)授以生活所必需之知识技能。"④1922年的学制改革以"七项标准"作为教育宗旨,即:适应社会进化之需要,发挥平民教育精神,谋个性之发展,注意国民经济力,注意社会教育,使教育易于普及,多留意地方伸缩余地。这一教育宗旨和培养目标突出体现了发挥儿童个性以健全儿童人格的要求。此后至1949年,南京国民政府在公布的《小学法》和《小学规程》中,提出小学教育的培养目标是"以发展儿童之身心,培养国民之道德基础,及生活所必需之基本知识技能"。

"八一"南昌起义和秋收起义后,中国共产党及其领导的革命根据地开始重视发展文化教育事业。其中,小学教育是根据地普通教育的主体部分。1933年中央教育部发布的《小学课程与教则草案》规定小学教育的培养目标是:政治水平要达到了解马克思列宁主义的基础,达到能了解阶级斗争的一般理论和策略;知识技能、身体要达到满足目前斗争和一般生活最低限度的需要,同时要准备将来学习专门知识技能的最低限度的基础。新中国成立后,中央教育部在1952年颁发的《小学暂行规程(草案)》中规定了小学教育的宗旨是:"根据新民主主义的教育方针和理论与实际一致的教育方法,给儿童以全面的基础教育,使他们成为新民主主义社会爱祖国和人民的、自觉的、积极的成员。"《规程》进一步明确了小学教育的培养目标:

智育方面:使儿童具有读、写、算的基本能力和社会、自然的基本知识。

德育方面:使儿童具有爱国思想、国民公德和诚实、勇敢、团结、互助、遵守纪律等优良品质。

体育方面:使儿童具有强健的身体,活泼、愉快的心情以及卫生的基本知识和习惯。

美育方面:使儿童具有爱美的观念和欣赏艺术的初步能力。

1963年中共中央颁发《全日制小学暂行工作条例(草案)》,明确小学教育的任务是"为社会主义建设事业培养劳动后备力量,和为高一级学校培养合格的新生",并规定小学的培养目标是:

使学生具有爱祖国、爱人民、爱劳动、爱科学、爱护公共财物等品德,拥护社会主义,拥护共产党。

---

① 舒新城编:《中国近代教育史资料》(中册),人民教育出版社1981年版,第400页。
② 同上书,第411页。
③ 同上书,第427页。
④ 同上书,第444页。

使学生具有初步的阅读、写作和计算的能力，具有初步的自然常识和社会常识，培养良好的学习习惯。

使学生的身心得到正常的发展，具有健康的体质，培养良好的生活习惯和劳动习惯。

二、新时期我国小学教育目标的内涵与要求

新时期以来，小学教育被作为义务教育的初级阶段，得到了大力普及和发展，同时，由于初中教育的普及和发展，小学教育与中等教育更直接地衔接了起来，成为我国社会主义教育体系十分重要的组成部分——基础教育。随着普及九年义务教育的基本实现，小学升初中的升学考试被取消，小学教育与初中教育进一步实现了一贯化。同时，为克服"应试教育"的弊端，实现"提高民族素质，多出人才、出好人才"的目标，进入90年代，中小学奏响了"素质教育"的时代强音。根据中华人民共和国国家教育委员会1996年颁布的《小学管理规程》的规定："小学教育要同学前教育和初中阶段教育互相衔接，应在学前教育的基础上，通过实施教育教学活动，使受教育者生动、活泼、主动地发展，为初中阶段教育奠定基础。"

这一规定首先确立了我国小学教育由一直以来的"旧双重任务"——为社会主义建设事业培养劳动后备力量和为高一级学校培养合格的新生，转变为"新双重任务"——使受教育者生动、活泼、主动地发展和为初中阶段教育奠定基础。换言之，新时期的小学教育不再承担为就业作准备的任务，而是主要为高一级教育奠定基础；同时它又不是高一级教育的附依，而是要促进儿童生动、活泼、主动地发展。基于此，《规程》规定了新时期小学的培养目标是：

初步具有爱祖国、爱人民、爱科学、爱社会主义的思想感情；遵守社会公德的意识、集体意识和文明行为习惯；良好的意志、品格和活泼开朗的性格；自我管理、分辨是非的能力。

具有阅读、书写、表达、计算的基本知识和基本技能，了解一些生活、自然和社会常识，具有初步的观察、思维、动手操作和学习的能力，养成良好的学习习惯。学习合理锻炼、养护身体的方法，养成讲究卫生的习惯，具有健康的身体和初步的环境适应能力。具有广泛的兴趣和健康的爱美情趣。

面对终身教育和学习化社会，面对知识经济的机遇与挑战，新世纪以来我国基础教育进一步迈开改革和发展的重大步伐。2001年《国务院关于基础教育改革与发展的决定》提出，大力推进基础教育课程改革，构建符合素质教育要求的新的基础教育课程体系。接下来颁发的《基础教育课程改革纲要（试行）》明确提出："新课程的培养目标应体现时代要求。要使学生具有爱国主义、集体主义精神，热爱社会主义，继承和发扬中华民族的优秀传统和革命传统；具有社会主义民主法制意识，遵守国家法律和社会公德；逐步形成正确的世界观、人生观、价值观；具有社会责任感，努力为人民服务；具有初步的创新精神、实践能力、科学和人文素养以及环境意识；具有适应终身学习的基础知识、基本技能和方法；具有健壮的体魄和良好的心理素质，养成健康的审美情趣和生活方式，成为有理想、有道德、有文化、有纪律的一代新人。"

> **思考与研究**
>
> 1. 深入研究小学教育目标的制约因素和价值取向,以此对各国小学教育目标进行分析。
> 2. 运用马克思主义关于人的全面发展学说,对我国新时期小学教育目标进行分析。

第六章

小学教育内容论

- ★ 知道小学教育内容的选择和确定,受哪些内在和外在因素的影响
- ★ 明确小学教育内容的组成部分和构成形式
- ★ 知道我国小学教育内容的组成部分和形式结构
- ★ 了解中外小学教育内容的历史变迁,学会进行初步的比较研究

案例 6-1

香港小学生评选"最感动新闻"黄福荣事迹居首

港人黄福荣在玉树地震中舍身救人,其博爱精神令小学生为之动容,成为小学生公认的"最感动祖国新闻"。图为黄福荣生前往灾区探访留影(图片来源:《文汇报》)。

据香港《文汇报》报道,感动人心的新闻故事,除了体现人世间的真、善、美,也震撼一群小学生的心灵。港人黄福荣在玉树地震中舍身救人,其牺牲小我的博爱精神令小学生为之动容。这则新闻成为"感动祖国网络新闻"调查中,香港小学生公认的最感动的新闻。

由晋峰青年商会举办的"中华儿女之感动祖国网络新闻选举",于今年7至8月访问共504名香港小学生,选出今年他们心目中最感动人心的祖国新闻。其中,于4月14日在青海省玉树地震中为拯救被压孤儿不幸罹难、终年46岁的港人黄福荣,为拯救当地的孤儿而牺牲了自己的生命,其无私、勇敢的博爱精神,除了令他获特区政府追颁的英勇勋章,香港的小学生也为之感动,成为得票率最高的"最感动"祖国新闻。

另外,"湖南15岁坚强女孩欲背病父上学、自5岁起挑起家庭重担"及"四川文盲哑女看报寻字找回亲人",两则新闻分别成为此次调查中的第2及第3名。中大教育学院校友会会长叶国洪表示,这三则"感动祖国新闻"充分体现了中国人忠、孝的美德,"黄福荣舍身救人的行为,是忠于祖国、忠于同胞的表现;而两个分别背父、寻亲的女孩,则充分体现了孝的精神"。他直言,香港小孩对亲情比较淡薄,应好好学习新闻中的两个女孩,培养孝义的品德。

即将升读小五的李珞希直言,"四川文盲哑女看报寻字找回亲人"这则新闻令她最为感动,该名哑女纵使有缺陷,也没有轻言放弃,其不屈不挠的精神令她非常敬佩。

(资料来源 http://www.chinanews.com.cn/ga/2010/08-16/2470232.shtml)

在一般的教育学著作和教科书中,要么设置"教育的组成部分"的有关章节,要么设置"课程"的有关章节,而很少以"教育内容"为标题的章节。在此之下,教育内容等同于教育的组成部分,或等同于课程。我们认为这似有不妥,并在此设立"小学教育内容"一节,与小学教育目标相连和对应。因为,"教育的组成部分"是对教育内容所包含的具体部分的罗列与分解,缺少对教育内容的整体思考和价值观照;而"课程"与教育内容在内涵和外延上也有很大差异。

在现代教育下,"教育内容"作为教育学(包括小学教育学)的一个重要研究对象和领域,是十分必要的。正如S·拉塞克和G·维迪努在《从现在到2000年教育内容发展的全球展望》一书中指出:"一方面,一些新教育,如有关环境的教育、有关和平和民主的教育、有关新经济秩序的教育等等,作为教育体系对当代世界的挑战作出的特殊反应,开始以各种途径进入学习规划;另一方面,又出现了这样一些新教育,其目的是培养青年应付文化、政治和家庭生活复杂性的增长所需要的批判精神和各种态度或本领,如面向大众媒介的教育,关于闲暇与旅游的教育,现代经济与家庭教育,精神或价值哲学的教育。"[1]

所谓小学教育内容,是教育主体在一定的小学教育目标指引下所开展的教育活动的项目及其内涵。小学教育内容从所包含的项目及其内涵看,是指小学教育所要进行的价值观、心智、知识、道德、体能和美感等方面的培育,也就是通常人们所指称的德育、智育、体育、美育以及环境教育、安全教育、心理教育等等。而从构成和组织的形式看,小学教育内容往往与课程这个概念关系密切,或者说就是各种类型和形态的"课程"。

第一节　小学教育内容的制约因素

一、小学教育目标的直接规定

小学教育内容的选择和安排,是由小学教育目标直接规定的。教育内容是落实教育目标的重要载体和要素,是在教育目标指引下教育主体所开展的教育活动的项目与内涵。教育目标是教育活动的主导和核心,教育内容、方法和过程则是教育目标的实施手段和实现形式。没有教育目标,教育内容则缺乏价值基础、缺乏取舍和组织的依据;反言之,教育目标是一种"形而上"的东西,是教育主体的一种目标期望、价值取向和理想追求,它的实施必须通过一定的教育内容,否则只能停留在一种构想和预期状态,甚至流于空谈。

二、社会发展的水平和特点

虽然,小学教育内容是由小学教育目标所直接规定的,但除此而外,小学教育内容的选择和安排还受到社会发展的水平和特点更加广泛的制约。

第一,小学教育内容的选择和安排,必须满足科学技术发展对社会生产力的关键因素——劳动者素质培养的需要。在蒸汽机时代,生产力发展对劳动者素质的要求,是小学教育水平。因此,各国重视小学教育立法和发展普及小学教育,是培养出具有"3R"知识和能力的熟练劳动者。此时的教育内容

---

[1] [伊朗]S·拉塞克、[罗马尼亚]G·维迪努著,马胜利等译:《从现在到2000年教育内容发展的全球展望》,教育科学出版社1996年版,第6—7页。

主要是读、写、算、生产知识、道德教育和社会秩序原则。而进入电气化时代,生产力发展对劳动者素质的要求达到了初级中等教育水平,而且要求大量的管理者、经营者和科研人才。此时,小学教育内容由面向就业的基本知识和技能教育,转变为一种普通教育,旨在为学生进一步接受高一级教育打基础、作准备。在教育内容上,除读、写、算以外,增加了自然常识、历史、地理、音乐、体育等。

而当人类进入以计算机科技为基础的信息时代,生产力发展对劳动者素质的要求提升到高中以及高等教育水平,而且要求大量的高级专门人才,白领劳动者甚至逐步超过蓝领劳动者,社会步入了知识化、学习化,教育走向了终身化、全民化。在此之下,小学教育内容进一步注重基础学科,注重各种知识的综合化和促进儿童身心的全面均衡发展。

表6-1 人均国民生产总值不同水平国家小学10门主要课程的开设比重(%)[1]

课程名称	人均国民生产总值不同水平国家			
	低	中低	中高	高
语言	37	34	36	34
数学	18	17	18	19
科学	7	9	8	6
社会科学	8	10	9	9
道德	5	6	4	5
音乐与艺术	9	8	11	13
体育	7	6	7	9
卫生	1	2	2	1
职业科目	6	7	3	1
其他	3	3	2	3

第二,小学教育内容的选择和安排,受到社会政治因素的影响。这一点,我们可以结合上一节有关政治因素对教育目标的制约进行理解。这里不再赘述。

第三,文化和科技对小学教育内容的制约。小学教育内容的丰富源泉,是人类优秀的文化和科技。小学教育也由此促进了人类文化的传递、交流和创新。不同国家和民族的文化传统对小学教育内容有着深刻的影响。它不仅为小学教育内容提供了丰富的素材和知识,也将各种思想、情感和价值观渗透其中。尤其是民族语言和民族文化精粹,是小学教育内容的源头活水。随着社会的发展,经济和社会交往的国际化、全球化、学习化、信息化,外语和计算机技术日益成为各国小学教育内容的重要部分。

科学技术也是影响小学教育内容尤其是当代小学教育内容的一个重要因素。这种影响一方面反映在课程的设置和课程的内容上;另一方面,科学技术的发展所导致的科学精神和方法论的变革,也带动小学教育内容上的更新和发展。

---

[1] 吴文侃、杨汉清主编:《比较教育学》(修订本),人民教育出版社1999年版,第434页。

资料链接

《普及科学——美国2061计划》中的科学教育

——科学的本质,包括三个重要内容,即科学的世界观、科学的学习方法和科学体系的本质。

——数学的本质,就是说,掌握理论的和应用的数学方面创造的进展。

——技术的本质,是指要了解精神是如何来拓展人们改造世界的能力以及如何审慎地运用技术。

——自然环境,主要是关于宇宙的整体结构、宇宙运转的物理原理等。

——生存环境,涉及生命体如何发挥作用,以及生命体之间、生命体与环境之间怎样相互作用的问题。

——人类机体,是获得对作为一个生物物种的人所应有的了解,因为科学地理解人类机体,将会涉及到一个主要的领域——个人幸福。

——人类社会,是运用科学的理念来思考个人行为和团体行为,以及社会组织和社会变革的过程。

——理想世界,关键是了解在塑造人类社会的过程中的一些主要的技术领域,如农业、能源等。

——数学世界,它的许多基本概念在人类作出的各种努力中起着至关重要的作用。

——历史观点,主要是关注在科学发展中10个有意义的重大发现和变革,侧重与西方文化的发展。

——通用概念,主要说明的是在应用科学、数学和技术中的一些主要概念。

——思维习惯,主要说明的是在科学教育中所必需的价值观、态度和技能。

(资料来源 史静寰主编:《当代美国教育》,社会科学文献出版社2001年版,第75页)

三、学习者身心发展的水平和特点

小学教育对象是小学生,他们是小学教育活动的重要主体,也是整个小学教育活动的目的。近现代以来,人们对儿童身心有了越来越深入的认识和了解。小学教育内容的选择和安排,尤其是课程的设计与组织,更加重视儿童身心发展的顺序和水平。

20世纪90年代以来全民教育的发展,要求增强教育内容的适切性,即体现学习内容和方式与学习者的需要及其自身条件之间的契合程度。小学教育内容的选择和课程设置,不仅是一种知识体系,而且还是学习者借以获得技能、产生智慧和彰显个性的发展资源。它首先应着重考虑课程能为学习者的现实生活和未来发展提供怎样的准备,进而设计满足学习者在知识、文化、生活技能和生产劳动以及道德、价值观等方面所需要的课程框架。其次,课程必须围绕学习者全部生活经验加以拓展,充分重视学习者在学习和发展方面的差异和潜力,重视学习者独特的需求,使学习者以一种自己所熟悉的方式学习和同化不熟悉的知识,而不是把知识机械地"加到"学习者的身上。

全民教育要求教育内容尤其是课程的适切性,对于作为全民教育的主体——小学教育内容的选择和安排,同样是十分重要的。

资料链接

英国小学教育的个别教育

英国中小学在教学计划的制定上充分体现对个别教育的重视。通常学校对每个年级和每个班级订有整体性教学计划,整体计划规定了儿童必修课程的门类、教学时数和教学进度。与此同时,任课教师和辅导教师还要负责为每位儿童制订个体教学计划。除此而外,英国的特殊教育事业还十分发达。几乎每一个郡都有比较齐全完备的聋、盲、哑、弱智、精神残疾、肢体残疾等特殊学校。与此同时,每一所普通中小学又都设有特殊教育教研组。特教组的主要职责是对全校那些经过国家标准检测已注册的特殊儿童进行特殊教育,这种特殊教育的高度普及也从一个侧面反映出了对个别教育的重视。

(资料来源 http://www.wsbedu.com/chu/wai/showwe.asp?wai=20)

四、教育科学理论及不同流派

小学教育内容选择和安排在处理社会发展要求、文化和科学发展以及学习者身心发展水平和特点之间的关系时,不可避免地遇到各种矛盾和冲突,难以兼顾和协调。这就促进了教育科学尤其是课程理论的发展,以寻找处理和协调三者关系的方式和策略。由此形成不同的课程理论流派。最具代表性的有经验主义课程论、学科中心课程论和社会改造主义课程论。如,卢梭主张,对2—12岁的儿童不可急于向他们灌输知识,也不要进行各种道德说教。而应当顺应儿童的天性和需要,按照大自然赋予他的地位来处理他的能力与欲望之间的关系,顺应他的自然发展。杜威从他的实用主义教育思想出发,在芝加哥大学初等学校进行小学教育课程改革试验,提出把教育的重心从教师、教科书和课堂转到儿童活动上来,探索如何把阅读、写作、算术这些知识的教学与学生日常生活经验和今后的职业需要结合起来。

资料链接

"杜威学校"的课程设置

"杜威学校"按儿童成长的三个阶段来组织课程,即1—8岁阶段——以儿童直接的兴趣为中心,从事直接的社会的外部活动——做事和说话,很少进行理性的阐述和专门知识的掌握。8—10岁——认识儿童自己身上所发生的变化并作出反应,重点在读写算以及操作能力的培养,尤其是手工劳动和科学制作,儿童在亲历中积累经验,从经验中提供问题、动机和兴趣,并求助于书本来解决、满足和探求。10—13岁(实际延伸到15岁)——在已获得经验、知识和技能的基础上研究和思考,进而认识到概括的重要性。这是中等教育学习专门学科的开始。实验学校的课程包括三类:第一类是主动作业——具有吸引力又适合达到教育目的的各种活动、游戏和工作;第二类是与社会生活背景有关的课程——如历史、地理;第三类是掌握可理智地交流和探究的方法的课程——如阅读、书写、数学、自然科学等。

班级阶段	课 程 内 容
一、二班	手工劳动、唱歌、讲故事、列队行进、游戏、韵律运动等。
三班	游戏、音乐、各种艺术活动、智力活动、讲故事、阅读等,主要是主动作业(如观察种子、植物、木材、油、动物等的结构、功能、习惯等,地形气候等地理分布)。
四班	游戏、主动作业、绘画、讲故事等。在种种亲历和挑战中总结实际经验,获得各种科学事实,形成种种科学观念。
五班	音乐、历史、阅读、算术、戏剧表演、讲故事、绘画、手工训练等,以动脑、手、眼及全身。
六班	阅读、书写、乡土历史、自然地理、音乐、绘画、雕塑造型、户外游戏。开始注意课程的分化,文化知识如阅读、书写和计算的学习。
七班	历史、阅读、书写、手工训练(包括纺织和烹饪)、地理(含野外考察)、实验科学、参观旅行。
八班	历史、阅读、书写、算术、科学(初等物理和生物学)、纺织、烹饪、体育、音乐和绘画等。儿童通过课程学习,已能抓住问题,并为达到目的而控制和指导自己的行为和意向。
九班	历史、地理、科学、纺织、缝纫、烹饪、阅读、书写、算术、绘画、音乐等。在运用知识和寻求知识方面已有一个开端,并获得一些实验的方法和技能。
十班	阅读、代数和算术、摄影、物理学、生物学、植物学、设计与建造、野外旅行、编制地图、艺术与装饰、时事研究、音乐等;在知识性质上高度的专门化,但对教材的使用不是机械、被动接受的,而是主动的和机智的。如在阅读上,每个儿童按照自己选择的主题进行阅读,在老师指导下进行研究。
十一班	历史、自然地理、生物学、物理学、代数、几何、英语、法语、拉丁语、作文、手工训练、音乐、艺术、辩论等;课程高度专门化,各自有逻辑性。

与之相对应的,是重视系统知识学习的学科中心主义课程论,主要有要素主义和永恒主义。这不仅是对杜威教育思想的批判和反动,而且也因为二战以后科学技术和社会的发展,要素主义和永恒主义更加强调学生继承和吸收人类文化中的"共同要素",掌握那些具有理智训练价值的"永恒学科"。显然,这些课程流派的纷争和发展,对不同时期小学教育内容的选择和安排都产生了深刻的影响。

五、教师的学识水平、人格特征和价值观念

小学教育内容的具体选择、处理和领会,是由教师直接完成的。长期以来,很多国家为了避免教师的教学态度、学识水平和价值观念对小学教育内容的影响,通常采用一种"防教师"的策略。即,由国家教育主管部门将教育内容的选择、处理甚至领会,交由少数学者和专家来完成,制订和编写出统一规范的教学大纲、教科书、教学参考书,再由教育主管部门颁布执行。教师只是教育内容的执行者,起一个"导管"的作用。即使这样,教师的学识水平、人格特征和价值观念对小学教育内容的实际选择、处理和领会,仍然有着重要的影响和制约。

随着教育改革的深化,教师专业化的推进,国家越来越倾向于"把课程还给教师",赋权教师,由教师根据社区、学校和学生家长的具体实际和要求进行所谓"校本"化处理,包括取舍、创造和开发。在这种情况下,教师对小学教育内容有着更大、更为深刻的影响。

第二节 小学教育内容的组成部分

小学教育内容的组成部分,是要将小学教育内容按照一定的标准和框架分解成若干相对独立的成分,便于组织实施和操作。而且,通过对不同时期小学教育内容的组成部分的分解和比较,可以清理出小学教育发展演变的线索和规律,进而把握小学教育内容的发展趋势和走向。

一、小学教育内容的基本组成部分

完整的教育究竟包含哪些基本的组成部分,不仅各个历史阶段和时期不同,而且不同教育家的理解和主张也很不相同。早在 17 世纪,夸美纽斯较早地接触到这个问题。他提出的教育目的是:博学、德行、宗教虔信。因而教育应当包括智育、德育和宗教教育三个部分。洛克则认为教育应当重在"四件事情",即德行、智慧、礼仪和学问。同时,他对儿童的健康身体和卫生给予了一定的重视。进入 18 世纪,卢梭对传统教育进行严厉批判的同时,提出教育应当包括体育、智育和德育,主张按照人的不同发展阶段分别施以不同内容的教育。如儿童期(2—12 岁)重在感觉训练和积累生活经验;青年期(12—15 岁)重在进行智育;青春期(15—20 岁)应当把重点转向性教育、道德教育和宗教教育。

19世纪,赫尔巴特从他教育学中的"管理论"、"教授论"和"训育论"出发,把教育分成管理、德育、智育和体育四个部分。19世纪中叶,斯宾塞在他《教育论:智育、德育和体育》一书中,把教育分为智育、德育和体育。而美育则是席勒在《审美教育书简》(写于1793—1805年)一书中首倡的。此外,有的国家或有的学者把"社会教育"(在我国民国时期称为"群育",台湾现在依然如此)、"综合技术教育"(我国称为"劳动技术教育")作为教育的基本组成部分。

从小学教育的发展历程看,由于小学教育性质和目的的不断演变,即一开始只是为劳动人民子弟直接就业和谋生作准备的读写算方面的知识、劳动纪律和宗教教义,逐步扩展成为进一步接受中等及其以上教育打基础的普通教育;进一步发展,成为满足全体社会成员基本学习需要,促进儿童个性全面、和谐、健康发展的基础教育。在这一过程中,教育内容的组成部分不断扩展和丰富,每个组成部分的内涵和功能也不断发展和变革。

小学教育内容组成部分及其内涵的扩展与丰富,这里以英国为例进行介绍。17、18世纪小学教育内容主要是一些较简陋的读写算知识(见表6-2)和宗教教义、道德伦理知识。19世纪,社会发展要求小学教育增加了一些实科知识。19世纪70年代,英国政府进一步鼓励小学教育除教授读写算以外,开设语法、历史、地理、普通缝纫等。但总体而言,是为了培养儿童直接进入社会、就业和劳动作准备的。

表6-2 17、18世纪英国小学教育内容[①]

	一年级	二年级	三年级	四年级	五年级	六年级
读	用单音组成的叙述句。	学校中用的初级读本中较单音节词复杂一级的叙述句。	学校中用的初级读本中的短段落。	学校中用的较高级的阅读课本中的一小段。	学校一年级使用的阅读课本中的几行诗。	报纸中和其他记叙文中普通的一小段。
书写	在黑板或纸条上听写大、小字母。	手抄一行印刷字体。	同一段中的一句句子,慢慢地写一遍,然后逐字听写。	用同一本书,但不要刚读过的一段,一次读几个词,慢慢地听写一个句子。	根据学校一年级用的阅读课本,一次读几个词,慢慢地听写一个句子。	报纸或其他现代记叙文中的一小段普通文章,慢慢地听写一遍,一次读几个词。
算术	在黑板或纸条上写出20以内的数字,口头做10以内的加减法,根据黑板上的例子做加、减法。	简单加、减法算术题和乘法表。	用简单规则,直到短除法(包括短除法在内)的算术题。	用混合规则的算术题(钱)。	用混合规则的算术题(常用度量衡)。	应用题或账单应用题。

1918年"费里教育法"进一步确立了小学教育作为义务教育,在教育内容上吸收"新教育"的

[①] 戴本博主编:《外国教育史》(中),人民教育出版社1990年版,第432页。

思想主张,注重贯彻"儿童中心主义"。1944 年"巴特勒法案"进一步加强小学教育与中等教育的衔接,将"初等教育"Elementary Education 更名为 Primary Education,包括幼儿学校和初级学校,初级学校毕业后通过"11 岁考试"实现分流,分别进入文法学校、技术中学和现代中学。初级学校在使儿童获得基本读写算知识和技能的同时,重视儿童本身活动和经验的获取,培养他们的文明习惯、思想和情操。在初级学校的中低年级,读、写、算及宗教课程的课时缩减到总课时的一半,随着年级的升高,算术、自然及理科的课时逐步增加,课程包括英语、数学、历史、地理、自然、卫生、美术、手工、音乐、体育。60 年代,美育受到了高度重视。《1988 年教育改革法》推动了小学教育内容的重大变革。小学教育的教育内容体现出宽阔性和平衡性,促进学生精神、道德、文化、心智和身心的全方位发展。首先,规定了统一的国家课程,包括英语、数学、理科三门核心基础科目和地理、历史、现代外语、艺术、音乐、技术和体育七门基础科目。强调学生掌握必须的基本知识和基本技能,发展学生的智力和能力。进入 90 年代,保守党对 1988 年教育改革作了若干挑战,旨在使儿童适应经济发展的同时,促进儿童和社会的精神道德、文化、智力和身体的发展,传递诸如公正、尊重人、社会责任感、关心他人等人类共同的价值观,从小培养儿童具有成功的能力并永远成功。

此外,健康教育、信息技术也是小学教育的重要内容。

小学教育内容各组成部分的内涵和功能的发展和变革,这里以日本小学的德育为例进行介绍。根据美国研究者的发现,近年来日本小学阶段教育的重点集中在"3C"上,即所谓联系(connection)、品格(character)和知识(content)合起来,即强调亲近的人际关系、学生的伦理道德和社会化、课程的深度。所谓"联系",就是帮助孩子培养起对学校强烈而积极的情感联系,包括和学校里的人们有一种亲近感和对班级生活的热爱。所谓"品格"教育,包括对自己联系的方面、对别人联系的方面、对自然联系的方面和对集体联系的方面。所谓"知识"教育,一方面是课程内容求得由精而深;同时,本来就十分"节省"的课时,更多地用在非学术性课程的教学上,如主题班会、全校集会、学校节日以及旅行上。

资料链接

日本小学的道德时间

日本自 1958 年开始,在小学特设道德课,亦称道德时间。小学道德教育的内容主要是在道德时间内进行并通过学校的全部教育活动来实现的。道德时间的教育内容分低年级、中年级和高年级三个阶段,包括"有关自己的内容"、"有关与他人关系的内容"、"有关与自然及崇高事物关系的内容"和"有关自己与集体以及社会关系的内容"四个方面。

其中,小学低年级道德时间的教育内容包括 15 个项目:

(一) 有关自己的内容

1. 注意健康和安全,珍惜东西和金钱,整理好自己的东西,不任性,生活起居有规律;
2. 在学习和生活中,认真地做自己必须做的事情;
3. 能够区别好的事情和坏的事情,认为是好的事情的,就好好地去做;
4. 不说谎,不敷衍了事,诚实、愉快地生活。

(二) 有关与他人关系的内容

1. 高高兴兴地与别人打招呼,注意自己的言行举止,待人接物愉快明朗;
2. 对周围比自己小的儿童及老人亲切、和善;
3. 对朋友友善,并互相帮助;
4. 感谢日常生活中照顾和帮助自己的人们。

(三) 有关与自然及崇高事物关系的内容

1. 喜欢周围的大自然,友善地对待动植物;
2. 对自己活在世界上感到高兴,并有珍惜生命之心;
3. 接受美好的事物,心情愉快。

(四) 有关自己与集体以及社会关系的内容

1. 爱惜公物,遵守约定和规则;
2. 尊敬祖父母、外祖父母,主动帮助做家务,并能为家里做事感到高兴;
3. 尊敬老师,和学校里的人们友好相处,喜欢参加学校和班级的活动;
4. 喜欢家乡的文化和生活,对家乡有难分难舍的感情。

(资料来源　曹能秀、王波:《当前日本小学的道德时间》,《外国教育研究》2003 年第 2 期)

二、小学教育内容的形式结构

小学教育内容的构成形式,也就是课程设置的类型、结构。与小学教育内容的组成部分相辅相成的是,19 世纪,小学教育不仅内容简单,而且课程门类很少,主要是读、写、算以及宗教和伦理等学科。进入 20 世纪以来,随着社会生产力的发展和科技的不断进步,小学教育内容在构成的形式和结构上有了很大的发展。首先,课程门类及其结构有了很大的发展和变化。小学课程由原先的几门增加到了十几门,包括本国语、算术、常识或史地(或社会)、自然学科(理科)、伦理或公民(或宗教)、体育、音乐、手工、家政等。在结构上,本国语和算术占较大比重。美、英、苏联的本国语都在总学时的 40% 以上(美国 47.9%,英国 44.7%,苏联 42%),算术以西德、苏联两国比重最大,都在 20% 以上(见表 6-3)。

表 6-3　六国小学各学科学时分配比例(%)[1]

	本国语	算术	社会	理科	体育	音乐图画	其他
美国	47.9	7.6	20.5		8.6	6.8	8.6
英国(某一小学)	44.7	14.9	—	3.2	8.5	17	11.7
法国	37	19	22	22	—	—	
西德(巴伐利亚州)	24.5	20.4	14.4	8.2	8.2	24.3	
日本	26.5	17.5	9.6	9.6	10.8	14.4	11.6
苏联	42	25	—	8	8.3	8.4	8.3

此外,小学教育课程形式和类型也有自己的发展轨迹和一定的发展规律。由于社会发展和科技进步的推动,小学教育课程编制和设计受到政府和社会的广泛关注。在这一过程中,小学教育课程在处理社会需求、科学发展与儿童自身发展特点三者之间的关系上,形成了思想纷争和主义林立的不同课程流派。一个多世纪以来,小学教育课程在学问(学科)中心与儿童经验中心、科学主义与人本主义之间踯躅迂回。但总体而言,小学教育课程由分科课程逐步向注重整合的综合课程发展,由学科知识中心逐步向促进儿童知识、能力、情意、道德和价值观统整和协调发展的方向转变,由片面重视书本知识或重视活动经验向书本知识与生活经验沟通并重的方向转变,由集中统一要求向弹性灵活和尊重个性的方向发展。这种转变体现了小学教育性质、功能和目标的不断发展和变革,以促进儿童全面协调发展,并为儿童终身学习和发展奠定基础。

第三节　我国小学教育内容

我国小学教育内容及其课程的形式结构,是自 1902 年《钦定学堂章程》(壬寅学制)开始建立并不断发展的。它直接反映着不同时期小学教育的性质、功能、目标等。下面从两个方面来揭示我国一个世纪以来小学教育基本内容及其形式结构的发展规律与特点。

一、我国小学教育内容的基本组成部分

我国小学教育在内容上与古代小学有很大的不同。虽然清朝末年所颁布的初级小学堂和高级小学堂在教育内容上读经、修身等内容占初等小学堂的五分之二和高等小学堂的三分之一,保

---

[1] 王承绪、朱勃、顾明远主编:《比较教育》,人民教育出版社 1983 年版,第 123 页。

留着浓厚的封建色彩,但毕竟将文字、算术以及自然科学和农业、商业、手工等实用知识作为教育的内容。在主系列之外,设立的实业补习学堂、初等农工商实业学堂进一步突出了小学教育内容的实用性和谋生职能。此外,旨在促进儿童身心和谐发展的体育、艺术也列在其中。中华民国建立后,小学教育内容进行了根本变革。如废止小学读经,注重小学手工科、体操兵式。蔡元培在发表的《对于教育方针之意见》中提出,"忠君与共和政体不合,尊孔与信教自由相违",予以取消,而"尚公、尚实、尚武"符合资产阶级民主主义的要求,应予保留并重新表述为公民道德教育、实利教育和军国民教育,进而形成了以德育、智育、体育和美育并举,促受教育者身心和谐发展的教育内容。其中,以道德教育为核心,将培养受教育者具有共和国国民健全人格作为首要任务,以军国民教育和实利教育引导体育和智育,寄希望于教育能捍卫国家主权、抑制武人政治、振兴民族经济方面发挥基础作用。①

1912 年民国政府颁布了各级各类学校的课程标准,进一步反映了资产阶级对教育的要求。在小学校的教育内容上提出并体现了以下几条原则:(1)强调教学的教育性,各学科都应随时体现国民道德教育;(2)适应儿童生活,注意选择生活上所必需之知识和技能;(3)适应儿童身心发展的水平和特点,注意男女儿童的差别;(4)注意各科教学在目标、方法上的相互联系和配合。1922 年,与"新学制"相应的课程改革体现为以下七项标准:(1)适应社会进化之需要;(2)发扬平民教育精神;(3)谋个性之发展;(4)注意国民经济力;(5)注意生活教育;(6)使教育易于普及;(7)多留各地伸缩余地。新的课程标准取消小学修身课本,增加公民、卫生课,将手工改为公用艺术,图画改为形象艺术,改国文为国语(含语言、读文、作文和写字),体操改为体育。同时,在小学高年级酌情增置职业技术教育,兼顾升学与就业。这一系列改革体现了新文化运动以来倡导的"民主"与"科学"精神以及杜威的实用主义教育思想。在国民党政府统治时期,各级学校加强所谓"党化教育",以国民党"党义"和政策精神改组学校课程,1929 年后,"党化教育"以"三民主义教育"代之。小学教育在教育内容上受到一系列行政和非行政的专制控制。如建立训育制度,实行童子军训练(小学称"幼童军"),开设公民训练课程和毕业会考制度。

中国共产党领导下的革命根据地十分重视教育工作,其中国民教育是一个重要方面。小学教育教学坚持与政治斗争相结合、与生产劳动相结合。抗战时期,根据地小学的教育内容十分注意适应战争的需要。晋察冀边区 1940 年编的小学国语课本涉及抗战的课文占 82%;同时,联系边区实际进行生产知识和劳动观念的教育。1945 年晋察冀边区编写的国语课本涉及生产知识和劳动观念的课文占 38%。

解放以后,受苏联的影响,我国包括小学教育在内的整个教育在内容上形成了德育、智育、体育、美育和劳动技术教育并举的全面发展教育。这些基本组成部分在不同时期有过争论和变化,具体内涵也有很大的变革和发展。有"三育说"(即德智体)、"四育说"(即德智体美)、"五育说"(即德智体美劳)和"多育说"(德智体美劳以外,还有心理教育、健康教育、安全教育、环境教育

---

① 孙培青主编:《中国教育史(修订版)》,华东师范大学出版社 2000 年版,第 359 页。

等）。1999年《中共中央国务院关于深化教育改革全面推动素质教育的决定》在总结长期以来经验和教训的基础上，确立我国教育内容的基本组成部分是德育、智育、体育和美育，并进一步明确了它们的基本内涵。这为我们理解和确定新时期小学教育内容的基本组成部分提供了理论和实践依据。

1. 小学德育

小学德育是教育者组织适合受教育者品德成长的价值环境，促使他们在道德、思想、政治等方面不断建构和提升的教育活动。在整个德育的系统工程中，小学德育具有特定的功能、任务和内容。按照现行的《小学德育纲要》要求：小学德育的任务是培养学生初步具有爱祖国、爱人民、爱劳动、爱科学、爱社会主义的思想感情和良好品德；遵守社会公德的意识和文明行为习惯；良好的意志、品格和活泼开朗的性格；自己管理自己、帮助别人、为集体服务和辨别是非的能力，为他们成为德、智、体全面发展的社会主义建设者和接班人，打下初步的良好的思想品德基础。小学德育在内容上包括三个主要层次，即基本道德行为规范的教育，公民道德与政治品质的教育，世界观、人生观和理想教育。其中，对小学生进行基本道德和行为规范的教育，是小学德育最重要的任务和内容。

资料链接

中日小学德育内容的比较

中日两国同属于儒家文化圈国家，都注重文明礼貌教育，爱祖国、爱人民的教育，团队和集体精神的教育，以及本国优秀文化传统的熏陶。但在小学德育的具体内容和重点上存在差异。

1. 日本小学德育内容更注重微观的、日常生活中具有的道德规范和生活态度；中国小学德育内容偏重宏观的、大的政治信仰。

2. 日本小学德育内容注重不同年龄阶段对学生要求的层次性；中国小学德育内容对不同年龄阶段学生的要求层次不十分清晰。

3. 日本小学德育内容在同一纲下不同年级有不同的目；中国小学德育内容不同年级有不同的纲。

4. 日本小学德育内容是注重学生品德形成规律而制定；中国小学德育内容根据社会对学生的统一要求而制定。

（资料来源　李小红：《中日小学德育内容比较分析》，《江西社会科学》2002年第4期）

2. 小学智育

智育是教育者创设一定的情境,以提升学习者的知识和智慧水平的教育活动。智育是小学教育最基本的内容。最初是传授给平民儿童一些读写算的最基本的知识和技能,以谋生和为就业作准备。随着小学教育性质、功能和目标的不断变革和发展,小学智育的内容也不断扩充和发展,不再局限在为就业和谋生服务的读、写、算方面,也不再为了学生升学应试而任意加深、拔高和扩大知识和技能的深度、范围。

首先,小学智育更加注重普及性。小学属于义务教育范畴,应当面向每一个学生,是绝大多数学生通过努力能够掌握和达到的。其次,小学智育更加注重发展性,使小学生学习和掌握终身学习和发展所需要的和发挥作用的基本知识、基本技能,并在此过程中开发儿童的智力,形成积极主动的学习态度和情感,现代社会必备的信息搜集和处理能力、自主获取新知识的能力、分析解决问题能力和交流合作能力。第三,小学智育更加注重主体性,关注小学生的兴趣和学习过程的引导,使学生不再是简单地"占有"知识,而是在积极主动的活动、交往和探究中"生成"知识,学会学习,形成初步的创新精神和实践能力。第四,小学智育更加注重综合性。即改变学科中心主义的倾向所带来的学科分化、学生学习负担过重、缺少整合等弊端,增强教育内容的综合性,淡化学科边界,加强与学生生活和现代社会科技文化发展的联系,增进各学科之间知识和方法上的联系和整合。第五,小学智育更加注重选择性,不再不顾学生的个别差异设统一标准和要求,而是照顾学生身体、心理、智力和能力上的多元发展的特点与需要,在课程目标、结构、内容及其评价上,更加突出选择性,确保每个学生全面、均衡、和谐地发展。

3. 小学体育

体育是增强学生体质、发展体能、锻炼体魄、培养良好体育精神的教育。体育有广义与狭义之分。狭义的体育特指学校体育,具有教育性、技能性和娱乐性特点。它既不同于一般的活动,也有别于竞技体育和一般的身体锻炼。它具有特定的健体功能、教育功能和娱乐功能。

小学体育是小学教育内容的重要组成部分。它的主要任务是,增强学生体质,促进学生身体的正常发育;提高运动素养,传授必要的体育知识和技能;培养体育兴趣,形成良好的体育精神品质。此外,小学体育还应当与卫生保健工作结合起来,做好教学卫生、个人卫生和环境卫生保健,形成合理的作息制度。

4. 小学美育

美育是培养学生健康的审美观和一定的鉴赏美、表现美和创造美的能力,陶冶儿童审美情趣、提高儿童文明素质的教育。不同教育阶段的美育有着不同的任务和内容。儿童具有感受、欣赏和表现美的天性。美育的一般任务包括:(1)培养和提高学生感受美的能力;(2)培养和提高学生鉴赏美的能力;(3)培养和提高学生表现美和创造美的能力;(4)引导和激发学生对人生趣味和理想境界的追求。

小学阶段的美育,应结合这一阶段儿童审美的心理特点,选择美育的任务、内容和方式:(1)注重培养小学生对审美对象的感受和体验能力;(2)注重培养小学生自由丰富的审美想象能力;(3)培养和陶冶小学生高尚的审美情感。小学美育的内容和形式除了应当通过音乐、美术、语文等课程的教学来系统进行,还应当积极通过各种学生自主的文化艺术活动,以及引导小学生在生活中对大自然中的美进行观察、感受、表现和创造。

二、我国小学教育内容的形式结构——课程

1904年的《奏定学堂章程》中,规定初级小学堂设置修身、读经讲经、中国文字、算术、历史、地理、格致、体操等八门必修课程。高等小学堂增加图画课,在格致课程中增加矿物和理化常识等内容,并设手工、商业、农业等随意科。中华民国建立后,小学教育内容经历数次大的变革。尤其是在1922年"新学制"基础上确立的课程标准纲要,更加具有现代性质,也更加符合我国国情。纲要规定小学设国语、算术、卫生、公民、地理、历史(后四科初小合并为社会课)、自然、园艺、公用艺术、形象艺术、音乐、体育等科目。

新中国成立后,为了适应青少年发展和社会主义建设的需要,小学教育内容及其课程不断变革和发展,到目前先后经历了9轮课程改革(见表6-4)。

表6-4　新中国成立以来我国小学教育内容及其课程的演变

轮次	时间	内容
第一轮	1950年	小学各科课程暂行标准(草案)
第二轮	1952年	小学暂行规程(草案)
		小学各科教学大纲(草案)
第三轮	1956年	小学各科教学大纲(修订草案)
第四轮	1963年	全日制中小学教学计划(草案)
		全日制中小学(各科)教学大纲(草案)
第五轮	1978年	全日制十年制学校中小学教学计划(试行草案)
		全日制十年制学校中小学各科教学大纲(试行草案)
第六轮	1981年	全日制五年级小学教学计划
第七轮	1986年	义务教育全日制小学、初级中学教学计划(初稿)
		全日制小学各科教学大纲(修订本)
第八轮	1992年	九年义务教育全日制小学、初级中学课程计划
		九年义务教育全日制小学(各科)教学大纲(试用)
第九轮	2001年	基础教育课程改革纲要(试行)
		基础教育各学科课程标准

在历次课程改革经验和教训的基础上,我国新一轮扩充改革更加彻底和富有时代性、创新性。它不仅更好地反映了我国全面发展的教育内容,而且也发挥了课程自身的生成和创造功能,

达到全面贯彻党的教育方针、全面推进素质教育,实现培养有理想、有道德、有文化、有纪律的一代新人的培养目标。

第一,新课程超越过于注重知识传授和技能训练的"两基"目标,强调形成积极主动的学习态度,使获得基础知识和基本技能的过程同时成为学生学会学习和形成正确价值观的过程。从而确立知识与技能、过程与方法、情感态度与价值观三位一体的课程目标。这不仅转变和拓展了课程的功能,而且有利于促进小学生全面、协调、主动的发展,并为他们终身学习和发展奠定了知识、情感和能力方面的基础。

资料链接

九年义务教育数学课程标准确立的课程目标

总体目标

通过义务教育阶段的数学学习,学生能够:

1. 获得适应未来社会生活和进一步发展所必需的重要数学知识(包括数学事实、数学活动经验)以及基本的数学思想方法和必要的应用技能;

2. 初步学会运用数学的思维方式去观察、分析现实社会,去解决日常生活中和其他学科学习中的问题,增强应用数学的意识;

3. 体会数学与自然及人类社会的密切联系,了解数学的价值,增加对数学的理解和学好数学的信心;

4. 具有初步的创新精神和实践能力,在情感态度和一般能力方面都能得到充分发展。

具体目标

知识和技能	(1) 经历将一些实际问题抽象为数、代数问题的过程,掌握数与代数的基础知识和基本技能,并能解决简单的问题。 (2) 经历探究物体与图形的形状、大小、位置关系和变换的过程,掌握空间与图形的基础知识和基本技能,并能够解决简单的问题。 (3) 经历提出问题、收集和处理数据、作出决策和预测的过程,掌握统计与概率的基础知识和基本技能,并能解决简单的问题。
数学思维	(1) 经历运用数学符号和图形描述现实世界的过程,建立初步的数感和符号感,发展抽象思维。 (2) 丰富对现实空间及图形的认识,建立初步的空间观念,发展形象思维。 (3) 经历运用数据描述信息、作出推断的过程,发展统计观念。 (4) 经历观察、实验、猜想、证明等数学活动过程,发展合情推理能力和初步的演绎推理能力,能有条理地、清晰地阐述自己的观点。

解决问题	(1) 初步学会从数学角度提出问题、理解问题,并能综合运用所学的知识和技能解决问题,发展应用意识。 (2) 形成解决问题的一些基本策略,体验解决问题策略的多样性,发展实践能力与创新精神。 (3) 学会与人合作,并能与他人交流思维的过程和结果。 (4) 初步形成评价与反思的意识。
情感与态度	(1) 能积极参与数学学习活动,对数学有好奇心与求知欲。 (2) 在数学学习活动中获得成功的体验,锻炼克服困难的意志,建立自信心。 (3) 初步认识数学与人类生活的密切联系及对人类历史发展的作用,体验数学活动充满着探索与创造,感受数学的严谨性以及数学结论的确定性。 (4) 形成实事求是的态度以及进行质疑和独立思考的习惯。

第二,新课程改变课程结构过于强调学科本位、科目过多和缺乏整合的现状,九年一贯整体设计课程门类、课时比例,小学阶段以综合课程为主,适应不同地区和学生发展的需要,体现课程结构的均衡性、综合性和选择性,尤其是适应了小学生认识世界、学习知识的心理特点,以小学生的学习经验为逻辑进行课程设置,同时也兼顾知识的逻辑结构。

第三,新课程在目标和内容上,改变繁、难、偏、旧和注重书本知识的现状,加强与社会科技发展和学生生活的联系,突出了思想道德教育、信息技术教育、科学教育、环境教育、艺术教育以及综合实践教育。这不仅体现了科学发展和社会发展的要求,同时也是促进学生健康和谐发展和适应未来的迫切需要。

以思想道德教育为例,新课程加强了德育课程建设,增强了新时期小学思想品德教育的针对性和实效性。新课程研究制定的《品德与生活(一至二年级)》和《品德与社会(三至六年级)》的课程标准,遵循循序渐进的原则,确立不同教育阶段的德育内容和要求。

《品德与生活》(一至二年级)

《品德与生活》是一门综合性课程,从低年级儿童的生活经验出发,内容涵盖了品德教育、劳动教育、社会教育和科学教育;在教师引导下,儿童通过自主的实践活动,学习健康安全地生活,有责任感地生活,有创意地生活,并养成良好的行为习惯,为学生适应学校生活和未来参与社会生活打下基础。

《品德与社会》(三至六年级)

《品德与社会》是继低年级《品德与生活》之后,在小学高年级开设的一门综合实践课程。它根据学生社会生活范围不断扩大的实际,从学生品德形成、社会认识的需要出发,以人与他人、人与社会、人与自然为主线,将爱国主义和集体主义教育、品德教育、行为规范和法制教育、历史和地理教育、国情教育以及环境教育等融为一体,为学生成长为富有爱心、社会责任感和良好品德行为习惯的现代公民奠定基础。

在加强和改进德育课程的同时,新课程通过各门课程的德育渗透,对学生进行爱国主义、集体主义、社会主义教育,以及世界观、人生观、价值观和科学精神等方面的教育。设置综合实践课,通过社会实践、社区服务、生产劳动、科技活动,进一步引导学生亲身实践和体验,关注社会、关注生活、关心他人、关心国家、关心环境、关心人类。

第四,新课程以培养学生创新精神和实践能力为重点,建立了新的教学方式和学习方式。针对中小学教学注重接受学习、死记硬背和机械训练的现状,新课程着力于教学方式和学习方式的转变,倡导自主学习、探究学习和合作学习,由注重知识结论和结果的掌握,转向知识探究和获得过程的经历和体验,使学生在主动参与、乐于探究和动手实践中,提高收集和处理信息的能力、获取新知识的能力、分析和解决问题的能力、交流和合作的能力。

此外,新课程在课程评价、课程管理等方面也进行了深刻变革,以确保课程目标、内容、结构和方式等改革的实施。

思考与研究

1. 如何从客观依据和价值取向两个层面,理解《基础教育课程改革纲要(试行)》确立的培养目标?

2. 联系实际或收集课例,谈谈教师的学识水平、人格特征和价值观念对小学教育内容的影响和制约。

第七章

小学教育制度论

★ 知道现代学制的产生和发展
★ 知道典型的各国小学的学制
★ 明确我国学制中的小学教育学制

案例7-1

透视北京"小升初"新政 能否实现公平公正?

北京每年"小升初"政策大都3月份就已定。可是今年已届4月中旬,北京政策迟迟未出台,20余万京籍儿童和10余万来京务工人员随迁子女的家长都在期待——今年是否有新的政策举措,保证孩子公平公正地进入理想的学校?15日,北京市教委正式公布相关政策,这一政策能否遂人们所愿,记者对此进行了调查采访。

获奖证书不是"小升初"入学依据

现状:此前媒体已陆续报道北京市可能推出的中小学升学的相关政策信息,引起社会各界广泛关注。不少小学生家长已为孩子制作了厚厚的"小升初"简历,有的比大学生找工作的简历厚得多,各种获奖证书齐全。一些学生家长主张重点中学恢复考试选拔学生的制度。

政策规定:坚持"免试就近"入学原则,考试选拔的方式不被允许。"各种竞赛成绩、奖励、证书"不得作为"小升初"入学依据。每所承担义务教育任务的公办中小学校都要公示学校录取的学生名单。

权威解读:北京市教委新闻发言人线联平说,北京市要利用电子学籍加强入学管理。各区县、各学校都要严格按照北京市教委公布的时间表办理跨区手续,逾期不得办理。加强对无序跨区流动学生入学手续的审批与监管。区县招生及学籍部门不得随意批准学校招收已被其他学校录取的学生,也不得为其建立电子学籍。

记者观察:北京市"小升初"政策和导向是在朝着公平化发展,但是缺少公平化的标准,许多家长担忧目前环境下难以达到完全公平。比如"电脑派位"和"小学推优"政策就缺少明确可操作办法。在很多学校,家长和学校的关系本来都很融洽,但在最后推优的时候双方都表现得为难。另外,现实中的幼儿园、小学里的"关系户"、"条子生"现象广受诟病,如何彻底解决这种或明或暗的潜规则,已经成为一道亟待解决的社会难题。

中小学"占坑班"不得与升学挂钩

现状:一些区县与重点学校挂钩的民办中学还未等到北京市教委颁布政策,就已陆续组织各种考试选拔优秀学生,把孩子们考得晕晕乎乎;一些公办重点学校也组织各种与升学挂钩的培训班,俗称"占坑班",让孩子和家长疲于奔命。

政策规定:坚决治理各种培训班,一类是公办校自己举办的培训班,一类是民办培训机构。对于公办学校以本校培训中心的名义占用本校校舍举办的培训班,北京市教委组织检查组深入各区县进行了检查,目前公办学校自己举办的培训机构基本已经清理完毕。对于与独立的社会民办培训机构合作选拔学生的公办学校,各区县也进行了清理。

权威解读:北京市教委基教处处长李奕说,北京市对开办培训班的检查工作一直会持续下去,家长可以向北京市、区两级教委举报,一经查实公办学校有和独立民办培训机构合作为本校提前招生的行为,将按有关规定对学校法人予以严肃处理。

记者观察:北京市明确提出终止举办培训机构,严格落实禁止各种"占坑班"与升学挂钩的规定,值得称道。从以往出台取消奥数班规定后的效果来看,虽然狠抓了一段时间,但是改头换面大量存在,停办一段时间后复课的亦有。因此,必须要彻底切断学校和培训机构的关系,避免名校又出现换汤不换药的培训班。

来京务工人员随迁子女享"同城待遇"

现状:随着外来务工人员孩子的成长,非义务教育阶段的升学需求正在变得愈加迫切。非本地户籍的学生目前只能在北京实现中考"借考",入学的学校需自行联系。借考学生在北京不能填报志愿,中考结束后考生可根据成绩寻找入学学校。外来务工人员随迁子女未能完全享受与北京市户籍"同城待遇"。

政策规定:各区县要采取措施,统筹规划,统一管理,切实做好本区县随迁子女义务教育入学工作,确保每一个随迁子女都有学上。

权威解读:北京市教委副主任罗洁表示,"同城待遇"是北京市入小学、小升初的努力方向,将在3至5年的时间内解决外来人口义务教育的"同城待遇"。小升初"同城待遇"除了免试就近入学外,主要包括外来人口子女将会参加推优、特长生、电脑派位的政策,而此前这些优待只是北京户籍孩子才能享受。

记者观察:由于外来人口的流动性比较大,学生数字也不定,北京各个区县根据情况和教育的承载力,已尽可能地让外来人口子女"同城待遇、同班学习",目前西城已经实现了同城待遇,其他区县正在稳步推进。根据北京市教委掌握的情况,部分区县的安排是先解决北京市户籍学生小升初,还有剩余的学位则采取的是电脑派位、分配名额的方式;目前,有些区县已制定了三年的规划,将会让外来人口子女"小升初"逐步享受同城待遇。

(资料来源 http://news.xinhuanet.com/edu/2010-04/16/c_1237852.htm)

从本章开始,将对现代教育制度及其构成的相关要素分章展开研究和进行介绍。现代教育制度的发展已经超出了学校教育制度的范畴,现代教育的组织机构及其运行规范也大大超出了学校教育的层面。本章通过对现代学校制度的产生、发展、变革及其制约因素,帮助我们从宏观上、总体上深刻理解小学教育学制的性质及不同国家小学教育学制的特点,以及我国小学教育学制的特点和内涵,促进小学教育健康协调发展。

第一节　现代学制概述

一、现代教育制度下的学制

所谓制度，无论是在汉语还是在英语中，都包含两个方面的内容：一是机构或组织的系统；二是机构或组织系统的运行规则。① 现代教育制度是现代教育的组织和制度化形态，是现代教育活动领域中相关要素构成的具有普遍性的、正式的组织结构和行为规范体系。具体说来，现代教育制度是国家制度的一部分，是现代国家各种教育组织和机构体系及其运行管理规则的总和，主要包括学校教育制度体系（即学制）和国家管理学校的教育行政机构及制度体系（即教育体制）。我们每一个教育工作者及其所从事的教育工作、所在的教育组织和机构，都处在国家教育制度的整体结构之中，都是在国家教育制度的规范之下。教育现代化的重要任务和目标，是要建立一套具有现代性的教育制度。我国教育改革的中心工作之一，就是要积极推动教育的制度创新。

现代教育制度是一个复杂的系统结构。我们可以将现代教育制度分解和还原成构成这一系统结构的若干基本要素：②(1)教育制度的目标系统。通过国家和政府的各种政策和法规，或是以占社会主流地位的意识形态的有关理论和学说，对教育的目标进行规定。教育制度的目标系统是整个教育制度的核心。(2)教育制度的规范系统。即根据目标系统所制定的对教育活动主体（教育行政机构、学校及其他各种教育机构、教师、学生等）的各种活动的一系列规则、条例、政策、法规等，这是教育制度在现实运行过程中起实际作用的要素。(3)教育制度的组织系统。这是教育制度得以实施的基本载体和框架，包括必要的机构组织和实体，如各级各类的机构（主要是学校组织）及其内部职能部门和成员形成的组织和关系。正是通过这些教育组织机构及其活动，教育制度的目标和规范系统才得以实施和实现。(4)教育制度的工具系统。即一定的教育制度赖以实施运行的物质条件，包括实现制度目标、制度规范和形成一定的组织系统所运用的各种物质设备和资源。如校舍、实验室、运动场等各种教育设施和一些象征性的标志物，如学业证书、荣誉证书、奖状、学生手册等。

我们在分析和研究教育制度时，可以从这四个基本要素着手。因为这四个系统及相互关系决定了教育制度的基本性质与特点；不同的教育制度正是这些基本要素及其关系的不同所规定的。教育制度的变化和发展，也就是这些基本要素及其关系的变革和调整。教育制度的基本要素及其组成结构，我们可以通过我国《教育法》确立的教育基本制度来进行分析。

---

① 全国十二所重点师范大学联合编写：《教育学基础》，教育科学出版社2002年版，第85页。
② 谢维和著：《教育活动的社会学分析——一种教育社会学的研究》，教育科学出版社2000年版，第219—221页。

在现代教育制度的总体体系和框架中,一个十分重要的部分就是学校教育制度,简称学制。所谓学制,即一个国家的学校教育系统,是指一个国家各级各类学校的系统,规定着各级各类学校的性质、任务、培养目标、入学条件、修业年限、管理体制以及各级各类学校的关系等。学校教育制度是教育制度体系中最严密、最有效的基本制度,是国家实现教育目的的基本制度保证,是国家通过立法作出规定而建立起来的,从而保证一个国家学制的统一性、稳定性和完整性。其中,初等教育是现代学制中最基础的一级。

> **资料链接**
>
> ### 《中华人民共和国教育法》确立的我国教育基本制度
>
> **第二章 教育基本制度**
>
> 第十七条 国家实行学前教育、初等教育、中等教育、高等教育的学校教育制度。
>
> 国家建立科学的学制系统。学制系统内的学校和其他教育机构的设置、教育形式、修业年限、招生对象、培养目标等,由国务院或由国务院授权教育行政部门规定。
>
> 第十八条 国家实行九年制义务教育制度。
>
> 各级人民政府采取各种措施保障适龄儿童、少年就学。
>
> 适龄儿童、少年的父母或其他监护人以及有关社会组织和个人有义务使适龄儿童、少年接受并完成规定年限的义务教育。
>
> 第十九条 国家实行职业教育制度和成人教育制度。
>
> 各级人民政府、有关行政部门以及企业事业组织应当采取措施,发展并保障公民接受职业学校教育或者各种形式的职业培训。
>
> 国家鼓励发展多种形式的成人教育,使公民接受适当形式的政治、经济、文化、科学、技术、业务教育和终身教育。
>
> 第二十条 国家实行国家教育考试制度。
>
> 国家教育考试由国务院教育行政部门确定种类,并由国家批准的实施教育考试的机构承办。
>
> 第二十一条 国家实行学业证书制度。
>
> 经国家批准设立或者认可的学校及其他教育机构按照国家有关规定,颁发学历证书或者其他学业证书。
>
> 第二十二条 国家实行学位制度。
>
> 学位授予单位依法对达到一定学术水平或者专业技术水平的人员授予相应的学位,颁发学位证书。

> 第二十三条 各级人民政府、基层群众性自治组织和企业事业组织应当采取各种措施,开展扫除文盲的教育工作。
> 　　按照国家规定具有接受扫除文盲教育能力的公民,应当接受扫除文盲的教育。
> 　　第二十四条 国家实行教育督导制度和学校及其他教育机构教育评估制度。

二、现代学制的产生和发展

现代学制是和现代教育相伴生的,它的产生和发展既有其自身的内在逻辑和规定性,又是与现代社会政治、经济、文化的发展变化紧密相连的。现代学制的形成和发展,主要通过对现代学校教育机构和组织体系的产生和变革来认识。

（一）现代学校机构和组织体系的产生与发展

现代学校教育系统的形成和发展是沿两条线路发展并逐步走向并轨的。一条线路是"下构型",即以中世纪的大学为基础发展起来的以大学教育为端点,由上而下构建起来的精英教育的学校系统(见图7-1)。

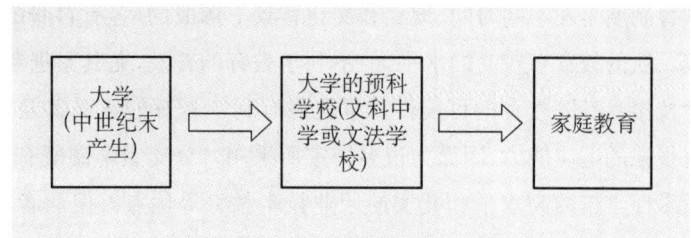

图7-1　下构型学制系统的形成

另一条线路是从19世纪逐步建立起来的"上构型"学校系统。即在工业革命以后,社会发展不仅要求学校培养政治统治方面的贵族和精英型人才,而且要求培养大批的有一定读写算能力和初步文化知识的劳动者、各级各类的科技人才、文化教育人才(特别是教师)和经营管理人才。于是各国在普及小学教育基础上建立起大量的现代小学,并逐步将义务教育延伸到初中阶段,建立了初级中学;此后,进一步建立起了与此相连的中等职业技术学校和技术学院,从而建立起了以劳动者为对象的群众性学校教育系统(见图7-2)。

这两种学校系统在不同国家的政治、经济和文化背景下,其制度化的形态各不相同,大致可以分为:双轨制、单轨制和分支型。英国、法国、德国等发展较早的资本主义国家普遍实行双轨制。

双轨制在上述两种学校系统平行、并存,但既不相通,也不相接和对应。这一方面保留了统

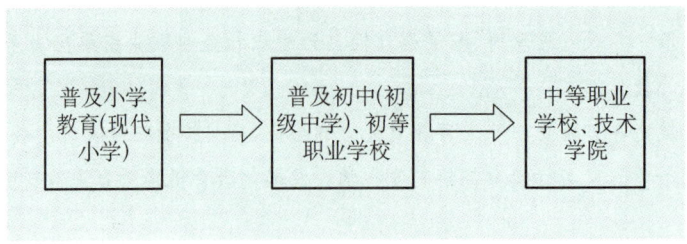

图7-2 上构型学制系统的形成

治阶级接受学术性教育的特权,又在一定程度上适应了现代生产发展和劳动人民子女上学的广泛要求。但另一方面,它却又制度性地剥夺了广大劳动人民子女升入中学和大学的权利。

单轨制最早产生于美国。虽然北美多数地区开始也沿用欧洲的双轨制,但由于产业革命和电气化的推动,美国从农业社会向工业社会转变迅速。加之美国没有欧洲国家浓重的贵族特权传统,这使得美国双轨制中代表贵族特权利益的精英性学校系统没有得到充分的发展,而是被迅速发展起来的群众性的小学和中学占据了主导地位,从而形成了单轨型学制。单轨制是一个自下而上发展的、由单个系列多个分段组成的学校系统。即小学、中学后可以升入大学。最典型的是产生于美国后被很多国家广泛采用的"六三三制"。

分支型学制主要存在于苏联时期。即小学、初中阶段是单轨,进入中学以后再分叉。这样,中学上通高等学校,下达初等学校,左右与中等专业学校和中等职业学校连通。

这三种学校教育制度是在不同时间、地点和文化背景下形成的,各有自身的优点。双轨制优点在于学术性学校一轨的教育有较高水平,但不利于教育的普及,尤其是遏制了广大劳动人民子女进入学术性学校接受高等教育的可能性。单轨制有利于教育的逐级普及,同时对现代生产和科技的发展具有很强的适应能力,因而为很多国家所采用。分支型学制既有利于教育的普及,又有着双轨制下学术性学校的高水平和扎实的职业技术教育等优点。但两者兼顾,往往又存在统得过死、课程过多和不利于学生自由发展的弊端。

(二) 现代学制的发展特点和趋势

随着社会的发展,现代学制自身结构体系不断变革和发展,并呈现这样几种重要特点和趋势:

1. 学制类型结构不断向分支型、单轨制方向发展

随着普及义务教育的发展,以及教育机会均等原则的实施,专为劳动人民子女设立的小学教育(小学)与专为社会中上阶层子女设立的中学和大学,由相互隔离的双轨开始走向并轨,进而形成现代国家统一的公共教育制度体系。但在小学教育并轨以后,同样是接受义务教育,有的学生是在高学术水平的完全中学读初中,有的只能在学术水平较低的初中就学,机会很不均等。于是,英、法、德等国家通过"综合中学"这种新的学校形式,把初中教育的两轨归并到了一轨。根据鲍尔斯(Bowles,S.)的统计,在列入统计的93个国家中,1950年实行单轨制的国家只有7个(占

7.5%),而到 1959 年增加到 37 个(占 39.7%)。① 至于初中后教育,各国则根据自身经济和社会发展对人才的不同层次和类型的要求,形成各具特点的分支型学校制度。如德国以职业技术教育为中心,发展各种类型的学校教育。英国初中后教育有综合中学、文法中学、技术中学、现代中学、中间学校以及自成体系的私立学校。美国各州义务教育年限不一,学制形式有"八四四制"、"六三三四制"、"四(或五)四四四制"等。这其中,高中教育是综合性的,兼负大学预备教育、普及高中教育,以及进行职业技术教育。目前,英国高中教育也正进一步通过综合中学实现并轨。随着高中教育的普及,双轨制的并轨必将上升到高中教育阶段,综合高中代表着现代中等教育发展的一种趋势。在此基础上的单轨学制,是机会均等地普及义务教育的好形式,也是义务教育发展的必然趋势。

2. 学制层次结构不断向一体化、多样化方向发展

根据国际 21 世纪教育委员会提交的《教育——财富蕴藏其中》报告,现代教育体系正通过"重新考虑并沟通教育的各个阶段",从基础教育到大学,"重新建立联系,按照不同于原来的方式对它们重新作出安排,确保它们之间有可能相互转换,并使学习途径多样化"②。

首先,是基础教育的发展。基础教育作为必不可少的"走向生活的通行证",可确定为启蒙教育(正规的或非正规的),原则上从孩子 3 岁左右开始,一直到至少 12 岁,包括学前教育和小学教育。(这与我国目前对基础教育概念的界定范围有别,我国 2001 年颁发的《基础教育课程改革纲要》中规定,基础教育涵盖幼儿教育、义务教育和普通高中教育。)从各国实际情况看,幼儿教育迅速发展,并已列入学制系统。小学教育即小学已成为普通文化科学基础教育的初级阶段,年限有缩短的趋势;小学教育入学年龄提前到 6 岁甚至 5 岁,小学与幼儿教育的联系更加密切;小学与初中直接衔接,取消小学升初中的入学考试。

其次,是中等教育的改革。中等教育是"人生的十字路口",一直面临着大学预备教育(普通教育)与就业准备教育(职业技术培训)的尖锐矛盾。以此,在不同的学制系统下形成了三种有代表性的高中教育,即西欧式高中——担负大学预备教育的单项任务;苏联式高中——担负大学预备教育和普及高中文化科学知识教育两重任务;美国式高中——兼任大学预备教育、普及高中教育和进行职业培训三重任务。1984 年苏联高中的教改方案决定高中也将同时进行职业教育,英国等西欧国家高中也在迅速走向综合化。可见,中等教育综合化及在此基础上实现培养目标和课程内容的多样化,已成为一种世界性趋势。即"普通教育的观念必须显著地加以扩大,……小学教育到中等教育阶段,必须同时成为理论的、技术的、实践的和手工的教育"③。与此同时,职业技术教育由小学阶段进行提升到初中后(高中阶段)和高中后进行。这是由于现代生存所依据的科学技术基础在不断提升的要求。如美国高中阶段的职业科在缩小,而社区学院的职业技术教育比重不断增大;日本短期大学层次的"专门学校"已远远超过了高中程度的"专修学校"。

---

① [美]卡扎米亚斯、马西亚拉斯著,王承绪译:《教育的传统与变革》,文化教育出版社 1981 年版,第 208—209 页。
② 联合国教科文组织国际 21 世纪教育委员会:《教育——财富蕴藏其中》,教育科学出版社 1996 年版,第 105 页。
③ 黄济、王策三主编:《现代教育论》,人民教育出版社 1996 年版,第 287 页。

再次,是高等教育的发展。近代以来的高等教育起源于中世纪大学,一直作为少数学者传授高深学问、培养和选拔少数杰出人才的精英教育机构。19世纪后半期至第二次世界大战前后,在现代社会生产和科技推动下,高等教育有了更新和更为宽广的含义。一方面是高等教育层次多样化,在大学、学院之下,派生出专科学校、社区学院,在大学本科教育之上出现了研究生教育。另一方面,高等教育机构呈现多类型,院校、科系、专业远远超出了传统的范畴,在正规高等教育机构蓬勃发展的同时,形式多样的"非正规大学"大量涌现并纳入许多国家的高等教育体系。于是,高等教育很难用原本的"大学教育"来指称,而是被一个涵盖更广的崭新概念——"第三级教育"(Tertiary Education)所替代。此外,高等教育的功能也从单一的人才培养职能,发展成为人才培养、科学研究和社会服务的多重职能。高等学校与生产、与科学技术研究和开发应用、与社会生活的多个方面形成了非常重要而密切的联系。在此之下,高等教育无论是规模和数量,还是性质和功能,都开始走向了大众化和多样化。

由此可以看出,现代学制中学校的层次、类型及其相互关系已经发生了重要的发展和变化。按照国际教育的分类标准,6—12岁的小学教育为第一级教育,11—12岁至17—18岁的中等教育为第二级教育,从18岁左右开始的为期6—7年的教育为第三级教育。而整个教育的层次和机构逐步从传统的宝塔形向梯形变化。无论是从义务教育的普及还是教育投入与生均培养的成本看,第一级教育以及第二级教育必然处在优先发展的地位;而且,高等教育的发展也必须以普及的和优质的基础教育为基础和前提。因此,第一级、第二级教育乃是整个社会政治经济发展的基础。

3. 现代教育制度由制度化、机构化不断向非制度化、终身化方向发展

制度化教育在高度发展的同时,又开始成为人们反思的对象。诚然,"'制度化教育'的理由是:年轻人正是在学校里'为进入生活作好准备'。人的生活被分成三个不同的阶段:学校和学习阶段、有活动能力的生活阶段、老年阶段。在学校学习的东西终身有用"[①]。然而,由于现代社会变化发展的节奏异常迅速,科学技术不断老化和更新,从学校获得的知识已不足以终身受用;人们用一段时间来专门学习已无法适应不断变化和发展的生活需求,难以为人的一生提供充分的准备。同时,人口的增多,人的寿命在延长,人类逐步进入老龄化社会,人们的闲暇时间增多。这样,传统的制度化教育体系越来越显露其严重的缺陷和不足。制度化教育开始向非制度化教育转型,终身教育成为世界教育发展的历史潮流。终身教育的倡导者保罗·朗格朗(Paul Lengrand)认为,终身教育不仅仅是传统教育的简单延续。"如果教育在个人的整个一生中,在个人的生活诸方面发挥如上所述之作用,那么很清楚,主要的需要就是使它冲破学校体制的束缚,以占有既和工作有关又和闲暇有关的人类活动的全部。"[②]我国学者将制度化教育与终身教育进行了全面的比较(见表7-1)。[③]

[①] [瑞士]查尔斯·赫梅尔著,王静等译:《今天的教育为了明天的世界》,中国对外翻译出版公司1983年版,第23页。
[②] [法]保罗·朗格朗著,滕星等译:《终身教育导论》,华夏出版社1988年版,第56页。
[③] 陈桂生著:《学校教育原理》,湖南教育出版社2000年版,第71—72页。

表 7-1 制度化教育与终身教育的比较

	制度化教育	终身教育	
学龄期教育	1. 一次性教育——终身的生活准备	1. "终身"的教育——终身的生活准备	终身的教育
	2. 以现成知识作准备	2. 作为"继续教育"准备的教育	
	3. 被动接受教育	3. 主动学习	
英才教育	4. 偏重知识传授	4. "全人的"教育	全面教育
	5. 重在培养和选拔杰出人才	5. "普遍的"教育	
以学历社会——学校化社会为背景	6. 封闭的学校	6. 开放的教育机构	以"学习化社会"为背景
	7. 专门的教育机构和教育专门人员	7. 专门的与非专门的教育机构和教育人员	

终身教育是从成人教育、继续教育发展而来的,这一概念一经形成,便有了它区别于制度化教育以及成人教育、继续教育全新的性质和内涵。即:(1)保障公共教育的教育机会,使人们的整个一生都能获得良好的成长和发展;(2)重新设计和统合(integrate)历来的教育,以便不仅为人们终身提供教育的机会,而且要使处于各年龄阶段的人们,能够在最适当的时候和场所,接受最适当的教育。① 随着终身教育的发展,教育的对象是谁? 由谁来进行教育? 教什么? 为了谁? 怎样教育? 这些事关现代教育制度基本要素及其关系等根本性问题都发生了深刻变化。在此之下,学校教育及以学校教育制度体系为中心的现代教育制度面临着前所未有的挑战。一方面,学校教育各级各类专门的教育机构必须走向开放,为社会成员提供更多、更为均等的教育机会;另一方面,一系列全新的教育形式和机构应运而生,所有的集体、协会、团体甚至家庭,都必须共同承担教育的责任。由此,人类越来越朝着"终身学习"、"学习化社会"迈进。新的教育体系正由传统的封闭的精英模式向开放的大众模式发展,由终结性教育向终身教育过渡。它具有开放性、大众性和机会的均等性,并与社会生产、生活紧密联系。

第二节　小学教育学制的国际比较

一、美国小学教育学制

从 17 世纪起,欧洲大量移民迁入北美,之后在大西洋沿岸相继建立了 13 个殖民地管辖区,有组织的教育就开始发展起来了。虽然有部分教育实体机构,但由于三大地区民族文化的差异,没有形成统一的学制。北部的英国清教徒根据清教教义,教儿童必须敬畏上帝,并学会阅读《圣经》

---

① [日]筑波大学教育学研究会编,钟启泉译:《现代教育学基础》,上海教育出版社 1986 年版,第 174 页。

等,宗教是教育的灵魂。各乡镇的居民共同出资兴办初等和中等学校。南部的殖民者大部分属于英国国教会,他们的孩子的初等和中等教育大多由家庭教师完成,对公办教育并不热心。中部的移民由于来自欧洲各地,教派众多。主要教育机构是堂区学校,教育内容以宗教教育为主。

18世纪初,北部和中部开始兴盛私人教学,但是并无固定的教学计划,而且培训时间较短,并不是完整意义上的学校。南部则从1725年,在马萨诸塞殖民地出现一种"巡回教学",对各教学点附近的儿童,定时、定点上课。这也就是"学区制"的萌芽。1850年,美国各州普遍建立起公立学校制度,其中积极倡办公立小学的麻州教育厅长贺拉斯·曼被称为是"美国公立学校之父"。

19世纪之后,美国资本主义经济获得飞速发展,在吸收英、德等国的教育经验的基础上形成了具有美国特色的教育制度,小学教育学制也逐渐形成并完善。19世纪中期,美国全国统一的公立小学作为公立和普及的教育制度的基础已经建立起来。在相当长的一段时间内,美国的初等教育学制为八年。1918年,美国完成了普及初等义务教育任务后,学制有了重大变动,从"八四制"改为"六三三制"。小学基本上以六年制为主。[①]

美国的历史和文化观念决定了它不存在一种全国的教育制度。但是中小学阶段学制结构由小学教育和中学教育两个阶段构成,小学教育和中学教育加起来共计12年,这是统一的。在美国实施小学教育的主要机构是六年制小学,同时还有部分四年制、五年制、八年制小学。这种统一性和多样性相结合的学制,能适应各州各学区的实际要求,较好地为各地政治、经济和科技发展服务。

二、英国小学教育学制

英国早在14世纪就已经基本消灭了农奴制,17世纪初先于其他国家发生了资产阶级革命,较早出现了"近代科学之父"培根提出的科学教育,以及洛克等人的实科教育。但这一时期的学校教育主要还是以文艺复兴和宗教改革形成的传统教育为主。从1536年以后,英国小学教育一直由国教会掌管,直到17世纪末,出现"免费学校"、"贫儿学校"、"乞儿学校"、"流动学校",18世纪出现星期日学校,是小学教育的主要形式和机构。但由于当时英国国家政权并不关心教育,学校教学条件极差,教育内容极为简单,主要以宗教教育为主,没有专门教师,教育对象主要是贫民儿童。19世纪英国最先发生工业革命,资本主义经济获得了迅速发展。这就迫切需要对劳动人民进行相应的文化技术知识教育。1870年英国通过的"福斯特法案",即《初等教育法》,提出了实施普及义务教育的主张,规定地方有权设立初等学校,学校里的普通教学与宗教分离,这标志着公共教育制度的产生。

1902年,"巴尔福教育法"出台,结束了英国教育长期混乱状态,第一次把小学教育和中等教育放在一起考虑。1926年又发表著名的《哈多报告》,提出将教育划分为初等教育和中等教育两个连续的过程,将小学后教育分为文法中学、现代中学和初级技术学校三种类型,提出11岁考试

[①] 吴式颖主编:《外国教育史教程》,人民教育出版社1999年版,第557页。

为英国升中等学校的考试制度。1944年通过英国教育史上具里程碑意义的《巴特勒教育法》，确立了包括小学教育、中等教育和继续教育在内的统一的公共教育制度，分别有保育学校（招收2—5岁儿童）、幼儿学校（招收5—7岁儿童）、初等学校即小学（招收7—11岁儿童）。

1966年发布的《儿童和他们的初等学校》中，强调个体的独特性。70年代后，英国爆发石油危机，教育水平迅速下降。1985年英国教育和科学部提交一份题为《把学校办得更好》的白皮书，这对全国实施统一课程起了推动作用。

《1988年教育改革法》的颁布，标志着英国小学教育向集权化方向发展。强调要使儿童成为民主社会的公民，懂得自己的职责，了解自己的权利和义务。教育不仅是知识传授，而且是道德的、情感的和精神力量的培养。

三、德国小学教育学制

从16世纪中期开始，德意志各国就先后颁布有关国家办学和普及义务教育的法令，但17世纪的德国四分五裂、封建割据，经济发展受到重挫。直至18世纪，普鲁士经济恢复迅速，同时受到欧洲新思想、新科学的影响，在教育上成为欧美各国的榜样。其中"泛爱学校"就是早期的小学教育的雏形。19世纪以后，由于受到普法战争和欧洲革命的冲击，德国的小学教育进行了一系列改革，颁布《初等义务教育法》，促进了初等义务教育的发展。1871年统一之后，德意志帝国后期的教育体制是典型的三轨制，其中为劳动人民设立的国民学校就是当时的小学教育机构，另外两种分别是为中层阶级设立的中间学校和为上层阶级设立的文科中学。实际上，这是具有等级性和阶级差别的双轨制学制。

一战结束后，1919年建立魏玛共和国并通过了《魏玛宪法》。在小学教育上，宪法主张废除等级性的双轨制，建立统一的公立学校系统。宪法第146条规定："公立学校事业为有机地组成的整体。在所有儿童共同的基础学校只设立中间学校和高级中学。"该条文同时指出，这样的学制结构是由生活中职业的多样性决定的，儿童进入何种学校取决于儿童本人的素质和倾向，而不是取决于儿童父母的经济和社会地位或宗教信仰。还规定，各州提供八年免费义务教育和非义务补习教育，直至儿童年满18岁。[①] 同时，在小学教育阶段，德国政府在全国实施四年制统一的初等学校和八年义务教育。

1933年，希特勒的纳粹党开始领导德国，并全面实行法西斯专政，学校教育出现全面倒退，重点是法西斯主义和军国主义教育。小学成为进行纳粹主义教育的主要工具。在1937年和1940年，纳粹德国将小学教育设立为统一的八年制国民学校，并将其前后四年分为两个阶段。

二战后，德国为了恢复经济，大力发展教育，1949年颁布《德意志联邦共和国基本法》，教育上实行地方分权。1955年，《杜塞多夫协定》规定：统一各类学校的名称及组织形式，统一小学入学

---

① 吴式颖主编：《外国教育史教程》，人民教育出版社1999年版，第549页。

年龄为6岁;学校依次为一至十三级,小学为一至四级。1959年"德国教育委员会"提出《改组和统一普通公立学校的总纲计划》,在基础学校(4年)上加设2年观察期。1964年《联邦共和国各州之间统一学校制度的修正规定》确定:全日制义务教育年限为9年,统一从9岁开始上小学;4年制基础学校上设2年观察期。1970年提出《教育结构计划》,主张加强早期教育,建议整个教育体系分为初步教育、初等教育、高等教育和继续教育。

现代德国中小学教育体制在制度设计上与世界上多数国家存在较大差别。无论上小学还是中学,德国基本不存在家长想方设法为孩子择校的现象。德国小学也叫"基础学校",学制为4至6年。孩子上学一般就近入学。无论是本地人、外地人还是外国常驻德国工作人员的子女,只要达到上学年龄,就可申请进入附近小学学习。小学毕业后,学生根据自己的成绩,选择进入不同类型的中学。

四、法国小学教育学制

自中世纪中期起,法国就是欧洲大陆上较强大的封建专制国家。它在16世纪下半期到17世纪就已颁布了九个与小学教育相关的法令,但由于政府不直接参与办学,小学教育大多掌握在天主教派手中。当时的小学以宗教教育为主,面向下层社会,免收学费。1789年法国资产阶级大革命后,资产阶级各派为建立国家的教育制度,纷纷提出课程及年限相互连接的学校系统设想。例如塔列兰方案中规定了四级学制:小学、中学、专门学校、大学院。

进入20世纪后,法国教育开始了它的现代阶段。在20世纪初确立了初中4年、高中3年的学制。1925年实行小学阶段的统一教育,1931年实行中学免收学费,1936年将义务教育延长1年到14岁,入学人数特别是女生人数显著增加。1947年,"朗之万教育改革计划提出建立单一的前后连贯的学校教育制度,并规定6—18岁为义务教育阶段,各级教育实行免费这一改革计划奠定了法国以后历次教育改革的思想基础"①。

法国自二战后经过30多年的改革与发展,取得了前所未有的成绩。但教育的某些方面还存在严重的问题。比如,集中、统一的管理体制使得学校显得机械、僵化和责任心不强,重学术、脱离实际的问题没有从根本上扭转。在小学教育领域,自1969年开始实行的"三分制课程"改革,重新恢复传统的分科教学,以便加强基础学科教学。1985年秋季开学,小学5个年级被划分为3个阶段:第1年为第一阶段,称预备班;第2、3年为第二阶段,称基础班;第4、5年为第三阶段,称中级班。同时,教育部颁布全国新的教学计划,将原来小学5门课程增加到7门,即法语、数学、科学与技术、历史与地理、公民教育、艺术教育、体育活动。新教学计划规定,小学各年级每学年上课35—36周,每周上课时间为9个半天,共27小时。该教学计划制订了各年级课程新教学大纲,强调加强小学生的阅读、书写和算术能力。此次课程改革的特点是课程综合化和课程安排的灵

---

① 李晓峰、白彦茹:《法国中小学课程的历史沿革与发展趋势》,《外国教育研究》2008年第5期,第14页。

活化。①

1990年2月,法国国民教育部公布"小学新政策",把小学5个年级分为两个阶段,一到三年级是基础学习阶段,四、五年级是深入学习阶段。基础学习阶段科目有法语、数学、世界发现、公民教育、艺术教育和体育;深入学习阶段的科目有法语、数学、科学与技术、历史与地理、公民教育、艺术教育和体育。

五、俄罗斯小学教育学制

17世纪末,沙皇彼得一世在初等义务教育方面,下令开办俄语学校、计算学校,并把办学的责任划归当地教会,促进了初级主教学校和堂区学校的发展。1786年,叶卡捷琳娜二世颁布法令,规定各地设立国民学校,由当地政府管理。在县设置两年制免费初级国民学校,在省城设置五年制免费中心国民学校,同时设初级国民学校。初级国民学校与中心国民学校的前两年课程相同,有读、写、算及文法课。中心国民学校后三年设有机械、建筑、物理、自然、地理、历史等学科。宗教、人与公民的义务是两种学校学生都必须学习的课程。②

19世纪初,俄国资本主义经济逐渐增长,但仍是落后的封建农奴制国家,等级制度盛行,所以沙皇政府进行了几次教育改革,以维护自己的统治地位。1804年颁布的《大学附属学校章程》中,提到大学下属各级学校由学校委员会管理,下属学校分堂区学校、县立学校和文科中学。堂区学校设在城乡的教堂中,学制一年。主要科目有神学、人与公民的义务、阅读、写作、初级算术、常识等,毕业后部分学生可升入县立学校。县立学校设在省城或县城,前身为初级国民学校,学制两年,这相当于当时的小学教育。到60年代,亚历山大二世颁布《初等国民教育章程》,确认政府、地方自治机关、社会团体、教会、私人都可开办初等学校,招收社会各阶层儿童,学制三年。1874年沙皇政府颁布新的《初等国民学校规程》,加强了对小学教育的控制。

1917年10月,在列宁领导下俄国建立了世界上第一个无产阶级专政的社会主义国家,大力改革旧教育,培养各种技术人才。在1920年第一次党的国民教育会议上,将七年制学校作为普通学校的主要类型,其中,小学教育为四年制,招收8—12岁的学生。

随着社会主义建设事业的发展和科学技术的进步,九年制学校不能满足高等学校的要求,俄罗斯联邦人民委员会提出把学制延长为10年,类型分别为:小学、不完全中学和中学。其中小学设有四个年级,招收7—11岁的儿童。自1930—1931年度起,对8—10岁儿童实施普及初等义务教育;在1931—1932年度接着对11岁儿童实施初等义务教育……在工业城市、工厂区和工人居住区,从1930—1931年度开始实行七年制的普及义务教育。③

第二次世界大战后,苏联作为与美国相抗衡的大国,教育事业也经历了恢复时期和几次重要

---

① 李晓峰、白彦茹:《法国中小学课程的历史沿革与发展趋势》,《外国教育研究》2008年第5期,第14页。
② 吴式颖主编:《外国教育史教程》,人民教育出版社1999年版,第248页。
③ 瞿葆奎主编,杜殿坤等选编:《教育学文集·苏联教育改革》上册,人民教育出版社1993年版,第233—234页。

的改革。1958年,将普及教育年限从七年延长到八年,小学教育仍是四年。1969年,赞科夫等人通过长期的实验,将小学教育四年制改为三年制,形成了苏联十年制义务教育的"三五二学制"。

进入80年代,苏联继续加大改革力度,规定从1986年起逐步实行儿童6岁入学,改变过去7岁入学的规定。普通学校由十年制改为十一年制。延长的一年时间加在小学阶段,使小学由过去的三年制延长为四年制,于是形成了"四五二学制"[①]。

苏联解体后,俄罗斯1992年制定了《俄罗斯联邦教育法》,将普通学校分为三级:普通初级小学、普通基础学校、普通中等(完全)学校。其中初级小学有三年制和四年制两种,大多数学校为四年制。

六、日本小学教育学制

在18世纪中叶,日本在西方资本主义经济冲击下,封建制度逐渐瓦解,产生了资本主义生产关系的萌芽。1868年实行"明治维新",将教育管理体制从幕府和藩国集中到中央,设立文部省。1872年《学制令》确立了教育的中央集权领导体制。在小学教育方面,废除先前的寺子屋和乡学,在全国共设立53760所小学,规定小学6岁入学,分上下两等,学制各为四年,以使入学者接受八年的普及义务教育。1879年《教育令》中,将普及初等教育缩至四年。1880年又将八年制初等学校划分为"三三二"三个阶段,第一阶段三年为义务教育。1886年颁布《小学校令》,规定小学教育为八年,共分两段实施。前四年为寻常小学阶段,实施义务教育;后四年为高等小学阶段,实施收费制。同时,在一些贫困地区设三年制简易小学。高等小学年限亦非一成不变,可根据实际确定为二、三或四年。[②]

1907年,废除全部私立小学,全部实行公立小学。初等小学年限延长到六年,属于义务教育。第一次世界大战以后,日本成为军事封建性的帝国主义国家,具有强烈的侵略性,实行军国主义和法西斯主义教育。1941年日本颁布《国民学校令》,将小学改为国民学校,设立六年制初等科和两年制高等科,实施八年义务教育。

二战结束后,1947年日本国会颁布《教育基本法》和《学校教育法》,为战后教育指明了方向。规定采用"六三三四制"单轨学制,延长义务教育年限,原来的六年义务教育延长到九年。儿童6岁入学,男女儿童教育机会均等,男女同校。70年代后,日本实施新的教育改革,进行一些示范性实验:儿童从4岁或5岁开始进入小学低年级就学。1984年,日本国会成立"临时教育审议会",1987年提出面向21世纪日本的教育改革的目标、责任和使命,培养青年一代具有广阔的胸怀、强健的体魄和丰富的创造力,还提出要改革初等教育体制,完善终身教育体制。

[①] 吴式颖主编:《外国教育史教程》,人民教育出版社1999年版,第679页。
[②] 同上书,第414页。

第三节 我国小学教育学制

一、我国现代学制的建立与沿革

我国古代社会虽然有着各种各样的教育机构,但并不存在严格规范的学校组织系统。如我国的封建社会,有着从中央到地方的官学、私学机构以及时盛时衰的书院,各种教育机构还制定了各种学规、章程,也制定了各种教育管理制度,尤其是盛行1300年之久的科举考试和选才制度,作为一种制度文化和教育传统深深地植入世代中国人的思想观念,影响之深不言而喻。但就整体而言,古代学校教育机构都隶属于封建官僚机构,受意识形态直接掌控;不同教育机构缺乏明确的制度化分工和衔接,学校层次、类型也很简单,只有大学和蒙学,尚未形成连接两者中间的教育机构(中学),也没有形成相对完整和联系紧密的教育组织和规范系统。

我国现代学制是清末从日本引进并逐步建立起来的。1902年(壬寅年)清政府《钦定学堂章程》公布的"壬寅学制"未及实施。1904年(癸卯年),清政府《奏定学堂章程》颁布"癸卯学制"。这是中国第一个由中央政府颁布并在全国范围得以施行的现代学制,为"废科举、兴学堂"提供了重要的机构和组织保证。该学制以各级学堂为机构,建立起三段(初等教育、中等教育和高等教育)七级(蒙养院4年、初等小学堂5年、高等小学堂4年、中学堂5年、高等学堂3年、大学堂3—4年、通儒院5年)的学制体系;在主系列之外,还设立了实业类和师范类教育机构。它一方面吸收日本及欧美现代学制中的一些做法,如将初等小学堂规划为义务教育,确立了德、智、体协调发展的目标模式,重视实业教育和师范教育,注重西学;但另一方面,该学制又强调"忠君尊孔"、"读经讲经",剥夺女子接受学校教育的权利,限制平民子弟接受高等教育的机会,严格限制师生言行。因此,这一学制包含了资本主义和封建性因素,是传统性和现代性的综合产物。[①]

1912年(壬子年)至1913年(癸丑年),中华民国政府为反映新兴的资产阶级在教育上的主张和要求,进行了进一步的学制改革。包括:改学堂为学校;初小、高小和中学的学制各缩短一年,以利于教育普及和平民化;重视实业教育和师范教育;女子和男子有平等受教育权等。这一学制称之为"壬子癸丑学制"。

1922年(壬戌年),由于"五四"新文化运动的影响,尤其是西方教育思想大量传入和留美回国学生增多,加之清末以来建立起的学制主要模仿日本和德国,严重脱离中国的实际,已不适应新形势下的社会需要,于是,展开了一场以学制、课程等为主要内容的声势浩大且影响深远的教育改革。1922年公布《学校系统改革案》,即"壬戌学制",简称"新学制",主要采用美国"六三三"学制,故又称"六三三制"。这次学制改革是根据儿童的身心发展规律和特点进行教育阶段划分,具

[①] 孙培青主编:《中国教育史》,华东师范大学出版社2000年版,第346页。

有更强的科学性;将小学教育由原来的7年改为6年,初小4年作为义务教育,有利于教育普及和平民化;将中等教育由原来的4年延长为6年,分为初中和高中阶段,实行选科制和分科制,在总体上加强了中等教育,有利于中等教育与高等教育衔接,也有利于学生的个性发展;在小学和中等教育阶段开展职业技术教育,兼顾升学和就业;进一步加强提高师范教育的地位,加强教师培养。总之,"新学制"是中国近代教育史上一座重要的里程碑。它"是一种历史的进步,是中国教育现代化发展到一个重要阶段的标志。……它对辛亥革命以来教育改革的理论和实践进行了较好的总结,是新文化运动在教育领域的一个积极成果,表明了中国教育界知识分子自我意识的觉醒,表现了他们可贵的创造性和庄重的使命感"[①]。正因为它包含了许多合理因素,所以一直沿用到解放前夕,并对新中国学制有着重要影响。

新中国成立后,随着社会主义政治和经济制度的建立,文化教育事业面临彻底改造和重建。1951年颁布的《关于学制改革的决定》,标志着我国学制改革和发展进入一个新的历史阶段。为贯彻教育为工农大众服务、为生产建设服务的方针,新中国学制首先将小学教育由6年改为5年一贯制,以利劳动人民子女接受完全小学教育;吸收解放区的经验、1922年学制改革和苏联学制的合理因素,采用单轨制并以此加强各级各类学校的相互衔接,保证劳动人民子女受教育的平等权利;通过中学阶段的分支重视职业技术教育,培养各级各类人才,为生产建设服务;重视工农干部和群众的速成教育和业余教育,使成人教育蓬勃发展,初露终身教育的端倪。1958年以后,尤其是"文化大革命",在左倾路线影响下,新中国日益健全的现代学制遭到全面破坏。至1976年,这场史无前例的浩劫才告结束。

十一届三中全会以来,我国学制得到迅速恢复、整治、重建和发展,重新走上现代教育制度的正确轨道,逐步建立了适应社会主义现代化建设需要和顺应国际教育改革与发展趋势的现代学制体系。1982年公布实施的《中华人民共和国宪法》为学校教育制度提供了根本的准则:"国家举办各种学校,普及初等义务教育,发展中等教育、职业教育和高等教育,并且发展学前教育。"1985年《中共中央关于教育体制改革的决定》针对新时期以来教育存在的问题和社会主义现代化建设新要求,提出从教育体制入手,有系统地进行教育的整体改革。该《决定》在学制改革上提出:(1)加强基础教育,有步骤地实施九年义务教育;(2)调整中等教育结构,大力发展职业技术教育;(3)改革高等教育的招生和分配制度,扩大高校办学自主权。1993年中共中央、国务院印发《中国教育改革和发展纲要》,确立20世纪末我国教育发展的总目标:基本普及九年义务教育,基本扫除青壮年文盲;全面贯彻党的教育方针,全面提高教育质量;重点建设好一批重点学校和一批重点学科。即"两基"、"两全"、"两重",形成四大板块(基础教育、职业技术教育、高等教育和成人教育)结合的中国特色社会主义教育体系。

1999年国务院批转教育部《面向21世纪教育振兴行动计划》,6月中共中央、国务院召开改革开放以来第三次全国教育工作会议,颁发《关于深化教育改革全面推进素质教育的决定》,从我国

[①] 孙培青主编:《中国教育史》,华东师范大学出版社2000年版,第397页。

社会主义现代化建设的全局出发,对21世纪初我国教育工作作出了一系列重大决策。主要包括:将"两基"作为教育工作的"重中之重",确保2000年"两基"实现和达标后的巩固与提高;扩大高中阶段教育和高等教育规模;大力发展高等职业技术教育;形成社会化、开放式的教育网络,基本建立终身学习体系,等等。

中国现代学制走过了风雨兼程的百年,基本形成合乎国情和具有中国特色又反映世界教育发展潮流的现代学制体系。在社会主义建设的新时期,国家颁布的《国家中长期教育改革和发展规划纲要(2010—2020年)》进一步提出,巩固义务教育普及成果,要适应城乡发展,适应学生发展,并提高义务教育质量,推进义务教育均衡发展。

二、我国现行小学教育学制的相关规定

根据新修订的《中华人民共和国义务教育法》及相关文件的规定,我国现行小学教育作为义务教育,是国家统一实施的所有适龄儿童、少年必须接受的教育,是国家必须予以保障的公益性事业。

实施义务教育,不收学费、杂费。

凡具有中华人民共和国国籍的适龄儿童、少年,不分性别、民族、种族、家庭财产状况、宗教信仰等,依法享有平等接受义务教育的权利,并履行接受义务教育的义务。凡年满六周岁的儿童,其父母或者其他法定监护人应当送其入学接受并完成义务教育;条件不具备的地区的儿童,可以推迟到七周岁。适龄儿童、少年因身体状况需要延缓入学或者休学的,其父母或者其他法定监护人应当提出申请,由当地乡镇人民政府或者县级人民政府教育行政部门批准。

适龄儿童、少年免试入学。地方各级人民政府应当保障适龄儿童、少年在户籍所在地学校就近入学。父母或者其他法定监护人在非户籍所在地工作或者居住的适龄儿童、少年,在其父母或者其他法定监护人工作或者居住地接受义务教育的,当地人民政府应当为其提供平等接受义务教育的条件。

禁止用人单位招用应当接受义务教育的适龄儿童、少年。根据国家有关规定经批准招收适龄儿童、少年进行文艺、体育等专业训练的社会组织,应当保证所招收的适龄儿童、少年接受义务教育;自行实施义务教育的,应当经县级人民政府教育行政部门批准。

县级以上人民政府及其教育行政部门应当促进学校均衡发展,缩小学校之间办学条件的差距,不得将学校分为重点学校和非重点学校。学校不得分设重点班和非重点班。县级以上人民政府及其教育行政部门不得以任何名义改变或者变相改变公办学校的性质。

对违反学校管理制度的学生,学校应当予以批评教育,不得开除。

县级以上人民政府或者其教育行政部门有下列情形之一的,由上级人民政府或者其教育行政部门责令限期改正、通报批评;情节严重的,对直接负责的主管人员和其他直接责任人员依法给予行政处分:(一)将学校分为重点学校和非重点学校的;(二)改变或者变相改变公办学校性质的。

县级人民政府教育行政部门或者乡镇人民政府未采取措施组织适龄儿童、少年入学或者防止辍学的,依照前款规定追究法律责任。

学校有下列情形之一的,由县级人民政府教育行政部门责令限期改正;情节严重的,对直接负责的主管人员和其他直接责任人员依法给予处分:(一)拒绝接收具有接受普通教育能力的残疾适龄儿童、少年随班就读的;(二)分设重点班和非重点班的;(三)违反本法规定开除学生的;(四)选用未经审定的教科书的。

思考与研究

1. 简述现代学制的产生过程,分析现代学制发展和变革的主要趋势。

2. 小学教育学制的性质在发展过程中发生了哪些重要变化?如何准确理解和把握我国现阶段小学教育学制的性质特点?

3. 就我国现行小学教育学制的相关规定,分析现阶段"择校热"现象和"小升初"问题的原因与解决对策。

第八章

小学教育机构论

★ 了解学校的产生与发展、小学的组织机构
★ 理解学校的公益性特点,培养初步的公共服务意识
★ 了解学校文化,初步形成关注学校文化的隐性教育影响的意识
★ 认识班级的性质和功能,掌握管理班级的基本要求

案例 8-1

继承传统　开拓创新
——绍兴县秋瑾小学少先队工作纪实

绍兴县秋瑾小学于1994年建成开学,现占地26亩,校舍建筑面积共5000平方米,学校拥有微机、语音实验室等专用教室,自然仪器,图书资料,音、体、美及劳技设施,均达国家一类标准,学校还配有闭路电视教学系统,拥有200米跑道的运动场及近400平方米的风雨操场。学校现有20个班级,1015名学生,45名专任教师。学校以"勿忘鉴湖女侠之遗风,望为我越东女儿争光"为校训,以"认真、自觉、革新、竞雄"为校风,全校教师"敬业、勤业、精业、竟业",广大学生"尊师爱校、好学向上"。学校以求全、求实、求新、求绩为宗旨,向着学校"规范加特色"、学生"合格加特长"的轨道健康发展。同时开展系列教育实验,走科研兴校之路。

自建校以来,学校以抓少先队活动作载体,抓学科基础作保证,结合实际,抓住特色,充分发扬创新精神,以干事业的态度扎实工作,成绩斐然。学校先后获得县文明单位、市文明学校、市红领巾示范学校、省示范性实验小学、省雏鹰红旗大队、省公众形象示范学校、省首批绿色学校、省现代教育技术实验学校等荣誉称号,并成为"浙江省实施素质教育百校工程"成员单位、省雏鹰网络计划实验学校、全国小公民道德建设实验学校、中国少年儿童信息研究基地学校、中央电视台"我看见"俱乐部成员单位。学校教工团支部被评为县、市级青年文明号,女工委员会被评为县"巾帼双文明立功竞赛"优胜单位,学校教师中有省、市、县级教坛新秀3人,市、县优质课获得者12人,县人大代表1人,政协委员1人,市模范职工1人,市十佳师德标兵1人,全国十佳少先队辅导员1人,省优秀少先队辅导员1人,省春蚕奖获得者1人,省、市星星火炬奖章获得者1人,全国、省、市、县等各级电视媒体和报纸杂志多次报道学校的教育活动情况,学生的各级各类获奖更是不胜枚举。团中央书记处书记、全国少工委常务副主任赵勇同志,全国少工委副主任郭长江同志,团中央少年部部长高洪同志等曾考察过这里的工作,均给予了高度评价。

问渠哪得清如许,为有源头活水来,这一连串令人欣慰的数字和荣誉背后是党委政府和教育主管部门的悉心领导和关心支持,是秋瑾小学的教育工作者锐意进取、开拓创新的辛勤耕作,正是有了跋涉者的足迹、探索者的寻觅、奉献者的耕耘,才有了收获者的喜悦。

(资料来源　www.shaoxing.gov.cn17505118429.htm)

第一节　学校概述

一、学校的性质

学校具有公益性,它与企业等营利性组织的区别主要表现在:

一是设置目的不同。设置学校的根本目的是培养德、智、体、美等方面全面发展的各级各类人才,提高全民族素质。而企业则是以营利为目的的生产和经营单位,追求利益最大化是其发展的动力。

二是调节手段不同。发展教育是公共财政的重要职能。学校的经费主要部分来源于国家财政拨款,国家出于公益性要求,拿出一部分财政收入用行政的办法分配到各学校及其他教育机构,是无需偿还的。而企业则必须要拥有直接从事经济活动的资产,并以这种资产为基础,进行经营性活动,经过不断地周转而实现增值。

三是与政府关系不同。在遵循教育规律、自主办学的同时,政府必须对学校权力和行为作出必要的限制。国家应根据社会整体利益的需要,加强对学校的宏观指导和管理。企业虽然也会受到国家的宏观控制,但在大多数情况下是通过市场来进行调节的。

四是产出不同。学校向社会提供的是一种公共服务或公共产品。这种服务或产品是每个人全面发展身心、实现自我价值所不可缺少的前提条件。这种教育服务或产品不是一般意义上的商品,是不能在市场上通过等价交换来获得的。因此,教育服务或产品不能以营利为直接目的,不能直接通过市场来实现其价值。而企业则是以商品生产者和经营者的特殊利益作为出发点和归宿,通过市场来实现产品的价值。

学校的公益性具体表现在两个方面:

第一,任何组织和个人都不得以营利为目的举办学校及其他教育机构。教育的目的不是为个人或小群体谋求利益,获得利润,而是为了造福他人、社会乃至整个人类,是从文化、精神、体质、社会、环境等方面开发人的潜能,为社会及其每个成员的生存和发展创造各种基本条件。

第二,教育必须与宗教实行分离。教育与宗教的分离是体现教育公益性的一个重要方面。由于宗教的社会根源和认识根源的长期存在,我国宪法和教育法在规定宗教信仰自由、保护正常的宗教活动的同时,禁止任何人利用宗教进行破坏社会秩序、损害公民身心健康、妨害教育制度的活动。这是排除宗教对教育活动非法干预和渗透,维护学校及其他教育机构的正常教学秩序,保护未成年学生身心健康的重要举措,是保证学校公益性的重要标志。此外,学校的公益性还涉及教学语言文字和课程设置等一系列问题。

为此,学校应根据社会的经济、政治及文化发展的要求,选择有教育价值的知识对学生进行教育,使之具有符合社会要求的良好的行为道德倾向,培养他们向社会学习和为社会服务的能力,并具有为社会发展和人类进步而贡献力量的责任感。学校要启迪学生智慧,由简而繁,由易而难，循序渐进地教育学生学习现代科学技术，吸收优秀的民族文化传统，掌握从事社会物质生产和精神文明建设所需要的各种知识、技能和技巧，充分作好参加社会生活的准备。

二、学校文化

（一）学校文化的内涵

学校是现代社会中一种最常见最重要的社会组织，与文化有着千丝万缕的联系。学校活动是整个社会在文化活动中最具有效力的一种文化活动，学校的文化功能是其他任何社会组织所不可比拟的。从学校的建筑、校园的布局、学校的管理、人际关系，到学校的教育目的、内容、方法等，都是社会文化的折射，都反映着浓厚的文化色彩。

学校文化是学校所特有的文化现象，是指某一学校在长期的教育实践中积淀和创造出来的，并为其成员认同和遵循的价值观念体系、行为规范准则和物化环境风貌的整合与结晶，它表现为某所学校的"综合性"，是某所学校有别于其他学校的重要标志。学校文化是一种独特的文化，它的存在能规范及影响学校的所有成员，尤其是学生。学校文化的形成来自两个方面：一是教育者根据社会的特定要求及社会的主流文化的基本特征精心设计和有意安排的文化，即为了使学生顺利地完成社会化过程，学校和教师必须对进入学校领域的各种复杂的社会文化因素进行精心取舍、组织，建立适宜的文化环境，这是学校文化的一个重要来源。二是年轻一代的文化，主要是来自学生团体中的各种习惯、风俗、民约、传统、时尚、规范、语汇、价值观念等，这种文化是成人文化的一种反映，但其内容与成人文化有别，是区别于社会主流文化的一种亚文化。

（二）学校文化的特性

1. 学校文化是一种组织文化

组织广泛存在于人类生活中，组织现象是人类社会的基本现象。每个组织虽然都是更广大的社会文化系统中的一个子系统，受制于更广阔的社会需求，受制于社会所确立的总的意识形态和价值观的支配，但由于每一个组织的内外环境、构成因素和历史传统等都各不相同，因而经由自身运作，形成其自身独特的文化模式，亦即形成独特的组织文化。学校作为一种社会组织，与其他社会组织一样，有着自己的文化特征。用组织文化的眼光考察学校，学校文化的组成包括：组织的历史，组织的价值和信仰，与组织有关的故事，组织的文化规范，组织的传统、仪式特征，组织中的杰出人物等。

2. 学校文化是一种整合性较强的文化

文化从总体上来讲，都是整合为一的，有着整体性的特点，作为学校文化来说，这一特点表现得尤为突出。这是因为学校有着明确的价值取向和目的要求，它是以学校内部形成的内化了的观念为核心，以预定的目标为动力，通过一系列活动形成的多层面、多类型的文化。它对违反预定价值规范的思想和行为予以拒斥，对符合者则予以接受、褒扬，如此使得学校的文化及其成果大多是在一定价值取向的影响和支配下完成的。

3. 学校文化是有着深厚积淀的文化

学校以传递文化传统为己任,是经过历史的积淀、选择、凝聚、发展而成的,它负载着深厚的文化。这一特征突出表现在学校所使用的教材或者说传递的教学内容上。作为教师与学生活动中介的教材,是千百年来文化的积聚,它所呈示的知识经验,是人类文化已有成果的提炼和概括。学校是人类文化的储存,它除了把文化储存在书本、音像出版物等物质形态上以外,还集中了一大批创造文化、传递文化的教师,他们是文化生活的活生生的拥有者。学校将文化以各种方式加以集中、积累和系统化,发挥一种类似"文化容器"的功能,通过教师将这些文化加以整合传授给学生,将已认同接纳文化的学生输送给社会,并由学生再生新的文化。

(三) 学校文化的构成

学校文化分为三个层次,即学校物质文化、学校制度文化、学校精神文化。

1. 学校物质文化

学校物质文化是学校文化的空间物质形态,是学校精神文化的物质载体。学校物质文化是学校文化的有形部分,是学校内看得见、摸得着的物化的文化心态,是学校文化的"外壳",奠定着学校文化存在和发展的物质基础;同时,它又是学校文化"内核"的载体,体现着一定的价值目标、审美意向等,是富有教育内涵的人文环境。从某种意义上说:学校物质文化是学校成员智慧、力量、集体感的象征,具有"桃李不言,下自成蹊"的特性,使青少年学生在不知不觉中,自然而然地受到熏染、启发,从而实现学校文化的育人功能。

学校物质文化主要是通过校园环境的创设而发挥它的育人效应的。校园环境是学生成长发展的微观环境。所谓校园环境,就是围绕在学校成员周围一切事物的总和,如学校地理位置、学校建筑、学校布局、学校绿化等(见图 8-1)。

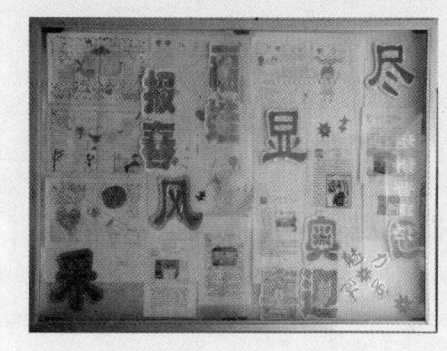 

图 8-1 校园文化橱窗

2. 学校制度文化

学校制度文化主要是指学校中特有的规章制度、管理条例、学生手册、领导体制、检查评比标准,以及各种社团和文化组织机构及其职能范围等。它是一所学校正常教育、教学工作得以顺利进行的条件和保证,是作为一种外部约束力对学校成员施加影响的。学校制度从广义上讲,包括教育制度、教育法律、教师道德、文化、语言等;从狭义上讲,包括校规、公约、守则、纪律等。它涉及的内容非常广泛,其中既有明确规定的准则条文,也有自发形成、无明文规定的行为模式。学校规范作为联结学校和个人行为的媒介因素之一,折射着学校对个人的一切影响,直接引导和限制着个人的态度和行为。学校制度的种类很多,针对不同的组织成员和不同的活动要求有不同的制度,但若从形式上看,则可以分为传统、仪式和规章三类。

学校传统 这是一种学校在较长时间内形成的、影响所有成员的价值取向和行为方式的定势。学校传统的形成受学生文化的影响较大,并在学生群体中一届届地传递下去。在学校中,师生关系、领导关系、读书风气、考试风气、交往时的语汇和语境、逻辑、价值态度、上课方式等经过时间的积淀形成某种传统,甚至学校运动会上的啦啦队行动方式、低年级学生对高年级学生的态度、学生社团的组织方法和行为表现等,都可以是学校传统的一部分。学校传统的影响一般不是通过强制性的要求实现的。

学校仪式 这是学校的某种固定化的活动程序和形式。一所学校中所存在的仪式表现在学业方面的,有开学典礼、毕业典礼等;表现在体育运动方面的,有运动会、体育比赛的各种仪式;其他还有升旗仪式、周会、诵校训、唱校歌等。学校仪式的多寡及其所包含的内容常随学校的性质及目标而有别。学校仪式一般是在学校的要求下产生,具有一定程度的强制性,是教师教育学生的一种有效的工具。

学校规章 这是学校中的一种制度化了的行为规范。如学生守则、教学规范、学校工作常规等。学校规章的制订者一般是办学者或教师,代表他们的意愿和办学理念。规范的对象不仅包括学生,也包括学校的教职员工。一所学校的制度文化是在办学过程中逐步形成的,是该学校特色的鲜明表现。学校制度文化对学校中的每一个成员,包括学生和教师、管理人员都会有一定的规范和制约作用。独特的学校制度会对学生人格的养成产生不可磨灭的影响。

资料链接

白鹿洞书院学规

我国宋代大哲学家、教育家朱熹所订立的白鹿洞书院学规在教育史上特别受到推崇,内容如下:"五教之目为父子有亲,君臣有义,夫妇有别,长幼有序,朋友有信。为学之序为博学之,审问之,慎思之,明辨之,笃行之。修身之要为言忠信,行笃敬,惩忿窒欲,迁善改过。处事之要为正其谊不谋其利,明其道不计其功。接物之道为己所不欲,勿施于人,行有不得,反求诸己。"其内容十分丰富,包括了教育的目标、内容、方法以及学生的学习要求、行为规范等。

3. 学校精神文化

学校精神文化主要是指学校内师生认可的行为方式、价值观念、群体目标、治学态度，以及种种思想意识，表现为学校人际关系、学校风气、学校传统及学校成员的审美趣味、道德情操、思维方式等。它以学校物质文化、制度文化为其载体，作为一种深层次的文化形态。由于其精神已浸透和附着在了学校内各种文化载体及其行为主体上，从而使人无时不切实地感受到它的存在以及由它投射出来的那种独特的学校感染力、凝聚力和震撼力，这也是学校精神风貌、个性特征、社会魅力的高度表现。

学校精神文化包括教师文化和学生文化，主要是以人或人际关系为基础构成的文化形态。教师文化主要是指以教师为主体的一种学校精神现象和文化状况。教师文化是学校文化的重要组成部分。从文化学的角度来看，教师文化属于职业文化的范畴。教师文化与社会的价值观有着密切的联系，同时也体现了教师的价值取向、审美意识、社会行为、角色扮演等方面的自我特征。学生文化主要表现为学校中的一种亚文化，是学生某一或某些群体共有的价值观念和行为方式。"学生文化主要由学生的规范性行为、共有的价值、意义和信仰所构成。"[①]

总之，学校文化作为整个社会文化系统中的一种亚文化，学校文化一方面要不断接受社会文化的渗透与影响，反映社会文化发展的趋势；另一方面又会对社会文化产生一定的作用，在社会文化中体现出自身的价值。因此，当今学校文化必须靠人们主要是学校的师生员工根据社会、学校的需要积极地去建设。

第二节 小学的设置与结构

一、小学的设置

现代小学的发展比大学和中学要晚得多。在文艺复兴以前，欧洲许多国家存在着一类学校，叫行会学校和基尔特学校，主要学习本族语的读写、计算和宗教，这是欧洲城市最早的初等学校。文艺复兴时期，当时的教会又办起了许多类似的学校，可视为现代小学的前身。到18世纪末至19世纪的一百多年里，欧洲工业革命要求劳动者必须具有初步的读写算的能力和一定的自然与社会常识，这就推动了以劳动人民子女为主要对象的小学教育的广泛发展。到19世纪后半叶，英、德、法、美、日都先后颁布了普及初等教育的义务教育法，小学由此得到广泛发展。

为了实现学校的功能，小学的设置应当具备下列基本条件：与学生数量相适应的校舍、场地及其他基本教学设施；有符合法律规定要求的、按编制标准配备的教师队伍；有按规定标准配置的教学仪器、图书资料和文娱、体育、卫生器材。

[①] 郑金洲著：《教育文化学》，人民教育出版社2000年版，第318页。

二、小学的组织结构

学校在确立一定的管理体制的同时,应建立上下层次清楚、左右协调一致的组织结构。科学的管理机构系统,是实现学校高效率管理的组织保证。小学的组织结构是指学校按照一定的目标要求,将职务、岗位、人员组合起来,形成层次恰当、结构严密的有机整体。这里指的是学校行政管理组织机构。

依据学校组织活动性质的不同,可将小学组织机构分为学校行政性组织机构和学校非行政性组织机构。前者承担学校的具体管理职能,维持学校的正常运转;后者起保证、配合、监督和制约的作用,二者相互配合,成为学校有效管理活动不可缺少的重要组成部分。

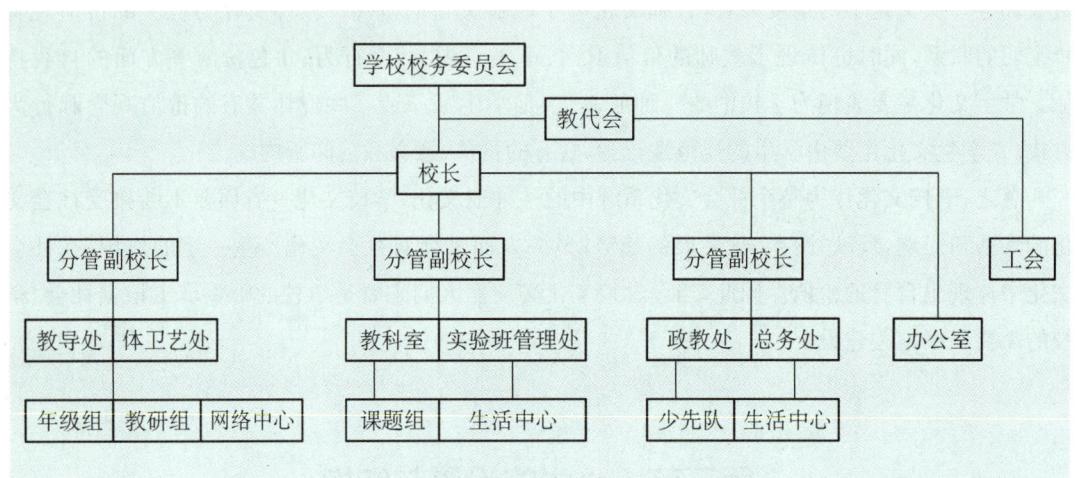

图8-2 湖北荆门市红旗小学学校组织机构图

(图片来源 http://hqxx.jm.e21.cn/web/content.php?id=77)

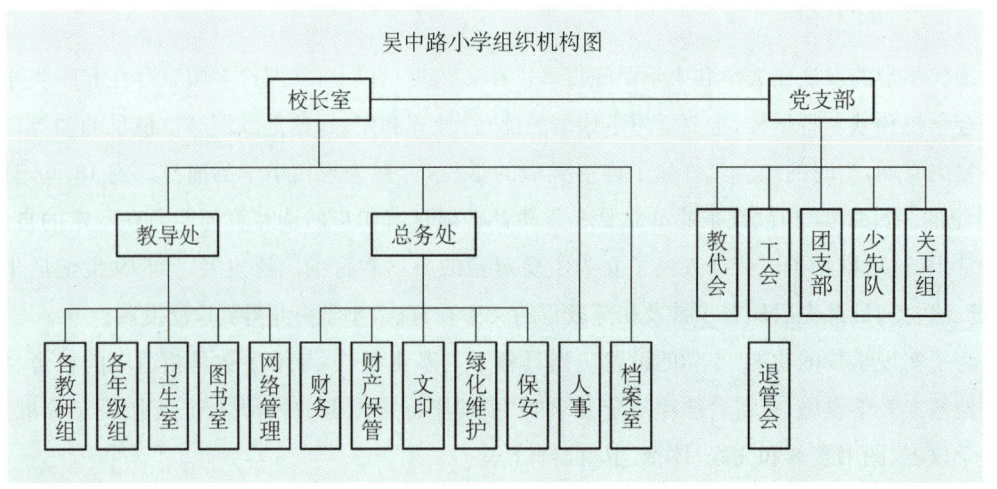

图8-3 上海市吴中路小学组织机构图

(图片来源 http://wzlx.xhedu.sh.cn/cms/app/info/doc/index.php/25152)

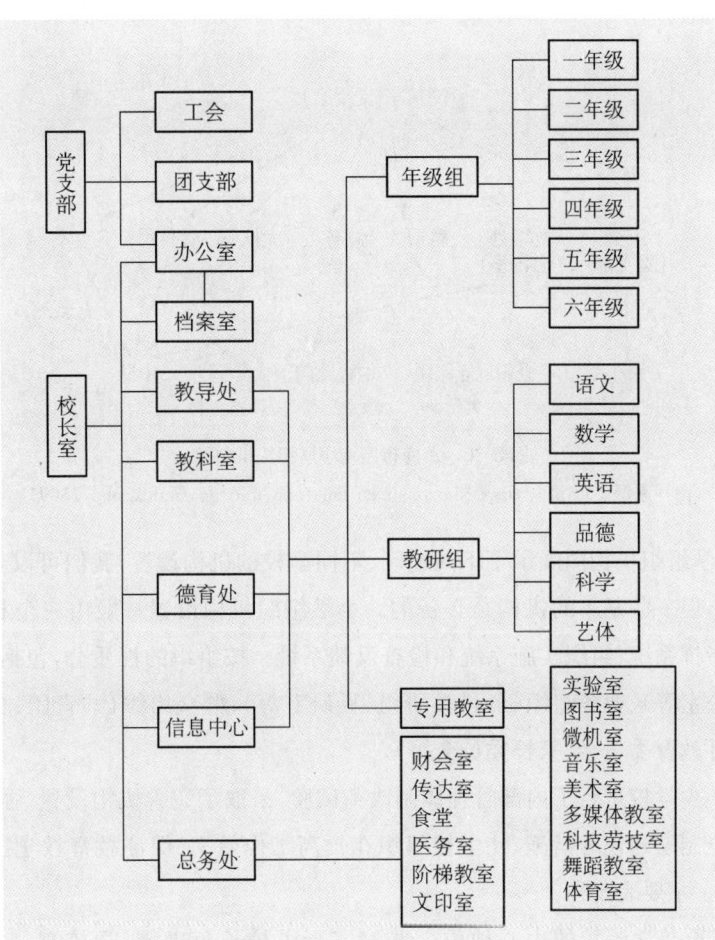

图 8-4 常熟市张桥中心小学组织机构部门设置图

（图片来源 http://www.cszqxx.com）

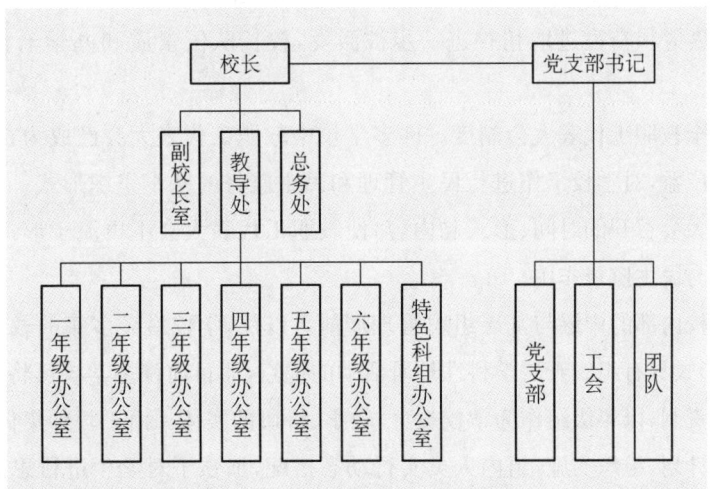

图 8-5 广东罗定实验小学机构设置图

（图片来源 http://www.ldsx.edugd.cn）

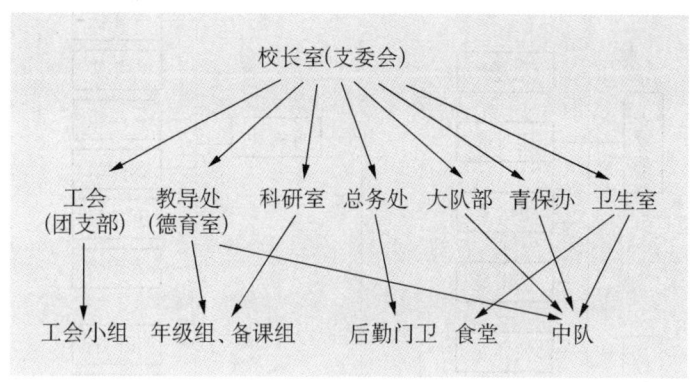

图 8-6 上海市园南小学组织机构图

(图片来源 http://ynxx.xhedu.sh.cn/cms/app/info/doc/index.php/25093)

上述一组小学组织机构图展示了不同地区、不同学校的机构设置,我们可以看出学校机构设置虽然各有不同,但一些基本的机构是必备的。小学组织机构设置一般由三个相互联系的系统组成,包括决策指挥系统、组织实施系统和检查反馈系统。按组织的性质分,包括行政组织(教导处、总务处和办公室等)、业务组织(各科教研组、科研室等)、群众组织(共青团、少先队、工会等)和其他组织(校外教育委员会、家长委员会等)。

近几年来,不少学校进行了内部管理体制改革试验,采取了完善机构设置、强化组织职能、确定岗位职责、健全制度建设等措施,使学校组织在提高工作效率、保证教育教学工作质量方面发挥了积极的作用。主要表现在:

一是确立校长办学治校的中心地位。普遍实行了校长负责制,学校有一定的自主权,成为独立的办学实体;校长有职有权,对学校的教育教学和行政工作实行统一领导,全面负责。在校长领导下,建立起集中统一的指挥系统,行政领导人员合理分工,分级管理,管理效率提高,校长的工作热情和奋发进取精神进一步被激发,校长队伍素质和办学治校的水平普遍有所提高。

二是建立健全教职工代表大会制度。许多学校中教职工代表大会已成为在党支部领导下,广大教职工集思广益,对学校工作进行民主管理和民主监督的基本组织形式。在学校的规章制度中严格规定了大会召开的时间、形式和内容,使教职工代表大会不再流于形式,能够真正发挥出它的民主管理与民主监督作用。

三是强化学校内部的中层与基层组织管理职能。以往,学校沿袭多年的教学管理单位是教研组,这一组织形式具有组织开展学科性教研活动的优点,而目前许多学校已将教研组管理制改为年级组管理负责制,以年级组作为学校教育、教学、科研的实体。由于教师集体重新组合,同年级教师共同制定计划,组织实施,组内人员实行动态搭配,加强了对学生进行思想品德教育的工作,有利于研讨本年级学生德智体全面成长的规律,提高了教育质量。

四是促进了校内各组织机构工作的制度化。有些地区根据当地实际情况,组织学校制定了两类责任制。一是学校集体责任制,内容包括教育思想、学校目标规划、思想政治教育、规章制度、教学、体育卫生、人事、后勤财务、教职工素质、教育质量等方面。二是教职工个人责任制,包括职、能、勤、绩四个方面,为了测定尽责程度,奖励尽职绩效,惩罚失职行为,同时配套建立了考评制度和奖惩制度,使学校工作走上了有秩序、有效率的轨道。

五是密切学校教育与社会的联系。许多学校开始与社区建立起教育协作关系,指导家庭教育,组织本地区学生参加地区精神文明建设活动。这些做法和变化,使学校教育、社会教育、家庭教育密切结合,优化了育人环境,出现了学校教育社会化的新格局。

三、小学班级

(一)班级性质

什么是班级?法国历史学家阿里埃斯把"班级"比作"组成学校结构的细胞"。班级有固定的教室、学生和班主任教师,因而有"固定的相貌",是"幼儿期与少年期分化过程中的决定因素"。其实,有"固定的相貌"的班级是经历了一个漫长的历史时期才形成的。

16世纪,资本主义机器大工业和商品经济的发展遍及欧洲,随着资本主义生产方式的发展,相应要求扩大教育规模,增加教学内容,加快教学速度,提高教学效率,班级制度应运而生。按照年龄阶段区分的"班级",始创于15—16世纪西欧的一些国家,但率先使用"班级"一词的是文艺复兴时期著名教育家埃拉斯莫斯。1632年,捷克教育家夸美纽斯发表了《大教学论》,全面阐述了班级授课制,从而奠定了班级组织的理论基础。班级教学成为学校基本形态,欧美国家是18世纪末19世纪初开始的,我国最早是1862年清政府在北京设立的同文馆开始的。

随着班级组织的发展,对班级组织的研究也日益深入。现在,学者们认为"班级是一种社会体系"。所谓社会体系,是由两个或两个以上的人产生比较稳定的交互关系所构成的。美国社会学家帕森斯指出,社会体系包括以下特征:(1)它包括两个人或两个以上人群的交互作用;(2)一个行动者与其他的行动者处在一个"社会情境"中;(3)行动者之间有某种互相依存的一致行为表现——此种表现是由于彼此具有共同的目标导向(或共同价值观念),以及彼此在规范与认知期望上的和谐。

班级之所以是一种社会体系,是因为:(1)班级中存在进行交互作用的角色(教师角色和学生角色)和主要角色的组织——师生关系。教师在班级中,与学生保持多种角色关系。(2)在班级中,师生双方的交互行为处在一定的社会情境中,而非在真空中开展自己的教和学的活动。(3)班级有共同的目标导向,即教学目标以及和谐的班级规范和认知期望。师生双方都期望通过共同的努力来搞好教学工作。(4)师生的交互作用也是一个冲突——调适——稳定的过程。

因此,班级是由一位教师(或几位学科教师)和一群学生共同组成,经由师生交互作用的过程实现某些功能,以达到教育目的的一种社会体系。它是一种复杂的微型社会。这一"复杂的微型社会"又可以从两个角度去分析:注重师生关系或学习关系,把班级看作是教育性的学习集体;或是注重学生间协调人际关系的形成,把班级看作是教育性的生活集体。今天对班级本质的理解,兼有上述两种观点。班级是教学的基本组织单位,又是生活集体单位。

近年来,我国国内学者谢维和与吴康宁关于班级性质的学术争论,对我们深化班级性质的认识是很有益的。①

(二) 班级功能

无论是把班级看作教育性学习集体,还是教育性生活集体,班级都具有其重要的功能。最早详尽探讨班级社会功能的是美国社会学家帕森斯。他在 1959 年发表的《班级是一种社会体系》一文中指出,班级具有两项社会功能:社会化功能和选择功能。在当代班级理论研究中,关于班级的功能是一个争议颇多的问题。我们认为,在探讨班级的功能时应从以下方面入手。

1. 社会化功能

从社会学意义来说,社会化是指个人学习知识、技能和社会规范,发展自己的社会活动能力,取得社会成员的资格。青少年学生作为自然存在物,在其身体的结构、发育和心理的素质、潜能方面都有其客观规律性;同时他们又是作为社会存在物,同处于一个社会共同体——班级之中。他们通过班级——"社会与儿童"的特殊中介,学习和内化社会规范和社会文化。班级履行社会化职能,就是教育者按照一定社会的要求,通过教学工作和其他各种教育活动,对青少年学生传授社会经验,指点生活目标,教习社会规范,培养社会角色。

2. 个性化功能

班级为学生个性发展和形成提供机会和条件。人的个性受遗传素质的影响,但主要是在与周围环境的相互作用下,通过活动与交往形成的。班级的个性化功能在于,它必须努力发掘每个学生个性的潜在差异及其形成这种差异的条件,进而根据潜在差异确定可能的塑造的方向。主要表现在三个方面:一是班级开展丰富多彩的集体生活和集体活动,培养了学生不同的兴趣、爱好、特长,形成和发展了学生各具特色的能力。二是性质和内容各异的集体活动和人际交往,也塑造着学生的性格,形成各具特点的个性品质。三是同班同学间的相互比较和评价,促使学生自我意识的发展,逐渐从群体中分出自己,发展自我概念,形成独特的个性。

3. 选择功能

班级的选择功能是指班级在多元化价值观、多重的社会角色和不同的职业结构的条件下,将每个人按照他们本身不同的特点分配到社会适当的位置,以达到人尽其才、才尽其用的目的。一

---

① 详见谢维和:《班级:社会组织还是初级群体》,《教育研究》1998 年第 11 期第 19 页;吴康宁:《论作为社会组织的班级》,《教育理论与实践》1994 年第 2 期第 1 页。两位学者还在之后发表系列文章进行深入的学术争论。

一般来说,选择与就业的功能在学校教育的最后阶段才日益显示它的重要性,但选择过程却在班级教学中就开始了,并根据学生的表现不断分化。帕森斯认为,小学生在学校的成绩可作为选择的基本标准,因为按照其成绩分化的结果,常常决定一个学生能否升大学,进而影响一个人一生的事业和前途。

4. 保护功能

班级的保护功能是指班级能对其成员的身心健康起到促进和保护作用,并能提供必要的社会服务。主要表现为:(1)为学生提供一个良好的学习生态环境和卫生保健服务。班级在科学管理学生的作息时间、减轻学生的课业负担、美化环境、保护学生视力、培养卫生习惯等方面都大有可为。(2)满足学生个体的心理需求。良好的班集体能满足学生社交和归属的需求,使学生获得心理上的安全感;良好的班集体还能满足学生自尊和自我实现的需求。

(三) 班级管理

班级管理是指班主任按照一定的原则,运用科学的方法,为建立良好的班集体、实现共同的目标而不断进行协调的综合性活动,包括思想、学习、生活、课外活动等方面的管理。学校工作计划的实施,要靠班级管理来贯彻;学校管理活动的开展,要靠班级管理来落实。管好学校,必须首先管好班级。

1. 班级管理的模式

我国小学班级管理有四种模式:常规管理、平行管理、民主管理、目标管理。班级常规管理是指通过制定和执行规章制度去管理班级的经常性活动。它是基本模式,具有基础性、强制性和实际操作性等特点。班级平行管理是指班主任既通过对集体的管理去间接影响个人,又通过对个人的直接管理去影响集体,从而把对集体和个人的管理结合起来,以增强管理效果的管理方式。班级民主管理是指班级成员在服从班集体的正确决定和承担责任的前提下,参与班级管理的一种管理方式。班级目标管理是指班主任与学生共同确定班级总体目标,然后转化为小组目标和个人目标,使其与班级总体目标融为一体,形成目标体系,以此推进班级管理活动,实现班级目标的管理方法。

2. 班级管理的原则

小学班级管理原则是根据小学班级管理目标和管理规律而确定的关于小学班级管理的基本要求和准则。它是小学班级管理实践经验的总结与提炼,又对小学班级管理实践起着指导作用。小学班级管理的成效,取决于能否正确贯彻小学班级管理原则。

(1) 全员激励原则。所谓全员激励,是指激励全班每个学生,充分发挥他们的智力、体力等各方面的潜能,实现个体的目标和班级总目标。贯彻这一原则,要善于用适当的班级目标激励所有成员。班级目标是班级成员共同的期望、追求和达到的成果,它具有导向和激励作用。要引导全班学生积极主动地制订班级远、中、近努力目标,以及小组、个人目标。同时,还必须采取各种有效措施,使目标具体化并变为行动的过程。

(2) 自主参与原则。这个原则是指班级成员参与管理,发挥其主体作用。学生是班级的被管理者,也是管理者,一旦真正参与管理,班级管理效率将成倍提高,班级的发展会获得强大的原动力。这一原则是社会主义民主管理原则的具体要求和体现。

(3) 教管结合原则。这一原则是指把班级的教育和管理辩证地统一起来,既对学生正面引导,耐心教育,又要凭借必要的规章制度要求学生,约束其行为,实行严格的教育管理。贯彻这一原则,首先要求管理者用科学的道理和正面的事例,对学生进行启发诱导,调动其接受教育的内部动力,使他们在思想、品德、学业、生活等方面沿着正确方向发展。其次,要引导学生制订必要的规章制度,并要认真执行,经常检查,及时总结,进行评比。

(4) 通情达理原则。班级管理说到底是对学生的管理,青少年学生具有丰富情感,对他们的管理与教育必须有感情的激发和熏陶;同时,青少年学生又是单纯幼稚的,对他们的管理与教育还必须讲道理、摆事实,循循善诱,启发诱导,帮助他们提高思想认识。

贯彻这一原则,要做到动之以情,以情感人;同时,要科学处理好"情"与"理"的辩证关系,既不要"有理无情",也不要"以情代理",而是要将情理有机"化合",做到情中有理、情理交融。也就是说,在管理制度上要严明、公正,要一丝不苟,体现一种"刚性";而在情感上则要宽和,善解人意,待人以诚,体现一种"柔性"。

(5) 平行管理原则。在班级中,除了师生之间的垂直关系外,还有同学之间的平行关系。所谓平行管理原则,是指管理者既通过对集体的管理去间接地影响个人,又通过对个人的直接管理去影响集体,从而把对集体和个人的管理结合起来,以收到更好的管理效果。

贯彻平行管理原则,首先要组织、建立良好的班集体,发挥学生集体的教育功能,精心培养一个具有明确的政治方向和共同的奋斗目标,有健全的组织机构,有一个团结一致的由关心集体的积极分子组成的领导核心,有正确的集体舆论和优良的班风,有严格的规章制度和严明的纪律,朝气蓬勃、团结友爱的坚强的班集体。班集体一旦形成,它就成为一种巨大的教育力量。要充分发挥集体的教育和管理作用,管理者在工作中,要面向集体,通过集体,影响和教育个别学生。

(6) 协调一致原则。影响学生成长和班级管理的主要因素是家庭、社会和学校。中小学生大部分时间生活在家庭中,家长的生活方式、一言一行,无不给孩子的道德品质、思想行为打上深深的烙印。随着学生年龄的增大,社会对他们的影响日益增强,对班级管理工作的影响也不可低估。因此,班级管理者应当广泛地联系家庭、社会以及学校内部各方面的力量,使之密切合作,相互补充,形成对班级学生进行综合管理的合力网络。

班主任是班级管理者,对于班级管理工作起着十分重要的作用。因此,班主任必须加强自身修养,严格要求,以身作则,用自己好的榜样来影响学生。这样,班主任才会在学生中产生强大的影响力,取得班级教育与管理的好效果。

案例 8-2

小学63人班级设32个班干部引争议

1名班长、10名值日班长、4名学习委员、1名文体委员和16名小组长……新学期开学，湖北黄陂前川六小四(1)班的63名学生中就诞生了32个班干部。一个班有这么多班干部好不好？这样的做法值不值得推广？日前，这一事情在网上引起广泛议论。

学校拟全校推广该班做法

设立32名班干部的想法是由该班班主任王建伟提出的。王建伟说，从上学期起，班里开始实行班干部选举制，有老师提名、学生提名和毛遂自荐三种方式，然后再通过举手表决，选出班干部。当时就有家长提出，希望能给孩子一个锻炼的机会，而老师在审核学生干部时，也会考量他们的学习成绩、行为习惯、平时表现等因素。

因此，新学期刚开学，这个有63名学生的班级就选出了32名班干部。班主任王建伟说，虽然班干部队伍显得"臃肿"，但自己希望能有更多孩子得到锻炼机会，哪怕给他们的只是个芝麻大的"小官"。

前川六小的校长朱全涛在接受采访时说，这是一种新的教育尝试，能提升孩子的综合素养。学校目前考虑将在全校范围内推广。

不少网友持赞成态度

新闻发布之后，许多网友都参与到了话题的讨论，对于前川六小四(1)班的这种选班干部的方式，不少网友表示赞成。有网友认为，当班干部不仅能增强孩子的服务意识，也能增强孩子的自信心，这种做法值得鼓励。但也有家长担心，竞选班干部会使孩子产生不必要的虚荣心，影响学习。有网友说，班里一半同学都是班干部，那么没有当上班干部的同学，自尊心会不会受到伤害？对于选举班干部的过分追捧会不会让孩子产生不必要的"官瘾"？这些都值得我们警惕。网友"向日葵"说，并不是所有的孩子都适合当班干部，教育最重要的还是要因材施教。教育除了具有让孩子成长成才，适应社会、服务社会的职能之外，更应担当起引领社会风气、塑造高尚文化的责任。与鼓励学生竞选班干部相比，如何在教育过程中避免将社会上的功利化风气吹进孩子们的心灵，才更为重要。

(资料来源 《新京报》2011年2月21日)

第三节 小学教育环境

一、小学教育环境的内涵

(一)教育环境概述

从广义上说,社会政治经济制度、科学技术发展水平、社区文化、家庭条件以及亲朋邻里等等,都属于教育环境,这些因素在某种程度上都制约和影响着教育教学活动的成效;在狭义上,教育环境主要是指学校教育活动的时空条件、各种教学设备、校风班风、师生关系等等。

丹纳在《艺术哲学》里专门探讨过环境的重要作用和影响。他比喻说,一枚种子播下去,需要许多有利条件:"首先土壤不能太松太贫瘠,否则根长得不深不固,一阵风吹过,树就会倒下。其次土地不能太干燥,否则缺少流水的灌溉,树会枯死的。气候要热,否则本质娇弱的树会冻坏,至少会没有生气,不能长大。"如此等等。只有具备这些有利条件,这枚种子"才能抽芽,成长,开花,结果,生出小树,繁衍成林,铺满在地面上"。素质教育的实施,人才的成长、涌现,文化的发展繁荣,同样需要许多有利条件,需要合适的气候和土壤,需要正确的政策、措施和良好的气氛、环境。否则,素质教育这枚种子播下去就可能一无所获,或者播下去的是"龙种",收获的却是"跳蚤"。[①]

---

① [法]丹纳著,傅雷译:《艺术哲学》,人民文学出版社 1963 年版,第 33 页。

（二）小学教育环境

从时间特性上看，教育环境不是先于人的存在，而是人产生以后的创造物。人的创造活动是无止境的，所以教育环境必然是发展变化的，不同时代有不同的教育环境。在小学教育的特殊情境中，人追求和表现出的特质，是人尤其是儿童所特有的学习生命存在及其优化活动。小学教育环境包括各种空间、时间进程中影响学生发展的各种文化因素。

二、小学教育环境的类型与优化

（一）小学教育环境的类型

小学教育环境是一种特殊的实体性存在，更是一种功能性存在，对儿童的学习和生命活动具有重要作用。小学教育环境具体包括以下四种类型：

1. 生理环境

生理环境就是小学生大脑神经系统学习活动的生理过程和机制，通过小学生学习过程中的生理变化和生理动作表现出来。小学教育的生理环境集中表现在小学生学习过程中的身体活动上，包括睡眠起居、饮食、体育活动和生理保健活动等。为此，应重视和加强师生作息时间和内容的科学合理安排，使之充分体现和实现人的学习生理过程和机制的本性和需要。另外，还包括表情活动、文学艺术欣赏活动、娱乐活动及文明举止活动等。

2. 心理环境

心理环境是小学生在学习过程中的心智—人格条件，包括教师和学生的个体心理环境、群体心理环境，既包括与学习方面有关的心理环境，也包括学校的师生道德风尚、审美风尚、体育风尚等。

3. 物质环境

这主要是指以社区和学生家庭为背景的学校物质环境，包括师生教学和各种教育活动时所直接触及的器材、场馆，也包括那些与人的意识、情感相关的景观、符号、声音等，比如校园里的雕塑、纪念碑，教室墙壁上的装饰、标牌等，它们总是隐含或表示着人的某种精神或情感的东西。

4. 交往环境

这是指小学师生在精神上建构和形成的行为规范，是按照一定的好坏、善恶、美丑标准而建立的道德观念和行为模式，主要包括教师职业道德、学生的学习道德、教育管理者的职业操守，以及师生与管理者之间的各种行为规范。当然，随着互联网的普及，这种交往环境除了实体的交往，也包括更为广泛而多态的网络交往，这种虚拟的交往方式也构成一种交往环境，对小学师生特别是小学生的认识和行为产生越来越大的影响。

（二）小学教育环境的优化

小学教育环境的优化非常重要，主要包括以下几方面内容：

1. 优化校园物质环境

校园物质环境不仅影响学生的心境情绪、生活学习质量和行为取向，还会影响学生的人生观和价值观。为此，应遵循"以人为本"的理念，按照整体性、和谐性、审美性、特色性等原则积极规划，建设校园物质环境。包括：校园的自然环境应做到绿化、美化、净化，要使学生不管在校园里的哪个角落，都能感受到一种自然整洁的美。校园的建筑布局和环境创设既要满足儿童心理发展的需要，又要达到风格上的整体和谐、文化化人。譬如，积极布置宣传栏，悬挂名人肖像以及名人名言、格言警句、校训和校规，形成一种积极向上的政治氛围和健康的道德氛围，对学生的世界观、人生观及道德素质、行为规范产生潜移默化的影响，情操得到陶冶，行为达到规范。同时，还可以让学生参与到校园环境的建设和优化中来，发挥其主观能动性。这样的环境才更容易影响学生，更好地发挥育人功能。

2. 优化学校的文化环境

随着市场经济的发展和文化的多元化、开放化，社会上各种不良风气随之侵入小学校园，小学生的心智发展还很稚嫩，缺乏抵抗外界环境的能力，如果没有正确思想指引，很容易受到各种社会文化的消极影响。为此，要积极加强和改造校园文化环境，形成一种隐性的教育力量，以其特有的潜在方式影响小学生的思想品德和心理素质。如，积极吸收和引领学生的亚文化，积极开展丰富多彩的校园文化活动，充分发挥学生社团的积极作用，开展多种科技、体育、艺术和娱乐活动，增强学生的参与性，使学生在活动过程中能力得到锻炼，情感达到表达，个性得以张扬。此外，还应构建良好的制度文化，做到人本管理和制度管理相结合，激发学生的积极性和主动性。

3. 优化学生的交往环境

一方面，教师之间、学校各种机构和部门之间，应率先垂范，建立良好的沟通、合作关系，明确职能和分工，增强团队意识和协作精神，各个方面都能为小学生的学习和成长创造良好的道德氛围和支持环境，不相互推诿、指责或隔阂。另一方面，加强学校与家长之间的沟通合作，通过有效便捷的方式，与家长建立一种相互支持、信任的建设型关系，避免相互推脱教育责任，携手为小学生的成长架起合作的桥梁。再一方面，注意加强对小学生同辈群体的引导，既要通过各种正式群体（如班级、少先队、课外社团等），也要积极引导各种非正式群体的发展，引导其发挥积极作用。此外，还应关注小学生的网络交往，注意用积极的方式引导小学生合理利用网络，遵守网络道德，发挥网络交往的积极作用。

思考与研究

1. 结合实际阐述如何营建积极的学校文化。
2. 结合实际谈谈学校组织机构变革面临的挑战。
3. 联系实际或收集案例，谈谈班主任如何有效地进行班级管理。
4. 联系实际谈谈如何改善小学教育环境，试举例说明。

第九章

小学教师论

★ 知道小学教师的专业性,认识小学教师的作用和地位
★ 了解小学教师角色的构成及其发展趋向
★ 理解小学教师素质的性质特点
★ 明确小学的师生关系

案例 9-1

小学教师阮美好：美好的追求让课堂充满活力

在广东省东莞市东城区花园小学，要问起学生在谁的课堂上最活跃，几乎所有人都会异口同声地回答，非阮美好莫属。阮美好，东莞市东城区花园小学教导主任、广东省特级教师，20世纪90年代毕业于五邑大学，毕业后便投身于语文教育事业，20年来孜孜以求，诲人不倦，用智慧和汗水激发孩子们创造的活力，点燃孩子们智慧的火花。经过多年的努力，阮美好成了学生心中的偶像、学生家长的贴心人、同事科研道路上的领路人。在她成功的背后，有什么秘诀呢？

阮美好在组织读书活动

在阮美好看来，对一名教师来说，教学是安身立命的根本。"任何时候，我都清醒地知道，课堂教学是我生命的增长点，是价值的增长点，也是知识与智慧的增长点。""教学是一个激发活力的互动过程，可以从中感觉到生命的成长。""儿童有自己的视角，老师要善于弯下腰来和孩子对话。"谈起从教多年的感受，阮美好如数家珍。

"老师，您不是一个人在战斗！"

在阮美好所教的班级，你会发现每个学生除正常学习外都有一项特别的任务，那就是跟老师一起进行探究式学习，一起开展研究性活动。课上，阮美好和学生一起编演课本剧，一起领略《史记》、《水浒传》、《三国演义》、《童年》的世界，一起组织形式多样的读书交流活动；课下，她和学生们搞起了"班级男女生流动日记大PK"活动，一起走进大自然，去追寻发现的乐趣，探讨学生沉迷网络游戏的问题，引导学生开通班级博客，过充实而富有意义的网络生活。

随着学生探究意识的不断增强,很多学生渐渐成了阮美好的得力助手。每当阮美好外出公干的时候,学生的自主管理能力和创造能力就有了展现的舞台。"他们会自主安排。有时开展读书活动,有时组织主题班会,有时由科代表自主设计教案给同学们上课。我从来都不用担心。"

阮美好说:"对学生来说,书是读懂的,不是教懂的。"有时候,她会和学生一起合作备课。多年的教学实践,使她养成了从孩子的视角体验课文里的世界的习惯,学生也积极地向阮老师表达自己对课文的理解,提出他们的学习思路。就这样,在备课的时候,师生的思路已经融会在一起,到了课堂上自然得心应手。"这可以算得上一种新型的教学相长吧。"她说。

阮美好上的公开课,也常常渗透着学生们的金点子。孩子们很自信地给她鼓劲:"老师,您不是一个人在战斗!无论您去哪儿上课,我们都愿意做您最忠实的军师……"

"原来我的女儿会笑的!"

在很多学生家长眼里,阮美好是他们的贴心人,是家庭教育的智多星。

2008年,阮美好曾接手过一个班级。新学期刚过半,一位学生家长来到学校,激动地要找阮老师。原来,这位家长的女儿就在阮美好班上,曾是大家公认的"弱智儿童"。细心的阮美好发现,那位学生的智力根本没有问题,只是在成长过程中缺乏安全感导致自信心不足,不敢与人交往,才造成了弱智的假象。在阮美好的关怀和鼓励下,那位学生走出了困境,学习进步很快,自信的笑容常常洋溢在脸上。孩子在学校里的变化,家长看在眼里,感觉就像是一个奇迹。他感激地告诉阮美好:"阮老师,是您让我们知道,原来我的女儿会笑的!"

在阮美好的眼里,每个学生都是一样的可爱。成绩不好的学生,跟阮老师相处一段时间,就自觉地爱学习了。因为阮老师告诉他们:"要相信自己,落后只是暂时的。只要付出了跟别人一样多的努力,就可以跟别人一样优秀!"沉迷网络的学生,被阮老师接手后,也不再迷恋网络游戏了,因为阮美好引导他们把兴趣转移到建立班级博客和个人博客上了。今年六一儿童节,每个学生都收到了阮美好送出的一份特别礼物——冯骥才的《世俗奇人》,上面书写着苏格拉底的一句名言:"其实,每个人都是最优秀的,差别就在于如何认识自己,如何发掘和重用自己。"

阮美好还经常到当地的学校、社区开家庭教育讲座,拥有不少家长粉丝。家长遇到困难,也总喜欢打电话向阮老师咨询,阮老师从不会让家长们失望。

"要让每一位教师都成为教学研究的主人。"

阮美好多年来潜心研究语文阅读教学,大力培养学生的问题意识,提高学生的自主学习能力。经过多年的实践,阮美好形成了"尊重规律,关注主体;顺学而导,学习有法;形式新颖,追求实效"的教育教学特色,她还创造性地开发校本课程资源,拓展教与学的空间,大力开展教学研究。

作为花园小学教育科研的负责人,阮美好始终发挥着专业引领、培训指导的作用。她带领广大教师开展教育和教学方法研究,并把推进教学研究与打造学校特色教育有机结合起来。阮美好把生态理论引进学校教育的各个领域,开创了以学段为单位、层级分明的"教学研共同体",让每一位教师都成为教学研究的主人。今年广东省建立名师工作室之后,阮美好充分发挥名师工作室的作用,以课题为纽带,带领工作室其他成员积极开展教学研究,探索小学语文有效教学的途径。阮美好不遗余力地帮助校内外、市内外青年教师的专业成长,培养了一大批优秀教师,其中成为省市区骨干教师、市先进教师、优秀班主任的近20人。

多年来,阮美好还坚持送教下乡,热心帮助经济与课程改革相对落后的城市和镇区学校。她坚持到阳春市和东莞市的多个镇区上研讨课和示范课,参与同课异构活动,开设教研专题讲座,与同行互动交流。她还在网站上开通了自己的名师博客,在教研杂志发表文章,积极对外交流与推广自己的教育教学经验与教科研成果。

阮美好的努力,为她带来了全国模范教师、全国教育系统巾帼建功标兵、广东省特级教师等多种荣誉。问她成功的奥秘在哪里,她说:"当一名让人民满意的教师是我的终生奋斗目标。我只是做了一名教师应该做的事情,用心解决工作中必须解决的问题而已。"

(资料来源 《中国教育报》2010年8月12日)

在构成小学教育及其活动的基本要素中,小学教师总是天然地处于主导地位;而与各种非专职教育者相比,教师的作用无与伦比。本章的主要任务是在现代教育制度和思想下,以小学教师为对象,对教师职业的性质与特点、教师角色及其专业化、教师素质与发展、师生关系及师生互动等方面问题,展开理论和实践的研究与探讨。

第一节 小学教师职业

一、教师职业的专业性分析

一种职业要发展成为一门专业,往往有一系列条件和衡量的标准。所谓专业,一般是指一群人经过专门的教育和训练、具有高深和独特的专门知识和技术、按照一定的专业标准进行专门化的处理活动,从而解决人生和社会问题,促进社会进步并获得相应的待遇报酬和社会地位的专门专业。许多社会学家和学者都提出"专业"的标准,以此来衡量一种职业能不能算得上专业。根

据利伯曼的观点,专业性的职业应当具有以下共同的特点和标志:①

(1) 这种职业提供的是范围明确、不可缺少和替代的一种社会服务;

(2) 在提供这种社会服务时,运用高度的智力和技术;

(3) 它需要经过长期的专业教育和训练;

(4) 从业者个体和群体具有很广泛的自主性;

(5) 从业者在职业自主性的范围内,对自己作出的判断和行为负完全的责任;

(6) 从业者重视的是社会服务本身,而不是营利;

(7) 从业者形成综合性的自治组织;

(8) 该组织拥有具体的伦理纲领。

很多学者认为,与这些标准对照,教师在某种程度上大部分符合,但不及医生、律师、建筑师符合的程度大。因而,教师只能算得上是一个准专业或半专业。然而,随着社会的发展和教育改革的深化,人们越来越对这种专业类比的合理性提出质疑,对因此而将教师定性为准专业或半专业的状况感到不满。有关学者提出,应当从教师这门职业出发,尊重教师职业的特点,跳出传统专业化的模式,对教师专业化的含义及其标准进行新的探讨,进而找到教师专业化的正确道路。

所谓教师专业,并不是教师所学和所教的某一学科专业;反言之,教师所学和所教的学科专业尚不能构成教师专业。教师专业有着丰富的内涵和专业性的指标体系。国内外教师专业化的理论与实践表明,教师职业的专业性应当体现在以下几个方面,我们应当以此来衡量和评价教师职业在专业化的过程中达到了何种程度:②

(1) 专业知能:包括普通文化知识、学科专业知识、教育专业知识以及教育工作方面的专业能力;

(2) 专业道德:服务社会的教育信念、从事专业活动的伦理规范和专业精神;

(3) 专业训练:长时间的系统专门职业训练和不断进修学习的机会;

(4) 专业发展:通过职前教育、入职教育和在职教育,在实践和反思中实现不断的专业成长和提升;

(5) 专业自主:拥有相当程度的专业自主权;

(6) 专业组织:提高教师的政治、经济和专业地位,维护教师职业的权利、利益,促进教师的相互交流和合作,监控教师的专业行为以保障客户和社会的利益,维护教师的职业形象和声誉,提高教师的专业水准,促进教师的专业发展。

运用这些专业标准来衡量和评价,教师职业已经具有一定程度的专业性,是一个"形成中的专业";换言之,随着社会发展和教育的发展,教师职业正在朝着专业化的方向发展。所谓教师专业化,有两个相互依存的基本方面,一是教师职业的专业化,即在教师群体的努力和国家、社会等方面的参与和支持下,使教师职业符合专业标准、获得专业地位,从而由普通职业发展和提升为

---

① 引自[日]筑波大学教育学研究会编,钟启泉译:《现代教育学基础》,上海教育出版社1986年版,第442页。
② 刘捷著:《专业化:挑战21世纪教师》,教育科学出版社2002年版,第65—79页。

专门职业的过程。二是指教师个体(教师从业者)的专业化,即教师在整个职业生涯中,依托专业组织,通过长期的专业教育和学习,获得专业知识、能力、道德,实施专业自主,成为教育专业工作者的专业成长和发展的过程。教师职业专业化是教师专业化的重要保障和必然结果,教师个体专业化是教师专业化的根本方面和内在源泉。20世纪五六十年代的西方国家的教师专业化运动,主要是通过教师罢工和斗争(即工会主义)或提高教师入职标准(即专业主义)等手段和策略,来谋求教师专业地位和素质的整体上移,但一直是举步维艰、收效甚微。80年代以来的教师专业化转向教师个体主动的专业发展,通过实现教师个体的专业化,从而在根本上实现教师专业化,这使教师专业化进入一个崭新的发展阶段。

二、小学教师的专业化

在推进教师专业化过程中,人们将教师作为一个整体概念是必要的。但不同层次、类别的教育及服务对象各具特性,教师教育专业化的基点、目标、内涵和取向也各有质的规定性。我国现有教师近1200万,其中小学教师586万、中学教师395.54万,差不多占教师总人数的80%。这显然是教师专业化的主体、重点和难点所在。

综观现代教育和教师职业的发展历程,小学教师开始了教师初步专业化之滥觞。随着义务教育的兴起和现代学校制度的建立,中小学教师职业及其养成开始了分化。与小学教育相伴而生的是师范学校的产生,小学教师通过师范教育掌握小学教育内容、教授技术以及教职伦理,迈出了专业化的最早一步。但由于当时小学教育属于大众教育的范畴,小学教师只是被局限在中等教育的水平上。皮亚杰认为,小学教师由于与大学教育相隔离,"无论是从技术或科学的创造性上来说都不是一个专家,而只是一个知识的传递者,这是任何人都能做到的事"[1]。结果使得小学教师成了一群单独的具有内向性的知识阶层,受不到社会公正的承认。进入20世纪,随着义务教育延伸到中等教育阶段,并与小学教育构成同一性质的公共教育制度,中小学教师教育开始由分化走向整合,由师范学院和大学进行统一的培养。尤其是1966年联合国教科文组织和国际劳工组织《关于教师地位的建议》提出:"一切教师都应在大学或相当于大学的培养机构或专门培养教师的机构内,学习普通教育科目、专业科目和师范教育科目。""应考虑不同种类的教师,无论是小学教育、中学教育……都应在相互有机联系的培养机构或地理上邻近的培养机构内接受教育。"[2]1970年联合国教科文组织进一步明确提出:"小学教师、技术学院教师、中学教师、大学教授之间的区别不应含有等级差别。""教学职能,无论是在小学或中学一级执行的,从意图和目的看,都是相同的。"[3]

中小学教师教育由分化走向整合,是教师职业专业化的必然结果。正如1986年美国的卡内基基金会在《国家为培养21世纪的教师作准备》的报告中指出的:"小学教师和中学教师一样需要扎实的本科知识。和中学教师相比,小学教师开的课程多,但这并不能成为他们对所授的课程掌

---

[1] [瑞士]皮亚杰著,傅统先译:《教育科学与儿童心理学》,文化教育出版社1982年版,第14、130页。
[2] 联合国教科文组织国际教育发展委员会,万勇译:《关于教师地位的建议》,《外国教育资料》1984年第4期。
[3] 联合国教科文组织国际教育发展委员会:《学会生存——教育世界的今天和明天》,教育科学出版社1996年版,第258页。

握不扎实的借口。小学教师必须对他们所讲授的每门课程做到真正的理解。"[1]因此,小学教师只有跳出单纯的职业训练和知识传递者角色,获得研究、发现、创造的机会,不断提高专业化水平,增强职业的不可替代性,才能从根本上提高职业的社会地位和声望。

资料链接

小学教师的专业性

学生的学习态度以及对自己的想象,在基础教育的早期阶段即已基本形成。在此阶段,教师起着决定性作用。

如果一个儿童或者成年人遇到的第一位老师是位未经充分培训并且缺乏积极性的老师,那么他们未来进行学习的基础本身就缺少坚固性。委员会认为各国政府应努力重新确认基础教育师资的重要性并提高他们的资格。

(资料来源 联合国教科文组织国际21世纪教育委员会:《教育——财富蕴藏其中》,教育科学出版社1996年版,第156页)

三、小学教师的作用和地位

任何一种职业发展成为一种专业,并被社会成员广泛地和真正地认可和支持,往往有两个相辅相成的因素。一方面,社会委托或赋予这一职业及从业者不可或缺和不可替代的责任和职能;这一职业的从业者能够具有较高的素质和能力,从而满足社会所提出的从业要求,完成社会所赋予的职业使命,发挥这一职业的社会作用。另一方面,专业人员在掌握专业知识、履行职业责任,达到专业标准的过程中,需要付出比一般职业的从业者更多的投入和努力,因此获得和拥有更多的社会资源——经济待遇、社会权益和职业声望。正因为如此,第45届国际教育大会在总结自1966年发布《关于教师地位的建议》以来教师专业化30年的实践经验的基础上提出:"应在教师的权利和责任之间建立一种平衡。"[2]

(一)小学教师的职业作用

教师职业所以成为人类社会最古老而又永远充满活力的职业,并且由一般的普通职业发展

---

[1] 国家教育发展与政策研究中心编:《发达国家教育改革的动向和趋势》(第二集),人民教育出版社1987年版,第328页。
[2] 赵中建主译:《全球教育发展的历史轨迹——国际教育大会60年建议书》,教育科学出版社1999年版,第535页。

成为一种专业,是因为教师职业在社会分工以及人的自身发展中承担着十分重要的任务和职责,发挥着不可替代的重要作用。

古往今来,教师职业的根本职能和作用在于两个基本的方面。一是教书育人,促进人的成长和发展;二是传承文明,促进社会的延续和进步。不过应当认识到,教师在促进人的发展以及促进社会发展中的作用,既是永恒的又是不断变化和发展的。在古代社会,教师对于人的成长和发展的促进,主要是在道德和伦理方面。教师对于社会的作用主要是通过经典的传授和道德行为的示范,以继承历史文化遗产,培养具有封建伦理道德的统治人才和社会成员,以维护社会的稳定和秩序。因此,教师实际上是一个"传道者"和"授业者"。进入工业化社会,科学知识显示出巨大的社会力量,并带来人的体力的部分解放、物质财富的极大丰富和社会文明的进步。在工业化的模式下,学校像一座座工厂,班级像一个个车间,生产一批批掌握一定知识和遵守统一纪律的标准化人才;在此之下,教师的职能主要是一个熟练的"教书匠"和能干的"管理者"。进入现代社会,尤其是进入"后工业社会"以来,教师的职能和作用发生了深刻的转变。一方面,知识的激增和信息技术的发展,动摇了传统上教师在知识学习上的权威地位,教育已不再限于学校的围墙之内,随着终身教育和学习化社会的到来,教师与学生已同为学习共同体的成员。教师不仅要不断地学习,而且要改变这一职业的固有角色和职能,教师从事教育和激励学生的工作正在稳定地取代单纯的讲课。教师和学生因此而建立了一种新的关系。教师从"独奏者"的角色过渡到"伴奏者"的角色,从此不再主要是传授知识,而是帮助学生去发现、组织和管理知识,引导他们而非塑造他们。

另一方面,社会发展对于人的主体性、创新性以及人文精神等方面的要求越来越高。教师对于人的发展的促进作用,并非只是传递信息,甚至也不是传授知识,而是本着尊重学生自主性的精神,使他们的人格得到充分的发展和完善。"教师的任务将是培养一个人的个性并为他们进入现实世界开辟道路。"①

> **资料链接**
>
> ### 国际教育大会第45届会议《加强教师在多变世界中的作用之教育》的决议(节选)
>
> 认识到教师通过其思想、方法和实践对教育革新作出贡献的重要意义;
>
> 确信教师是发生在所有各级各类学校和课堂中并通过所有教育渠道进行教育变革的关键活动者;

---

① 联合国教科文组织国际教育发展委员会:《学会生存——教育世界的今天和明天》,教育科学出版社1996年版,第260页。

> 意识到在迅速变革的过程中教师必须不仅帮助和指导学习者吸收知识,而且能使学习者认识到自己的特性,并对他人和其他文化表示宽容和开放以及能进行终身学习(learning throughout life)从而使他们能满怀信心地面对未来;
>
> 意识到新技术和传播必定会改变教学专业的条件和师生关系的性质。
>
> (资料来源 赵中建主译:《全球教育发展的历史轨迹——国际教育大会60年建议书》,教育科学出版社1999年版,第552页)

由此可见,教师职业的社会作用随着社会的发展而变得更加重要,也更加不同于以往。它对教师职业的专业化也提出越来越严峻的挑战和要求。如何提高教师的素质和专业化水平成为教育改革和发展的重要任务和前提。

(二) 小学教师的职业地位

教师职业的地位与作用相辅相成、相互依存,构成教师职业形象的整体。一方面,由于教师职业承担着十分重要而不同寻常的职责和使命,对人的发展以及社会发展发挥着不可替代和不可或缺的作用和价值,社会应当赋予教师较高的经济待遇、社会权益和职业声望;否则,提高教师的素质和工作积极性,吸引最优秀的人才从事教师工作只能成为空谈。另一方面,教师的地位又取决于教师素质的高低以及教师职责的履行和作用的发挥程度。教师的职业地位主要体现在教师的经济收入、社会权益和职业声望等方面。

1. 经济待遇

经济待遇是指社会给予教师的工资收入和物质利益的水平,它主要是由教师劳动的性质所决定的。马克思把人类劳动划分为简单劳动和复杂劳动两种,并且提出:"劳动力价值是由生产从而再生产这种特殊物品所必需的劳动时间所决定的。""劳动力的发挥即劳动,要耗费人的一定量的肌肉、神经、脑等,这些消耗必须重新得到补偿。支出越多,收入也得增多。"[①]无论是从教师劳动力的生产还是再生产,教师劳动都是一种复杂劳动,必须接受较长时间的职业训练,这种职业训练的程度越高,创造出的价值就越大。而且无论是从教师承担的社会职能还是社会对教师职业素质的要求,无论是从教师劳动的过程、手段和对象,还是就教师劳动的成果,都反映出教师劳动是一种以脑力活动为主要特征和水平标志的繁重的复杂劳动。

联合国教科文组织在1966年《关于教师地位的建议》中指出:"在影响教师地位的诸要素中,应格外重视工资。因为同其他专门职业一样,除工资以外的其他要素诸如给予教师的地位

---

① 马克思:《资本论》第1卷,人民出版社1975年版,第57页。

和尊敬,对教师任务重要性的评价等,都很大程度上依赖于教师的经济地位。"①日本60年代的教师形象由"劳动者"向"专业者"提升获得成功,与70年代以来实施《人才保障法》、大幅度增加教师工资进而形成"我要当教师"的社会思潮有关;美国1983年发表的《国家为培养21世纪的教师作准备》的报告中,同样提出要"为教师提供能与其他专业同样竞争力的工资、福利和职业前景"。

2. 社会权益

教师的社会权益是社会赋予教师在履行职责、从事职业活动过程中的权利,以及教师在社会中享有的合法利益。教师的社会权益包括作为一般公民所享有的权利,但更主要的是指教师作为专业人员所获得的一种专业权利。它不同于教师的权威,也不同于一般的行政权力。这种专业权利是指教师在学校和教学活动中获得的一种相对独立于学校和教育管理部门的行政权力之外的专业自主权,如教师在教育活动中拥有对课程和教学内容的选择和决策权,对于学生学习情况评价的决定权,在教学活动中的组织权和控制权,使用有关教育资源、自由发表科研成果、获得进修机会、参与学校管理等权利。教师的专业权利一方面受教师自身因素的影响,即随着教师活动的专业性以及教师的专业化水平的提高而提高;同时,在知识经济日益到来的现代社会,教师的专业权利随着教师所掌握的文化资本在社会中作用的扩大而进一步扩大。

3. 职业声望

教师的职业声望是社会舆论对教师职业的意义、价值和声誉的一种综合评价,它反映着社会成员对教师职业评价的高低,进而影响着人们对教师职业的尊重、选择和从事的态度和程度。研究表明,现代社会教师的职业声望有两个突出的特点,即教师的职业声望通常处在社会职业的中上地位,并且高于教师的经济地位等其他方面;而且,教师的职业声望在现代社会具有逐步提高和总体上升的发展趋势。

我国1993年颁布的《教师法》明确提出:"教师是履行教育教学职责的专业人员,承担教书育人、培养社会主义事业建设者和接班人、提高民族素质的使命。"基于教师职业的专业性质和所承担的神圣使命,该法提出:"各级人民政府应当采取措施,加强教师的思想政治教育和义务培训,改善教师的工作条件和生活条件,保障教师的合法权益,提高教师的社会地位。全社会都应当尊重教师。""教师的平均工资水平应当不低于或者高于国家公务员的平均工资水平,并逐步提高。"近些年来,在政府、社会以及教师自身等多方面的努力之下,我国教师职业的地位有了明显的提高和改善,出现了"师范热"、"教师竞聘难"、外流教师的"回流"现象。但提高教师职业的地位仍然是任重而道远。这一方面要求政府、社会改变传统观念,确立教师职业的专业性质,并以此建立新的教师工资制度和晋升制度,赋予教师相应的专业权利。与此同时,提高教师的从业标准,改革教师教育,提升教师职业的专业地位和教师的专业化水平,是改善教师职业地位十分重要的内在条件。

---

① 联合国教科文组织国际教育发展委员会,万勇译:《关于教师地位的建议》,《外国教育资料》1984年第4期第2页。

> **资料链接**
>
> **我国提高教师地位的政策规定**
>
> 　　提高教师地位待遇。不断改善教师的工作、学习和生活条件,吸引优秀人才长期从教、终身从教。依法保证教师平均工资水平不低于或者高于国家公务员的平均工资水平,并逐步提高。落实教师绩效工资。对长期在农村基层和艰苦边远地区工作的教师,在工资、职务(职称)等方面实行倾斜政策,完善津贴补贴标准。建设农村艰苦边远地区学校教师周转宿舍。研究制定优惠政策,改善教师工作和生活条件。关心教师身心健康。落实和完善教师医疗养老等社会保障政策。国家对在农村地区长期从教、贡献突出的教师给予奖励。
>
> 　　完善并严格实施教师准入制度,严把教师入口关。国家制定教师资格标准,提高教师任职学历标准和品行要求。建立教师资格证书定期登记制度。建立统一的中小学教师职务(职称)系列,在中小学设置正高级教师职务(职称)。
>
> 　　创造有利条件,鼓励教师和校长在实践中大胆探索,创新教育思想、教育模式和教育方法,形成教学特色和办学风格,造就一批教育家,倡导教育家办学。大力表彰和宣传模范教师的先进事迹。国家对作出突出贡献的教师和教育工作者设立荣誉称号。
>
> （资料来源 《国家中长期教育改革和发展规划纲要(2010—2020年)》）

第二节　小学教师角色

　　角色原是一个戏剧上的术语,是指舞台上演员所扮演的人物。作为一个社会学概念,角色用以表示人在一定社会关系中所处的地位、身份以及相应的行为模式。分析教师角色,我们可以更好地认识教师角色,掌握教师角色,进入教师角色。这既有利于教师的自我认知,实现自身的专业成长和发展,提高自己的专业化水平;同时,也有利于教师更好地履行教师职责,发挥教师的社会作用。

　　教师角色具有丰富和多元的特点,呈现一种双重性。由于运用不同的分析框架,国内外学者们对教师角色进行不同的分类。无论是哪一种分析框架和分类结果,对于教师角色两重性的揭示,都有利于我们全面、准确地认识和把握教师角色的内涵、特点和功能,消解角色冲突,培育和形成教师角色。美国学者格兰布斯将教师角色分为:学习指导者(可具体分为学习成绩评判者、知识和技能的择定者、纪律的维持者、儿童的保护人、道德气氛的创造者、学校中的受雇者、教育传统的支持者);文化传播者(中产阶级文化的恪守者、青年人的楷模、理想主义者、思想界的先锋、有文化和有教养的人、社区事务的参与者、社区生活中的陌生人、社会的公仆)。这分别反映了教师对于儿童发展和社会发展的作用和功能。我国学者吴康宁认为,教师在学校中扮演"社会代表者"与"同事"两种基本角色,前者的基本特征是"社会规范性",师生之间更多地奉行着不平等原则;后者的基本特征是"个人独立性",同事之间更多奉行的是平等原则。① 庞丽娟提出,教师的角色有两个方面:一方面,教师作为普通人,有自己的情感需要与喜怒哀乐,有自我发展的需要,承担着家庭、工作团体和社会生活中的多重角色;另一方面,教师又是专业教育者(社会的传道者、文化的传递者、学生学习的榜样,同时又是学生学习的指导者,人格、品德的塑造者,交往、行为的引导者,身心健康的保护者)。② 马和民认为,教师在学校中扮演着"教育者角色"和"受雇者角色",即"作为一个教师的人"和"作为一个人的教师"。前者是社会要求教师成为一个"特殊人"的一面,后者是教师作为"普通人"的一面。③

由此,可以认为教师角色是教师作为"普通人"和作为"教育者"这两类角色的复合体,体现教师角色两重性的矛盾统一体。

一、作为"普通人"的教师

教师首先是一个"人",一个普通的人;为师首先是做人。确立教师作为普通人的角色,首先有利于教师更好地成为一个教育者。它使教师的师德建立在教师作为普通人的公民道德之上;使教师的人格品质更加自然、真实、可信,更加具有感染力和示范作用;使教师对学生的教育和要求必须改变刻板说教、居高临下的姿态和方式,更加贴近学生,富有人情味、亲和力和影响力;使师生关系消除"代沟",更加能够相互理解、沟通和信任。其次,有利于教师准确处理各种复杂的角色关系,消解角色矛盾和职业压力,维护自身的心理健康,维护和争得教师作为普通人在社会生活和职业活动中应有的权益,获得教师作为普通人应有的那份生活情趣、欢乐和幸福。第三,它能够消除教师的管理者、培训者以及学生家长和其他社会成员对教师过高的角色期待,倾听教师的心声,理解教师的疾苦,关心教师的精神和物质生活,支持教师的学习和提高,满足教师的合理需要,保护教师的合法权益,确立教师作为一个"普通人"的角色。

(一)教师是社会生活中的普通一员

首先,教师是人,而非"圣贤"。教师总是生活在一个平凡的世界中,生活在普通人当中,有自己的七情六欲。虽然,教师常常是教育人的、帮助人的,但面对纷纭复杂的社会生活、大千世界,面对工作中的挑战和挫折,面对生活中的困难和烦恼,教师同样需要得到学校领导、学生家长以及家人的理解、宽慰、鼓励和关怀。其次,教师是人,但不是"完人"。虽然,教师是知识的传播者、

---

① 吴康宁著:《教育社会学》,人民教育出版社1998年版,第204—207页。
② 庞丽娟主编:《教师与儿童发展》,北京师范大学出版社2001年版,第218—220页。
③ 马和民著:《新编教育社会学》,华东师范大学出版社2002年版,第106页。

道德的楷模,但教师也会犯错误,也会有不知道的时候,也需要不断地学习和提高,也有缺点和弱点。因此,教师有着自我发展和自我完善的权利和需要。无论是知识上、能力上,还是思想上、道德上,教师都应当不断学习、提高、更新,与时俱进,适应社会发展、科技进步以及学生发展的需要。我们不能因为教师是教育者而对教师求全责备,而应积极创造条件和环境,支持和倡导教师在业务上和思想上自我发展。同时,教师也不能因为自己是教育者而故步自封。第斯多惠早就提出:教师在任何时候不要停滞不前。"'不进则退'这个谚语还不尽意,还必须补充:教师有能力培养学生也是自我继续教育的过程,应当把和儿童与教学打交道看成是自我教育的主要手段。教育学生必须首先激励学生,主要是激发学生的主动性,这样的课堂就是教师进行自我培养的最好的学校。"[1]第三,教师是人,但教师的天职在"育人"。确立教师作为普通人的角色,并不是对教师职能的淡化和对教师要求的放宽,而是要求教师以平常人、平常心,深入社会生活、积极投身社会生活实践,参与社会工作和社会变革,平等民主地对待学生,从而在丰富多彩的社会生活实践中,成为一名模范公民、青年学生的导师。

(二) 教师是一个普通的教育劳动者

首先,教师职业是社会分工的产物,虽然教师工作具有很强的道德色彩,但作为一个"职业人",不可避免地带有谋生的职能。教师作为这一职业的从业者,教育劳动是一种复杂劳动,社会理应支付给教师比需要类似的或同等资格的其他职业更高的工资,应保证教师本人及家属的合理的生活水平,并为教师通过进一步进修和参加文化活动来提高教师素质提供条件。其次,教师作为学校的雇员、一个"受雇者",教师与学校的关系带有一种经济关系。教师是以教育教学工作这样一种特殊劳动来换取经济报酬。教师的聘用与否、待遇高低直接受制于学校的用人制度、分配制度、奖励制度等。随着学校科层化的不断加强,教师的受雇者意识同样会进一步加强。国家、社会和学校有责任提高和保障教师的福利待遇,教师有权获得和保护自己应有的合法权益。第三,教师之间同作为"职业人",以同行的身份、同辈的姿态、朋友的口气相互交往。他们承担同一的社会责任,享有同样的社会权益,具有同等的社会地位。因而,教师的同事关系与师生关系有着质的不同,前者奉行的是平等的原则,后者多奉行不平等原则。在学生面前,教师更多表现为"作为一个教师的人"而"掩饰自我";在同事面前,教师则更多地呈现为"作为一个人的教师"而"展现自我"。教师在学校生活中呈现两种人格主体。

(三) 教师在日常生活中处在以"教育者"为核心的角色丛之中

教师在承担"教育者"这一核心角色的同时,还承担着家庭生活、学校生活及社会生活中的其他众多角色。这些角色为教师洞察人生、感悟人生、发掘精神情趣、展现人格魅力提供了丰富的源泉和宽阔的舞台。但这些角色之间,以及这些角色与"教育者"这一核心角色之间,容易产生各

---

[1] 第斯多惠著,袁一安译:《德国教师培养指南》,人民教育出版社2001年版,第184页。

种矛盾和冲突;而且,这些众多的角色还可能引起教师的角色过载、心理压力和负担过重。教师必须学会平衡和协调这些角色之间的矛盾和冲突,做到张弛有度、转换自如。同时,教师也需要得到家人、朋友、上司、同事在各方面的理解和体恤。

二、作为"教育者"的教师

顾名思义,教师所以成为一种专门的职业,是由于他受社会、家庭的委托,承担着教书育人、促进人的成长和发展,传承文明、促进社会的延续和进步这两项重要的任务和职能。而且,与家长及其他教育工作者相比,教师作为专职的教育工作者,一方面体现在教师以此为专门职业和谋生手段,因此教师必须全心全意地投身到职业活动中去,以育人为天职,以"教育者"为核心来处理各种角色关系,分清本末和主次;另一方面,这种专职还在于教师受到专门的职业训练,具有一定的职业资格和职业道德。随着教师职业的专业化,教师的职业活动应当比其他教育工作者更具有目的性、科学性、公平性。

作为教育者的教师应当担任哪些角色?如何理解和把握这些角色?需要我们作全面而适切的理解和认识。按照朱智贤主编的《心理学大词典》的分类,教师角色包括以下三种:[①]

1. 教学的和行政的角色

这一角色包括:(1)教学角色——成为学生学习的发动者、组织者和评定者,传授知识,发展学生智力。(2)教育角色——通过言传身教,对学生进行思想道德品质教育,提高他们的思想觉悟,培养他们良好的道德品质。(3)行政角色——在课堂生活和学校工作中,担任课堂管理员和办事员。前者是指教师安排或建立学习情境,制定学习规则和程序,后者是指教师做大量的教学事务工作。

2. 心理定向的角色

这一角色包括:(1)人际关系的协调者——正确处理教师与学生、与学生的家长、与同事、与学校领导、与社会其他人的关系。(2)社会心理学家——促进学生进行相互之间以及与教师之间有成效的沟通和交际,以此来建立积极向上的班集体。(3)心理催化剂——使学生产生团结的、对集体有建设性的变化。(4)临床医师——改善班集体或学生个人的心理健康。

3. 自我定向(或自我表现)的角色

这一角色包括:(1)帮助者——帮助别人建立更为美好的世界或是为发展共同利益而有所贡献。(2)学习者与学者——从教学中增长关于教材、学生如何学习、教师如何教学等方面的知识。(3)父母形象——教师与学生在教学进程中处于一种相似于家长与子女的关系。(4)寻求权力者——需要领导、控制、裁决、奖惩等权力以处理教学问题。(5)寻求安全者——教师职业具有高度的经济安全和心理安全。

在教师的这三类角色中,第一类角色是教师的显著的、传统的、本职的角色;第二类角色扩大了传统的教育概念的范围;第三类角色中有些是积极的力量,有些是消极的力量,但教师都可以从中得到心理满足。

[①] 朱智贤主编:《心理学大词典》,北京师范大学出版社 1989 年版,第 321 页。

综观而言,教师作为"普通人"和"教育者"两重角色有着不同的角色规范和特点,教师每天周而复始、轮番扮演这两重角色,在这两者之间穿梭、转换。

第三节 小学教师素质

教师角色扮演是一个由角色期待到角色领悟,再到角色实践的转换过程。这个过程就是教师习得和形成教师素质,从而由一个非专业人员发展和成长为一名教育专业人员的过程。无论是教师地位的提高、教师作用的发挥、教师专业化的实现,还是教师角色的转型,都是以教师素质的提高为载体、为前提的。新时期以来,对教师素质的研究已经获得一系列重要的进展。这对教师教育、教师成长、教师评价和教师管理都具有重要的理论和实践价值。

小学教师应当具备什么样的素质?哪些因素影响和决定着小学教师素质的形成和提高?如何有效地提高小学教师素质?这些问题的探询,应当建立在正确认识小学教师素质的特性基础之上。本章改变对教师素质的元素堆砌和静态描述,试图在对小学教师素质特性分析和揭示的同时,反映出小学教师素质的一种构成。我们可以从中领悟到小学教师素质的内容及形成的途径。

资料链接

教师的质量

我们无论怎样强调教学质量亦即教师质量的重要性都不会过分。学生的学习态度以及对自己的想象,在基础教育的早期阶段即基本形成。在此阶段,教师起着决定性作用。如果一个儿童或成年人遇到的第一位教师是位未经过充分培训并且缺乏积极性的老师,那么他们未来进行学习的基础本身就缺乏坚固性。委员会认为各国政府应努力重新确认基础教育师资的重要性并提高他们的资格。每个国家应根据自己国家的特定情况,确定应采取何种措施以在最有积极性的大学生中招聘未来的教师,改进他们的培训工作并鼓励他们当中最优秀者去最艰苦的岗位上工作。此种措施的采取是绝对必要的,否则,不可能希望看到在最需要改善的地方教学质量能有重大的改善。

因此,提高教师的质量和积极性应是所有国家的一项优先任务。

(资料来源 联合国教科文组织国际 21 世纪教育委员会:《教育——财富蕴藏其中》,教育科学出版社 1996 年版,第 139 页)

一、小学教师素质的结构[①]

我们对于教师素质的认识往往习惯用分析的方法,把素质分解为若干个方面或若干种。这种元素堆砌的方式,或者列出教师素质的清单,无益于我们对教师素质的整体把握和系统认识。研究表明,教师素质是一个系统的整体结构,其内部包含着相互影响和关联的复杂的成分,是一个内容和结构的统一体。构成教师素质的各个要素不是简单累加的,而且,教师的某方面素质很难离开其他素质而单独存在和发挥作用。教师素质总是整体呈现和综合作用的,由此构成一个具有特定结构的有机整体。林崇德等人提出了教师素质的结构模型(见图9-1)。这其中,教师的职业理想是其献身于教育工作的根本动力;教师的知识是其从事教育工作的前提条件;教师的教育观念或信念是其从事教育工作的背景;教师的自我监控能力是其从事教育活动的核心要素;教师的教学行为是其素质的外化形式。概括起来,教师的素质包括职业道德、教育观念、专业知识、专业能力等相互关联的四个方面。

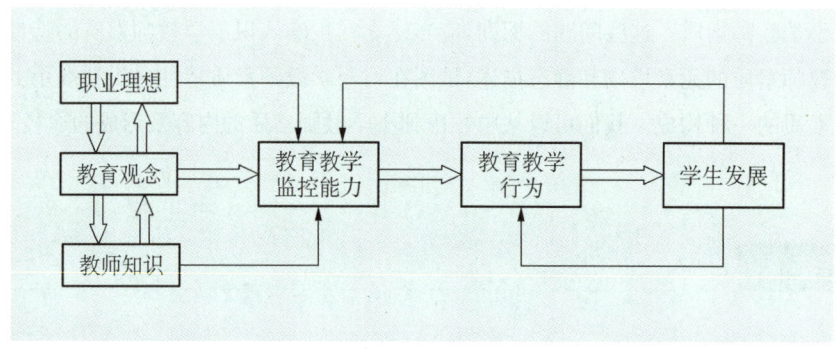

图9-1 教师素质结构模型示意图

1. 职业道德

每一种职业都有着特定的职业道德规范。尤其是作为一种专业,更有着一套严格的专业理论和专业道德。教师职业道德有自己的职业特点,即教师职业道德必须建立在教师作为一个"普通人"高尚的社会公德之上。教师职业道德的重要方面是为人师表。教师自己良好的思想品德、人格精神,对于学生具有巨大的教育力量,也是教育工作取得成功的必要条件。同时,建立在教师职业动机基础上的教师事业心,是教师整体素质结构中的核心和关键要素,是教师做好教育工作的根本前提,是教师其他方面素质提高的基础和根本保证,是推动教师具有革新意识和能力的重要动力。[②] 2008年,教育部、中国教科文卫体工会全国委员会对中小学教师职业道德规范作了新的修订并颁布实施。《国家中长期教育改革和发展规划纲要(2010—2020年)》提出:要加强教

[①] 本节的有关内容主要参考了林崇德著《教育与发展——创新人才的心理学整合研究》(北京师范大学出版社2002年版)第四、五章,以及申继亮、辛涛著《教师素质论纲》(华艺出版社1999年版)。

[②] 庞丽娟主编:《教师与儿童发展》,北京师范大学出版社2001年版,第218—220页。

师职业理想和职业道德教育,增强广大教师教书育人的责任感和使命感。教师要关爱学生,严谨笃学,淡泊名利,自尊自律,以人格魅力和学识魅力教育感染学生,做学生健康成长的指导者和引路人。将师德表现作为教师考核、聘任(聘用)和评价的首要内容。

2. 教育观念

教育观念是教师通过教育理论学习和教育教学实践,形成对教育对象、内容、过程和质量等以及对自己所从事的职业的理性认识和信念。在教师专业化下,这种个人化、主体性的教育观念被称为教育理念,它是教师专业行为的理性支点,是专业人员与非专业人员的重要差别,是未来教师专业素养不同于以往对教师的要求的重要方面。教育观念不仅是一种认识,同时也具有一种明显的情感性和评价性,对教师的教育行为具有一种动力功能(趋向、促进或是阻抑、退避)。教师的教育观念不是主观自生和固有的,它是个体生活经历和社会经验的整合的过程,是社会历史文化的产物。更新教师的教育观念,培养教师与时代精神相通的先进的教育理念,是目前教师教育和教师专业发展的一项迫切任务,包括学生观、教师观、课程观、教育活动观、质量观、评价观等。其中,教育科学理论的学习和教育实践的反思,对于教师的教育观念具有重要的启蒙和改组作用。

资料链接

中小学教师职业道德规范

教育部　中国教科文卫体工会全国委员会

(2008年修订)

一、爱国守法。热爱祖国,热爱人民,拥护中国共产党领导,拥护社会主义。全面贯彻国家教育方针,自觉遵守教育法律法规,依法履行教师职责权利。不得有违背党和国家方针政策的言行。

二、爱岗敬业。忠诚于人民教育事业,志存高远,勤恳敬业,甘为人梯,乐于奉献。对工作高度负责,认真备课上课,认真批改作业,认真辅导学生。不得敷衍塞责。

三、关爱学生。关心爱护全体学生,尊重学生人格,平等公正对待学生。对学生严慈相济,做学生的良师益友。保护学生安全,关心学生健康,维护学生权益。不讽刺、挖苦、歧视学生,不体罚或变相体罚学生。

四、教书育人。遵循教育规律,实施素质教育。循循善诱,诲人不倦,因材施教。培养学生良好品行,激发学生创新精神,促进学生全面发展。不以分数作为评价学生的唯一标准。

> 五、为人师表。坚守高尚情操，知荣明耻，严于律己，以身作则。衣着得体，语言规范，举止文明。关心集体，团结协作，尊重同事，尊重家长。作风正派，廉洁奉公。自觉抵制有偿家教，不利用职务之便谋取私利。
>
> 六、终身学习。崇尚科学精神，树立终身学习理念，拓宽知识视野，更新知识结构。潜心钻研业务，勇于探索创新，不断提高专业素养和教育教学水平。
>
> （资料来源 http://www.edu.cn/zheng_ce_wen_jian_770/20080903/t20080903_322314.shtml）

3. 专业知识

教师的知识素质对于教师职能和作用的发挥、教师职业专业性的形成，有着举足轻重的作用。教师应当具有什么样的知识和知识结构，是近年来教师研究的一个热点。研究认为，教师的知识分为四个方面：

(1) 本体性知识。本体性知识即教师所教的特定学科的专业知识。这是教师教学活动的基础。一个合格的教师，对于所教学科的专业知识，应当包括四个方面：一是对该学科的基础知识有着广泛、深刻而准确的理解，熟练掌握学科的基本概念、基本知识和基本技能。二是对本学科相关的学科知识，尤其是相关点、相关性质、相关的逻辑关系有基本的理解，以利于知识教学和运用时必要的综合和拓展。三是了解本学科的发展历史和未来趋势，了解学科的价值以及与社会、与人类、与现实生活的密切关系。四是能够把本学科知识变成自己的一种学科（学术）造诣，并能够清楚地表达出来。教师的本体性知识是取得良好教学效果的基本保证，与学生的成绩之间存在显著的正相关；但不存在统计上的"高相关"，尤其是在达到一定的水准以后，教师的本体性知识与学生的成绩之间不再呈现统计上的相关性。

(2) 文化知识。教师具有本学科专业以外的广博而丰富的一般文化科学知识，能够适应学生的好奇心和求知欲，扩展学生的精神世界，赢得学生的尊重和爱戴。这对于小学教师尤为必要和重要。

(3) 条件性知识。教师掌握的学科知识与一般的学者和科学家所掌握的学科知识是不同的，教师只有将学科知识进行"心理学化"，才能便于学生理解和掌握。对这种"心理学化"过程的研究便构成了另一门学问，即教育科学和心理科学，如关于学生身心发展的知识、教与学的知识、课程的知识、学科教学法的知识、学生管理和心理辅导的知识、教育研究的知识等。这种知识是教师成功教学的重要保障，故称为条件性知识。这是教师工作成为一门"专业"不可缺少的学科基础。

(4) 实践性知识。教师的成功教学，除了要通过教育学科的学习，掌握教育教学规律和原理，具备丰富的条件性知识，还应当通过教育实践活动，获得一种经验性的教育知识。这种知识不是在书本上或通过教师直接的传授就能获得的。它往往蕴涵在教育实践之中,并与具体的教育情境相联系的,是一种隐性的、缄默化的知识,只有通过教师个人的实践反思和行动研究,才能够逐步积累和获得。

4. 专业能力

作为教师,出色的能力是理所当然的素质要求。这种能力一方面包括一般能力(或称为通用能力),如观察、记忆、思维、想象等认识方面的能力,人际交往、沟通和表达能力等等。另一方面,是教师在教育教学和研究活动中应当具备的专业能力。这虽然是以前者为基础的,但也有着教师专业的特定要求,主要包括教育能力、教学能力、自我监控能力。

(1) 教育能力。教育能力主要是特指教师进行思想教育和管理的能力,包括教师担任班主任的教育计划和预见能力、组织和管理能力、教育问题的诊断和实际解决能力、教育的自我监控和反思能力等。

(2) 教学能力。教学能力包括一般教学能力(各式各样教学所需要的基本的教学能力),由教学认知能力、教学操作能力和教学监控能力构成。所谓教学认知能力,是指教师对教学目标、教学任务、学习者特点、教学方法与策略以及教学情境的分析和判断能力,包括分析和掌握课程标准的能力、分析和处理教材的能力、对学习者学习准备和个性特点的了解和判断能力等。教学操作能力是指教师在实现教学目标过程中的教学运作和解决教学问题的实践能力,如语言表达能力、非语言(体态语)的运用和表达能力、选择和运用教学媒体的能力、教学呈现的能力、组织管理能力和教学评价能力等。

(3) 教育监控能力。近年来的研究表明,无论是教师的教育能力还是教学能力,都是在教师的教育监控能力的作用下发挥作用的;同时,教育监控能力又是教育教学能力形成和发展的内在机制和动力。所谓教育监控能力,又称为反思能力,是指教师为了保证教育教学的成功、达到预期的教学教育目标,而在教学教育的全过程中,将教学教育活动本身作为意识的对象,不断地对其进行积极、主动的计划、检查、评价、反馈、控制和调节的能力。目前,国内外的教育改革和教师教育都十分强调培养"反思型教师",开展教学反思,正反映出教育监控能力(教学反思能力)对于教师素质的形成和教师的专业发展的重要意义。

二、小学教师的专业发展

在认识到教师素质的结构性的同时,还应当看到这种结构不是一种静态的,更不是通过职前的学历教育,完成一定的学业,获得教师职业资格,走上工作岗位就可以成为一个"合格"的教师。事实上,教师素质的形成是一个动态的发展过程。职前教育阶段再完美的课程和培养方案,也只能形成教师素质中的某些方面。相反,教师素质是在从职前到职后漫长职业生涯和专业生活环境中,教师通过不断的学习探索、体验领悟、反思实践、交流分享而逐步形成和提高的。传统的师范教育试图通过职前环节,来完成教师素质培养的全过程,结果必然造成教师走上工作岗位以后素质形成和提高过程的中断和完结。当今日益兴起的教师教育,则着眼于教师素质形成和发展的动态过程,由职前延伸到职后,引领教师终身学习和专业发展。

所谓教师专业发展,是教师的专业成长亦即教师素质结构的不断更新、演进、提升和完善的过程。这个过程是教师主体与其专业生活环境积极地相互作用的过程,教师专业发展是通过教师主体的学习和实践活动实现的。这一过程具有终身性、阶段性。国外对此提出了种种理论和研究框架。我国学者也在积极探讨教师专业发展的基本阶段和发展规律。如白益民根据教师不同时期的"关注",把教师专业发展划分为"非关注"阶段、"虚拟关注"阶段、"生存关注"阶段、"任务关注"阶段和"自我更新关注"阶段,各阶段主要特点如下(见表9-1)。①

表9-1 "自我更新"取向教师专业发展阶段及其特征

阶段划分	时限	主 要 特 征
1."非关注"阶段	正式教师教育之前	无意识中以非教师职业定向的形式形成了较稳定的教育信念,具备了一些"直觉式"的"前科学"知识与教师专业能力密切关系的一般能力。
2."虚拟关注"阶段	师范教育阶段(包括实习期)	对合格教师的要求开始思考,在虚拟的教学环境中获得某些经验,对教育理论及教师技能进行学习和训练,有了对自我专业发展反思的萌芽。
3."生存关注"阶段	新任教师阶段	在"现实的冲击"下,产生了强烈的自我专业发展的忧患意识,特别关注专业活动中的"生存"机能,专业发展集中在专业态度和动机方面。
4."任务关注"阶段		随着检查基本"生存"知识、技能的掌握,自信心日益增强,由关注自我的生存转到更多地关注教学。由关注"我能行吗"转到"我怎样才能行"。
5."自我更新关注"阶段		不再受外部评价或职业升迁的牵制,直接依照教师发展的一般线路和自己目前的发展条件,有意识地自我规划,以谋求最大程度的自我发展,关注学生的整体发展,积累了比较科学的个人实践性知识。

教师专业发展规律和特点的揭示,对于改革教师教育、创造更加有利的专业生活环境,开展有针对性的专业实践活动、促进教师的专业成长,有着十分重要的理论和实践意义。首先,教师教育由此突破职前教育和院校培养的模式,延伸为职前与职后教育的一体化、终身化。其次,它表明教师的成长是一个长期的、不断的努力和奋争的过程,教师在作为教育者角色的同时,必须担任学习者和研究者的角色。再次,教师专业发展的主要环节和场所是在任职学校,教师的继续教育在发挥院校作用的同时,应当以任职学校为本,积极开展校本培训;教师应当在向书本学习的同时,努力向实践学习,在经验中学习,在反思中成长。

---

① 转引自全国十二所重点师范大学联合编写:《教育学基础》,教育科学出版社2002年版,第120页。

表 9-2 中小学教师关于教学能力构成的看法及对各项能力重要性的评述①

序号	小学教师		中学教师	
	教学能力	重要性等级	教学能力	重要性等级
1	语言表达能力	1.14	语言表达能力	1.16
2	组织教学能力	1.21	组织教学能力	1.25
3	培养学生良好学习习惯的能力	1.26	调动学生学习积极性、学习兴趣的能力	1.28
4	全面掌握运用教材的能力	1.27	传授知识的能力	1.36
5	调动学生学习积极性、学习兴趣的能力	1.29	启发学生思维的能力	1.38
6	应变能力	1.34	分析处理教材的能力	1.40
7	思想素质、敬业精神	1.35	应变能力	1.42
8	概括能力	1.42	因材施教的能力	1.46
9	备课能力	1.44	创造性地设计教学过程的能力	1.46
10	知识结构	1.44	洞察学生心理变化的能力	1.47
11	设计问题的能力	1.45	渊博的知识（知识面广、水平高）	1.53
12	渊博的知识（知识广、水平高）	1.47	思维能力	1.53
13	因材施教的能力	1.48	概括能力	1.56
14	培养学生自学能力	1.55	教师的兴趣爱好	1.57
15	教师的兴趣爱好	1.61	及时分析、纠正学生错误的能力	1.57
16	教学反馈能力	1.61	阅读理解的能力	1.60
17	洞察学生心理变化的能力	1.63	设计问题的能力	1.64
18	积累经验教训的能力	1.64	教学反馈能力	1.71
19	实验操作的能力	1.84	实验操作能力	1.72
20	板书的能力	1.84	教学诊断能力	1.80
21	留作业的能力	2.03	控制自身情感的能力	1.86
22			教具演示能力	1.87
23			科研、教研能力	1.87
24			板书能力	1.91
25			把握相关学科发展并渗透到本学科的能力	1.99
26			写作能力	2.15

① 引自林崇德著：《教育与发展——创新人才的心理学整合研究》，北京师范大学出版社 2002 年版，第 251 页。

第四节　小学师生关系

一、小学师生关系的重要意义

(一) 什么是师生关系

教师和学生是教育活动及其过程中最重要的因素,师生关系是教育过程中最核心的纽带。师生关系是指在教育过程中,教师和学生为实现教育目标而以特定的方式结成的复杂的互动关系。在这种关系中,显示出教师和学生各自的角色、地位、行为方式和相互的态度。教师与学生总是相辅相成、相对应而存在其自身的意义和价值的;同时,师生关系具有相互影响和建构的互动关系。正确认识并成功建立现代教育下社会主义新型师生关系,是一个重要的理论和实践课题。

(二) 师生关系的意义

师生关系的建立和良好师生关系的保持,具有一系列重要的意义:

1. 师生关系的教育意义

在教育过程中,教师自身的素质固然重要,但教师素质对于学生的有效影响和作用,必须是在正确的师生关系之下才能实现的。因为,学生愿不愿意参与到教育活动中来,以怎样的态度和方式参与教育活动,能不能积极配合教师的教育工作,直接影响着教育活动的质量和效果。教师单方面的活动,以及对学生的忽视,只能导致教育上的形式主义和学生的厌学情绪、逆反心理。良好的师生关系,对学生的学习和发展具有一种激励功能、支持功能和促进功能。

2. 师生关系的生命意义

教师和学生不仅影响着学生的学习和发展,也直接关系到师生双方的精神交流、人格发展以及生活质量。毋庸讳言,教育活动是生命体的一种生命活动,是一种"直面人的生命、通过人的生命、为了人的生命质量的提高而进行的社会活动"[①]。生命体的积极投入是学校教育成败的基础性保证。师生关系的类型和状态,一方面对于学生的主体性的发育、人格的发展、精神的舒展和愉悦、创造性的激发,都有着直接和间接的影响;另一方面,师生关系也影响着教师自身的精神生活和心理健康。在一种充满信任、真诚、热爱和欣赏的师生关系中,爱与被爱,都是一种无比的幸福。那种专制、对立、相互指责和埋怨的师生关系,对于教师和学生,都是一种生活的不幸和生命历程中的苦旅。而那种良好的师生关系,往往成为十分美好的记忆和珍贵的精神财富,永远珍藏在一个人的灵魂深处,终身受益。

---

① 叶澜等著:《教育理论与学校实践》,高等教育出版社 2000 年版,第 141 页。

3. 师生关系的文化意义

师生关系对于学校的精神风貌、校风、教风以及学风的建设关系重大，并且，师生关系通过一届一届的毕业生、通过广大学生的家长，从而影响和辐射到社会生活，对于社会风尚也具有重要的影响和促进作用。因此，师生关系是社会主义精神文明建设的重要组成部分。

二、小学师生关系的内涵与建立

（一）师生间的社会关系

教师和学生都是作为一种社会关系的集合，在完成一定的教育任务的过程中，缔结成特定的代际关系、法律关系和道德关系等。第一，教师作为成人社会的代表，尤其是作为"家长的代理人"，进行着社会规范和社会经验的代际传递，促进学生的社会化。学生则是作为成长中的人，教师应当负有关心、促进、保护未成年人的责任。第二，教师与学生之间存在着法律关系。即师生关系的重要基础是学校的一系列规章制度和国家的法律法规，教师与学生之间各有自己法定的职责、义务和权利。教师的主要角色是"社会代表者"，行使着自己对学生的教学权、管理权和评价权等履行自己的职责和义务；学生的任务和角色是"学"，遵守法律法规，遵守学生行为规范，完成规定的学习任务，遵守所在学校或其他教育机构的管理制度。教师作为领导者和专职教育者，在教育过程中具有教育、要求、管理和控制学生的法定权威和权利。在这个层面的师生关系中，教师应当保持教育公正、正确行使自己的权利和义务，同时要保护学生的合法权益。第三，师生都作为一个社会成员，必然受到社会道德规范的约束。师生关系应当符合社会道德规范，教师应当成为学生道德行为的楷模，教师自身的思想意识、人格力量和道德品质作为一种不可或缺的教育资源，对学生发挥着直接的示范和影响作用，并影响着整个教育过程的成败。

（二）师生间的教育关系

教育关系是师生关系中的主导层面。没有教育关系，教育活动就难以发生；教育关系不良或教育关系错位，教育的质量和效果会因此而大打折扣。传统上，对于教师与学生在教育过程中的地位，一直处于一种相互独立的紧张状态。一种是"教师中心论"，强调教师在教育过程中的权威地位和学生对教师的服从。另一种是"儿童中心论"，强调学生在教育过程中的中心地位以及学生的自主和自动，将教师置于辅助的地位。我国长期以来努力倡导和形成一种"以教师为主导，学生为主体"的教育关系，是一个重要的理论进步，但仍然有很多理论和实践的困惑。随着社会的民主化和教育改革的深化，人们越来越认识到，教师与学生在教育活动中都是能动的主体，师生之间是一种主体间性的关系。这种关系在发挥教师的教育、管理和组织等主导作用外，教师与学生之间应当努力建立和发展一种新型的交往、互动和共享的关系。教师和学生在教学过程中，应当彼此尊重、接纳、增强理解、沟通。

（三）师生间的心理关系

教师与学生在教育活动的内外，还存在一种心理的关系。这种关系受教师和学生心理活动规律的制约。这是由于，教师和学生都有着交往的需要，而且这种交往本身具有重要的教育意义。师生间的心理关系包括人际认知关系、情感关系。教师和学生（个体、集体）首先有一个相互认知的过程。教师在教育活动中对学生智力、品德和行为方面的认识、了解和评价，影响着教师对学生的态度和行为，同时也影响到学生的自我认识和评价。在小学阶段，这种影响更为明显。同样，学生对教师的知识、能力以及对学生的态度，也有一种认识和评价。这种认识和评价，直接影响着教师的威信和教育活动的开展。师生之间的情感关系对于教育过程和教育行为具有直接的动力作用。著名的"皮格马利翁效应"（罗森塔尔效应）正反映了教师期望的巨大心理力量。

在目前的教育实践活动尤其是在教学过程中，师生关系偏向一种知识的授受关系，忽视了情感交流和情感关系的建立。这使得师生关系透露一种工具色彩。这对于学生人际交往能力的培养、情感和社会性的培育以及心理健康的维护，都是极为不利的。因此，师生关系的建立，应当重视师生间心理关系尤其是情感关系的发展。这种心理关系建立的主导面是教师，教师对学生的爱，是滋润学生心田的朝露。教师对学生的宽容和耐心，是培育学生宽阔胸怀和生动个性的良源沃土。

三、小学师生互动

在一定的社会背景和具体情境下，人与人之间发生的各种性质、形式和程度的相互作用和影响，称为"互动"。作为一种特殊的人际互动，师生互动是指师生之间发生的各种性质、形式和程度的相互作用和影响。在教育改革的今天，撼动传统教育大厦的重要杠杆，就是重塑师生关系，促进教师与学生在教育活动中的互动。如果前面阐述的师生关系偏向于对师生关系的状态和结果形式的静态描述，那么师生互动主要是对师生交往和相互影响的背景、内容、机制和结果的动态考察。[①] 师生互动一般是由以下几个要素和方面构成的：

互动的主体——教师和学生。需要指出的是，教师和学生都不是独立地存在于师生互动之中，而是相辅相成的。当然，师生互动的发起者不同，双方在互动中的主动程度和重要性因之而不同。在传统的师生关系下，教师更多地作为互动的发起者，掌控着课堂的规则和主动权。长此以往，必然带来师生互动中学生主体性的缺失。

互动的基础和条件——师生互动发生和存在的背景。包括一种物质的背景，如一定的时间、人物、场合等，也包括一种心理的或文化的背景，如双方的认识、期待、人际关系、行为模式和个性特征等。还有制度性的因素，如班级纪律、课堂规则等。

互动过程——师生相互影响和作用的发生与存在的过程，这包括各自的认知、情感和行为等方面的直接或间接的相互影响和作用。对这个过程，我们可以从互动的动因、内容、方式、性质、

---

① 庞丽娟主编：《教师与儿童发展》，北京师范大学出版社 2001 年版，第 161 页。

双方参与的程度来进行考察。

互动的结果——师生对互动结果的认识、情感体验、满意程度以及互动中问题解决的效果等。

促进师生互动，对于学生主体性的建构和发展有着重要作用。但是，并不是只要参加了师生的互动，学生就能够发挥主体作用和实现主体性的发展。要形成积极的、有效的师生互动，关键是教师。在教育过程中，教师的角色转变、教师对学生的关注和期待、教师的领导方式等，对促进师生互动有着重要作用。

首先，教师要努力转变教育活动中教师和学生的角色及其关系，使教师和学生成为民主平等的互动主体。教师应当成为良好互动环境和氛围的创造者、师生互动机会的提供者、互动过程的组织者和促进者。在这一过程中，教师应当对学生保持高度、全面的关注，对学生互动信号和行为给予及时、积极的反馈和鼓励，为学生的互动提供一种支持性的环境。

其次，促进学生在师生互动过程中深入、有效地参与。当下，很多学校和教师的课堂中已不乏学生的参与和互动。有的教师开的公开课、示范课教学充满着讨论、提问等师生互动，有的学校还硬性规定教师在课堂上的讲授时间。但仔细观察和分析，很多这样的师生互动只是表面的，甚至是一种"做秀"。师生互动不是教师先设定好了路线让学生去"探路"，而是写好剧本安排好了角色让学生去"走场"。师生互动的关键，是教师引导和组织学生对于教育活动的深入、有效的参与。

此外，教师在教育活动中的领导方式，对于师生互动尤其是学生的行为有着深刻的影响（见表9-3）。[①]

表9-3 教师领导类型与学生的反应

类型	特征	学生的典型反应
强硬专断型	1. 对学生时时加以监视。 2. 要求即刻无条件接受一切命令严厉的纪律。 3. 他认为表扬可能会宠坏儿童，所以很少给予表扬。 4. 认为没有教师监督，学生就不可能自觉学习。	1. 屈从。但一开始就厌恶和不喜欢这种领导。 2. 推卸责任是常见的事情。 3. 学生易激怒，不愿合作，而且可能会在背后伤人。
仁慈专断型	1. 不认为自己是一个专断独行的人。 2. 表扬并关心学生。 3. 他的专断的症结在他的自信。 4. 以我为班级一切工作的标准。	1. 大部分学生喜欢他，但看穿他这套方法的学生可能会恨他。 2. 在各方面都依赖教师——在学生身上没有多大的创造性。 3. 屈从，并缺乏个人的发展。 4. 班级工作的量可能是很多的，而且质量可能是好的。

---

① 引自邵瑞珍等编著：《教育心理学——学与教的原理》，上海教育出版社1983年版，第269页。

续 表

类型	特　征	学生的典型反应
放任自流型	1. 在和学生打交道中几乎没有什么信心，或认为学生爱怎样就怎样。 2. 很难作出决定。 3. 没有明确的目标。 4. 既不鼓励学生，也不反对学生；既不参加学生的活动，也不提供帮助或方法。	1. 不仅道德差，而且学习也差。 2. 学生中有许多"推卸责任"、"寻找替罪羊"、"容易激怒"的行为。 3. 没有合作。 4. 谁也不知道应该做些什么。
民主型	1. 和集体共同制定计划和作出决定。 2. 在不损害集体的情况下，很乐意给个别学生以帮助、指导。 3. 尽可能鼓励集体的活动。 4. 给予客观的表扬和批评。	1. 学生喜欢学习，喜欢同别人尤其是和教师一道工作。 2. 学生工作的质和量都很高。 3. 学生相互鼓励，而且独自承担某些责任。 4. 不论教师在不在课堂，需要引起动机的问题很少。

思考和研究

1. 教师职业能够称为一门专业吗？目前的教师专业化应当主要解决哪些问题？应确立哪些方面的努力目标？

2. 根据教师素质的特性，你认为现代小学教师应当具有哪些方面的素质？如何改进教师教育，以帮助小学教师形成良好的专业素质？

3. 你认为现实中的师生关系存在哪些突出的问题？如何建立良好的小学师生关系，促进积极的师生互动？

4. 联系基础教育新课程改革，谈谈如何实现小学教师的角色转型。

第十章

小学儿童论

- ★ 知道小学儿童观的历史图景
- ★ 了解小学儿童观的心理发展特征和社会特征
- ★ 明晰小学儿童发展养成与教育的关系

案例 10-1

由"强按鸡头不吃米"所想到的……

武进区嘉泽中心小学　周琴妹

前几天,我又在一张报纸上看到著名教育家陶行知的一件轶事,故事是这样的:"一次,陶行知到某大学演讲。他走进教室,就把一只大公鸡往讲台上一放,抓了一把米让它啄食。陶先生见它不吃,就强按鸡头'请'它吃,公鸡拼命后退,仍然不肯吃。陶先生干脆扳开公鸡的嘴使劲地往里塞米,公鸡拼命挣扎,死不肯吃。之后,陶先生松开手,后退数步。公鸡稍稍平静,徘徊一阵后,慢慢靠近米粒,继而悠悠地啄起食来……"

陶行知(1891—1946)

看了这个小故事,我情不自禁地想到:实施新课程,就是要关注学生,不要凭着自己的主观想象去强迫学生做某件事,需得顺其志趣,讲究点艺术。不也就是提醒我们不要去做"强按鸡头"的事吗?

我班有位学生名叫周伯承,他父母平时忙着做生意,无暇照顾到他。这孩子经常不吃早饭,饿着肚子上学,怀揣 5 元或 10 元零钱,想买什么就买什么。于是他经常在课间忙着买东西,吃吃玩玩,根本没心思学习。我经常找他谈心,收效甚微。后来他索性连回家作业也经常不做,不是说忘记了,就是说本子找不到了,学习成绩日趋下降。这学期他还相继逃学两次,原因就是怕上学,什么作业也不想做。我想:新课程不是提倡设计分层次的作业吗?于是我每天让他选择喜欢的作业去做。开始,他还乐意的,可不到三个星期,他还是连什么作业也不想做,就是觉得做作业太苦。好话跟他说尽,他就是听不进去。结果每次默词少则错掉一半,多则一大半,让他改正也很不情愿。翻开他的作文本,一篇就有七、八、十来个错字。数学考三四十分是常事。可课堂上的他完全像另一个人:小手举个不停,回答问题虽然正确率不高,可说起话来特响,那种自信没几个人比得上他。课间也只见他最忙碌,关心你关心他。大扫除特别积极,一会儿干这,一会儿忙那,虽然干不好,但他就是积极,一刻也不休息。尤其让我佩服的是老师让他带什么玩具来课堂辅助教学,哪怕是隔了两天(双休日),他从没忘记过,而且总是带一大包,借给你,借给他,一副热心肠,叫你感动。可他总会把书和作业本掉在家里,一连几天不带来,直至连本子的影子也找不到为止。可每天面对他不交作业还坦然自若的表情和课间神采飞扬的脸庞,我总不愿叫他再补做他实在不愿意做的作业,而让他失去"童真"和"欢乐",因为我心中就明白"强按鸡头"是"不吃米"的,用在他身上实在太符合了。我们做教师的决不能凭着自己的主观想象去强迫学生做某件事,得顺其志趣,讲究点艺术,方能奏效。

> 将近一个学期了,也许就由于教师给了他一方宽松和自由的天地,使他不因要做作业而那么讨厌学习,促使他上课听得认真多了。在这次数学竞赛中,他竟然得了82分,这成绩可是他历史上从来没有过的。语文测试也总能保持在七八十分左右,这也是他难得的成绩。
>
> 真实的事例告诉我,用强制的方法要求学生,是很难激起他学习的兴趣的。相反,如果我们多给学生一方宽松和自由的天地,多讲究点艺术,也许会是另一番情境。正如托尔斯泰所说:"成功教学所必需的不是强制,而是激发学生的兴趣。"我将把陶行知先生"强按鸡头不吃米"的故事牢记心中,工作时因材施教、因势利导。
>
> (资料来源 http://www.wjedu.net/node/jyzy_3/2010-10-20/101020131333588l4787.html)

小学儿童是指处于小学阶段的儿童,他们是构成教育活动的基本要素,是教育活动最基本的对象。小学儿童观是人们对小学儿童的基本认识和根本态度,它直接影响教育活动的目的、方式和结果。怎样认识儿童、看待儿童,对儿童采取什么样的态度,一直是教育理论和教育实践中极为重要的问题。不同社会、不同时代出现过不同的儿童观,而不同的儿童观必然会直接导致不同的教育行为(含教师行为),从而从根本上影响儿童身心的健康发展。小学阶段又是个体身心发展的基础阶段和关键时期,怎样正确认识和看待小学儿童,对他们采取什么样的态度,也一直成为现代教育理论和实践中不可回避而又极为关键的问题。因为对于教师来说,他们每天都面对着各种各样的儿童,要想引导和帮助小学儿童健康地成长,就必须要树立正确的儿童观。

第一节 儿童观概述

一、儿童观的历史演变

1. 传统儿童观的演变与特点

在一定的儿童观中,必然蕴涵着人们对人性即儿童天性的不同理解。在中国哲学史、教育史上曾出现过不同的人性观,并派生出不同的教育观。比如,中国古代孔子提出"性相近,习相远"的著名命题。孟子提出"性善论",认为人生来就有四种"善端",即"恻隐之心、羞恶之心、恭敬之心和是非之心",而教育就是发展人生来的这四种"善端",要"求其放心",恢复人的先天的本性。荀子提出"性恶论",认为一个人的优良道德品质的形成必须经过教化,他特别重视改造和外炼,即重视环境和教育的影响作用,并且强调人的主观努力,要"化性起伪",通过"化师法,积文学,道礼义",才能成为有修养的君子。告子则主张人性不分善恶,强调人的自然属性。他认为,使人性变善而为仁义，就如同用柳条编盛器一样，是加工的结果，不是原有的东西。扬雄认为人性有善也有恶，从善或从恶的关键在于学习。

在西方，关于人的道德天性和行为天性方面，也有不同的观点。比如，中世纪教会教育中奥古斯丁(345—430)的"原罪论"、"赎罪论"和"禁欲说"等都依据了人性本恶的理论，认为人人有罪，连婴儿也有罪，把儿童看作是"上帝的羔羊"，忽视了儿童自身的主体存在，教育对象成为被动的客体。此外，洛克提出"白板"论，认为"人心中没有天赋的原则"，"人如同一块白板，理性与知识都从经验而来"。他说："我们所有的知识都是建立在经验之上，知识归根到底导源于经验。"

德国教育家赫尔巴特把对儿童的约束与管理看成是进行教学和道德教育的首要的不可缺少的条件。他断言，儿童生来就有一种"盲目冲动的种子"，"处处驱使他的不驯服的烈性"，这种"烈性"如果从小不加以"约束"，将来有可能发展成为"反社会的方向"。对此必须从小就加以"管理"，以便使儿童养成"一种守秩序的精神"。此外，赫尔巴特还提出了一系列管理方法，如威胁、监督、命令和禁止以及包括体罚在内的惩罚等等。他认为"放任儿童撒野，不予监督，不予教养"是培养不出"伟大人物"来的。他还提出要以父亲的威严和母亲的爱作为管理儿童的辅助办法。

由此可见，对人的天性的不同认识，会导致儿童观的相应差异。性善论注重主体的自觉和内在力量的挖掘，性恶论注重外在规范的约束和行为的纠正。但总的来说，传统儿童观的主要特征是压抑学生的天性，否认学生的主体性，忽视学生的主观能动性，强调外部环境和力量对学生的作用与影响，把学生当成接受知识的被动载体。传统儿童观不利于发展学生的创造性和个性，更不利于学生良好人格的养成，在一定程度上，阻碍着教育教学的发展。我们应该以积极乐观的态度来估计学生的天性，多关注学生身上所具有的那种自我提高和完善的内在需要和倾向。

2. 现代儿童观的产生与发展

现代儿童观的产生具有较悠久的历史渊源，如中世纪神学家佩拉纠(约360—430)就提出过"反原罪说"，认为各人都在不同程度上有一定的自由意志，人可以控制自己的行为，有一定的主动性。后来在文艺复兴运动中，人文主义者主张自然人性观，把人性归结为人的自然属性，认为教育就是保护人的自然潜能之自由、自发的发展，主张个人多方面和谐发展。著名人文主义教育家夸美纽斯依据自然原则，提出教育要遵循儿童的自然本性，反对成人强迫儿童去学习功课。他认为，人的天性是渴求知识的，对知识是不会厌倦的。因此，父母、教师、学校乃至国家都应采取一切可能的方法去激发学生求知的欲望，如教师要用温和的态度对待学生，循循善诱；选择实际有用的知识作为教学内容，并注意教学艺术等。

法国启蒙思想家、教育家卢梭在《爱弥尔》中提出了"自然教育"思想，其核心是强调对儿童进行教育，必须遵循自然的要求，顺应儿童，反对教师干涉或限制儿童的自由发展。他坚决反对压制儿童的个性，束缚儿童的自由，反对封建的、经院主义性质的教育，反对强制灌输和呆读死记，反对严酷的纪律和体罚。卢梭的一个十分可贵的思想观点是："大自然希望儿童在成人以前就要像儿童的样子。"他反复强调："要按照你的学生的年龄去对待他。"并满怀深情地呼吁：要爱护儿童，珍视短暂的儿童生活。卢梭认为，自然教育必须保护儿童善良的天性，使身心得到自由的发展。他要求尊重儿童的自由,让儿童有充分自由活动的可能与条件,把儿童培养成自由的人。他主张让儿童从生活中,从各种活动中进行学习,通过观察获得直接经验,主动地进行学习。他认为教师的职责不在于教给儿童各种知识和灌输种种观念,而在于引导儿童直接从外界事物和周围环境中进行学习。

19世纪后期20世纪初期,欧美相继掀起了一场声势浩大的教育革新运动,欧洲称之为新教育运动,美国则称之为进步主义(Progressivism)教育运动。在这场教育革新运动中出现了以儿童为中心、以活动为主和以个体实际经验为主的新教育思潮,也出现了一批新思潮的代表人物。最典型的有美国著名教育家杜威、意大利女教育家蒙台梭利(1879—1952)等。他们针对传统教育贬低学生人格、阻碍学生个性发展的状况,提出了许多具有反抗和革新性质的观点。他们强调必须热爱、信任、尊重和理解儿童,把学生作为教育的起点、中心和目的,从而破除了以教师和教材为中心的传统教育观,使儿童成为教育的主体。

进步主义教育家从教育适应现代社会民主化、工业化的进程出发,提出"教育要适应儿童的本性"的教育信条,强调把儿童的本能作为教育的起点,并且采用科学方法对儿童的本能进行观察和研究,进一步揭示了在教学过程中教师和学生的地位和作用、书本知识与学生直接经验的关系,以及课堂教学与学生的兴趣、需要和活动的关系,从而引起人们对儿童教育问题的重视,对儿童的需要和兴趣有了更深刻的理解,师生关系得到改善,变得更加亲切和民主化,并且仍然影响着今天的教育理论和实践。

二战后,由于美国进步主义教育运动在充分认识到本能、兴趣等因素在儿童发展过程中的内在动力作用的同时,否定、排斥了文化、权威等外在因素的作用;在强调个体经验的直接实用价值的同时,忽视知识、真理的客观性和指导作用;忽视了人才的层次结构和教育质量;以儿童为中心的教育渐渐脱离了社会的需求;经验课程渐渐沦为适应生活的最低标准的经验课程。进步主义教育自身的缺陷和内部分化,在西方掀起了新传统教育思潮。新传统教育思想主要由要素主义、永恒主义和新托马斯主义(要素主义以社会进步为出发点,永恒主义以人类统一为出发点)三大教育派别组成,其中以要素主义影响为最大。

新传统教育思想不是传统的复归,而是时代的产物。它是从新的社会观、人才观、教育观、知识观等出发,针对进步教育思想的弊端提出来的。新传统教育的儿童观虽然倾向于恢复传统,但又采取了一种综合的态度,对传统教育和进步教育的儿童观进行了一定的调和,在教育目的和教育方法中寻找一种"平衡"。在教育目的上,倾向于传统,坚持教育为学生未来生活作准备,坚持传统理性知识。在教育方法上,又赞同从学生的兴趣、感官训练和经验出发。值得一提的是,新传统教育所寻找的"平衡"决不是一种毫无原则的折中,他们强调方法必须以目的为方向,儿童的现在必须以未来为方向,儿童的经验必须以完满的理性为方向。总之,新传统教育的儿童观为学生重新树立了对立面——成人(教师)、知识(教材)和社会等,从根本上与进步主义教育的儿童中心思想相对立。

在60—70年代,新传统教育思想一度受挫,遭受冷落。但80年代以后,新传统教育思想又深受青睐,恢复了其重要地位。直到现在,在各国的教育理论和改革实践中都不同程度地渗透着其思想的合理内核。

随着后现代哲学思潮的兴盛,反映在教育上,教育观、人才观、教师观、儿童观等都发生了主要重心的转移。特别是美国哈佛大学的发展心理学家加德纳提出的多元智力理论,对教育界产生了巨大的影响,它直接影响教师形成积极乐观的儿童观。多元智力理论认为,人的智力是由言语/语言智力、逻辑/数理智力、视觉/空间关系智力、音乐/节奏智力、身体/运动智力、人际交往智力、自我反省智力、自然观察者智力和存在智力等九种智力构成的。每个人都同时拥有这九种智力,只是这九种智力在每个人身上以不同方式、不同的程度组合存在,使得每个人的智力都各具特色。也就是说,世界上并不存在谁聪明谁不聪明的问题,而是存在哪一方面聪明以及怎样聪明的问题。换句话来说,学校里没有所谓的"差生"的存在,每个学生都是独特的,也是出色的。这就要求我们的教育应该是赏识的教育、个性化的教育、主动发展的教育。

二、现代儿童观的基本内涵

鉴于对儿童观的不同论述,我们应从现代教育理论出发,从教育哲学、教育社会学、教育心理学、教育法学等方面全面考察,树立起现代儿童观。只有这样,才能引导他们健康成长。现代儿童观的具体内涵表现为:儿童是一个充满生命活力的人,是一个成长中的未成年人,是一个有着独特精神世界的人,是一个有着特定责权关系的人。

1. 儿童是一个充满生命活力的人

每个学生都是独立于教师的头脑之外,不依教师的意志为转移的客观存在。因此,决不是教师想让学生怎样,学生就会怎样。小学儿童亦是如此。他们首先是人,是活生生的人,是充满生命活力的人。作为充满活力的人,他们具有人的一切本质属性:人的主体性。每个学生都有自己的身体、自己的感官、自己的头脑、自己的性格、自己的意愿、自己的知识和思想基础、自己的心理和行动规律。学生对世界持有强烈的好奇心、丰富的想象力,有自己的认识方式,也有自己的体验与感悟。教师不应该也不可能代替学生读书,代替学生感知,代替小学儿童观察、分析、思考,代替学生明白任何一个道理和掌握任何一种规律。教师应该也只能发挥学生的主体性,必须充分尊重和调动学生的主动性、积极性。但我们的老师常常把学生特别是小学儿童当成是强加自己意志和知识的对象——毫无生命活力的"容器"。结果,这就挫伤了学生的主动性、积极性,扼杀了学生的学习兴趣,窒息了学生的思想。

2. 儿童是一个成长中的未成年人

小学儿童又是发展中的人。对小学儿童来说,他们的身心各个方面都潜藏着极大的发展可能性,在他们身心发展过程中所展现出的各种特征都还处在变化之中,具有极大的可塑性。教师应该相信小学儿童的确是潜藏巨大发展能量的,坚信每个学生都是可以积极成长的,是有培养前途的,是追求进步和完善的,是可以获得成功的。因而,教师对教育好每一位学生应充满信心。

布卢姆认为,90%的人是一般的,天才者能学会的东西,一般人也能学会,不过要多用些时间。他在《新的儿童观：对教育与课程的影响》一文中写道："我发现学校学习中的许多个别差异是人为的、偶然的，而不是个体所固有的，我的主要结论是：'只要提供适当的先前与现时的条件，几乎所有人都能学会一个人在世上所能学会的东西。'……这个结论显然最适用于学校、学生群体中的95％的中间生。"

更重要的是，小学儿童是一个成长中的未成年人，这就意味着小学儿童是一个不成熟的人，其身体正在发展，知识还不丰富，能力还不强，个性还未完善，是一个正在成长的人。从教育角度讲，它意味着学生是在教育过程中发展起来的，是在教师指导下成长起来的。在一定的意义上，可以说，学生的生活和命运是掌握在学校和教师的手里的。学生是不是能生活得很有趣味，是不是能学得很好，是不是能健康成长，是不是幸福欢乐，都和他们所在的学校和所遇到的教师有极大的关系。作为发展的未成年人，小学儿童的不完善是正常的；而十全十美则是不符合实际的。从这一点出发，教师应允许小学儿童犯错误，理解学生身上的不足，坚持发展的观点。当然，更重要的是，教师应帮助学生改正错误，促进学生的发展。

3. 儿童是一个有着独特精神世界的人

尽管小学儿童身心发展还不成熟，但他们是具有独特精神世界的人。独特性是个性的本质特征。由于遗传素质、家庭条件、社会环境和生活经历不同，每个学生就形成了个人独特的内心世界，他们具有不同的需要、动机、兴趣、爱好、气质、性格、智能和特长等。这种独特性是人的个性形成和完善的内在资源，也是教育努力的重要目标。珍视学生的独特性和培养具有独特个性的人，应成为我们教师对待学生的基本态度。

独特性也意味着差异性。不仅要认识到学生的差异，而且要尊重学生的差异。学生之间的差异性既是教育的前提，又是学生发展的前提。其中，教育者必须清晰意识到，小学儿童和成人之间也是存在很大差别的，他们的观察、思索、选择和体验，都和成人有明显不同。所以，"应当把成人看作成人，把孩子看作孩子"。

独特性还意味着完整性。学生并不是单纯意义上的抽象的学习者，而是有着丰富个性的完整的人。在教育活动中，作为完整的人而存在的学生，不仅具备全部的智慧力量和人格力量，而且体验着全部的教育生活。要把学生作为完整的人来对待，就必须反对那种割裂人的完整性的做法，还学生完整的生活世界，丰富学生的精神生活，给予学生全面展现个性力量的时间和空间。

4. 儿童是一个有着特定责权关系的人

从法律、伦理角度看，在现代社会，小学儿童在教育系统中即享有一定的法律权利，又承担着一定的法律责任；同时，也承担着一定的伦理责任和享受特定的伦理权利。小学儿童是一个有着特定责权关系的人。把小学儿童看作具有特定责权关系的人，是现代教育区别于古代教育的主要特征，是教育民主化的重要标志。

小学儿童有着独立的社会地位，是行使权利的主体，享有法律规定的各项社会权利，如生存的权利、受教育的权利、受尊重的权利、安全的权利等。相对于具有正式成员地位的成年人来说，小学儿童是未进入正式成人社会的"边际人"。而长期以来，人们根本没有以法律、伦理的角度来看待小学儿童,没有明晰的意识,以致不承认小学儿童在社会中的责权主体地位。把学生视为责权主体,必然面临一个如何处理学生权利与学校职责的关系问题。一方面,学生是权利主体,学校和教师要保护学生的合法权利;另一方面,学生是责任主体,学校和教师负有对学生进行有效的教育和管理的责任,要引导学生学会对学习、对生活、对自己、对他人负责,学会承担责任。视学生为责权主体的观念,是建立民主、道德、合法的教育关系的基本前提。如何既尊重和保护小学儿童的权利,同时又能对小学儿童实施有效的引导、管理,担负起学校教育人、塑造人的责任,是教育管理上需要研究的重要问题。我们应在自由与权利之间寻找一种平衡。

案例 10 - 2

小学提倡老师写儿歌式评语 拉近师生距离

临近学期期末,汉阳区楚才小学各个班级如火如荼地开展着学生评价活动,其中,老师对学生的评语就是重要一环。

楚才小学是该区 2009 年才开办的一所新学校,该校提倡老师写评语越有个性越好,既要简明扼要概括出学生的特征,又要琅琅上口,有节奏感,让家长爱读,学生爱看。

黄铁明、黄铁生小哥俩是一(3)班的一对双胞胎。班主任熊焕真在他俩的评语中"唱"起了儿歌:"一(3)班,真奇怪。两小儿,一脸面,那就是,铁明、铁生双胞胎。(呵呵)双胞胎,真不赖:讲文明,讲友爱……哇,优点多多,说不完。"对于班长徐欣怡,熊老师的"赞美歌"让小姑娘乐得合不拢嘴:"小班长,真漂亮! 大眼睛,有灵气。论能力,排第一,论态度,呵呵,你来说说排第几?"

据了解,熊老师班上有 14 名学生,每个学生都获得了老师的儿歌式评价。夸奖归夸奖,面对学生身上的不足,熊老师还是实事求是地指了出来,只不过更加艺术化。

"这样的评语充满了才气和灵气。"该校校长禹妮如是评价熊老师的评语。她认为,儿歌式评语不仅对学生的描述形神兼备,而且琅琅上口,相信不仅孩子们会喜欢,也容易得到家长的认可。

从教 20 余年,禹校长的感受是,家长对老师的要求越来越高,老师的评语也成了家长评价老师的一面镜子。从早期鉴定式评价"该生……",到六七年前的对话式评价"你……",再到如今花样百出的个性评价,评语也经历了"三部曲",它不再是几句简单的总结,而是老师拉近和学生、家长距离的重要手段。(楚天金报 记者刘辉 通讯员范朝阳)

(资料来源 http://news.xinhuanet.com/edu/2010 - 01/14/content_12806356.htm)

第二节　小学儿童心理与社会特征

人的心理总是处于不断地变化和发展之中。心理发展主要是指那些由于学习或成熟等因素引起的持续、有规律的心理变化。影响儿童心理发展的具体因素很多,可归结为遗传和环境两大类。遗传素质和生理成熟为儿童的心理发展提供了物质前提,环境和教育是儿童心理发展的决定因素,其中学校教育起着主导作用。当然,遗传与环境的作用必须是在个体的实践活动中,发挥其主体性才能实现。儿童心理发展是一个不断矛盾统一、量变质变的发展过程,这个过程可以看成是若干个前后相联的阶段。在一定的社会和教育条件下,在儿童发展的各个不同年龄阶段中所形成的一般的、典型的、本质的心理特征就是儿童心理的年龄特征。

一、小学儿童心理发展特征

著名心理学家皮亚杰关于认知发展阶段的理论对于我们了解儿童心理发展的年龄特征具有重要启示。皮亚杰明确指出:智力就是适应儿童的智力既不是起源于先天的成熟,也不是起源于后天的经验,而是起源于动作。这种动作的本质是儿童对客体的适应,儿童通过动作对客观环境的适应是儿童智力发展的真正原因。适应的本质在于取得机体与环境的平衡(equilibrium),适应依赖于有机体的同化(assimilation)和顺应(accommodation)两种机能的协调,这种协调需要一种自我调节机制。儿童每遇到新事物,在认知过程中总是试图以原有图式(scheme)加以同化,如获成功,便得到暂时的认识上的平衡(equilibrium);如果失败,儿童便作出顺应,调整原有的图式或创设新图式以进一步同化新事物,以达到新的平衡。因而个体心理的发展就是由低水平的平衡向高水平平衡的运动过程,个体心理的发展就是一个平衡——不平衡——平衡的否定之否定的矛盾运动过程。平衡永远是动态的,平衡永不停止。

皮亚杰将儿童心理发展分为四个阶段,即感知运动阶段(sensorimotor stage)、前运算阶段(preoperational stage)、具体运算阶段(concrete operational stage)和形式运算阶段(formal operational stage)。

感知运动阶段(0—2岁),相当于乳婴儿期,这一阶段是智力与思维的萌芽阶段。

前运算阶段(2—7岁),相当于学前期。这一阶段,儿童头脑中有了事物的表象,而且能用词代表脑中的表象。他们能进行初级的抽象,能理解和使用初级概念及其间的关系。他们能设想过去和未来的事物,但知觉成分在认知结构中占优势,只能进行直觉思维。

具体运算阶段(6、7—11、12岁),相当于小学阶段。这个阶段的儿童思维水平有了质的变化。认知结构中已有了抽象概念,能进行逻辑推理。在作更深理解时,他们需要实际经验作支柱,需要借助具体事物和形象的支持来进行逻辑推理。

形式运算阶段(11、12—14、15岁),相当于初中阶段。这一阶段儿童的思维特征表现为假设—演绎思维、抽象思维和系统思维等。

皮亚杰的认知发展阶段理论对于我们认识学生的心理特征具有一定的启发作用。一般来说,我们在分析心理年龄特征时,总是以年龄为标准,将儿童心理的发展归纳为六个年龄阶段:乳儿期(出生—1岁)、婴儿期(1—3岁)、幼儿期或学前期(3—6、7岁)、童年期或学龄初期(6、7—11、12岁)、少年期或学龄中期(11、12—14、15岁)、青年初期或学龄晚期(14、15—17、18岁)。下面对小学儿童的心理特征作出描述。

6、7—11、12岁的儿童一般是在小学阶段,这一阶段是儿童心理发展的一个重大转折期。从这时起,儿童开始进入学校进行正规的、有系统的学习,学习逐渐成为儿童的主导活动。他们逐渐掌握书面语言并向抽象逻辑思维过渡。此外,他们还有意识地开始参加集体活动。

从生理上看,小学儿童的身体发育处于平稳期,身高体重比以前显著增加;骨骼肌肉有较好的发展,骨骼富有弹性,肌肉水分多,缺乏耐力,易疲劳;心理血管发育尚未健全,神经系统的兴奋过程与抑制过程逐渐平衡。

这些环境和生理的变化都会引起小学儿童心理发展的新需要。在教育的影响下,他们的心理活动也在不断地发生变化。小学儿童心理发展具有以下基本特点:

一是小学儿童心理发展的连续性。小学儿童心理发展是一个持续不断的前进过程,每一个心理过程和个性心理特征都是逐渐地持续地发展着,由较低的水平向较高的水平发展。

二是小学儿童心理发展的顺序性。小学儿童心理发展有一定的顺序,整个心理发展有一定顺序,个别的心理过程和个性心理特征的发展也有一定的顺序。如小学儿童的感知是从不精确到精确;记忆总是从机械记忆向理解记忆发展;思维总是从具体思维向抽象思维发展等。

三是小学儿童心理发展的阶段性。小学儿童心理发展的过程中,前后相邻的两个阶段总是有规律地更替着。前一个阶段往往包含着后一个阶段的一些特征,而后一个阶段又往往保留着前一个阶段的某些特征。两个相邻的年龄阶段是互相联系的,又是有规律地逐步过渡的。前一个阶段为后一个阶段作了准备,从而有规律地逐渐过渡到下一个阶段。

四是小学儿童心理发展的个别差异性。在同一个年龄阶段的各个小学儿童之间,他们的心理发展可能有显著的差别。这种差异是由不同的遗传、环境和教育等因素造成的。一般学生的发展需要经历共同的发展阶段,但每个学生发展的速度、水平及发展的优势领域千差万别。

小学儿童心理发展的具体特征如下:

1. 小学儿童的认知发展

注意是指人的心理或意识对一定对象的指向与集中。指向性和集中性是注意的两个基本特征。注意本身不是一种独立的心理过程。它本身没有反映的内容,而是感知、记忆、思维、想象、情感、意志等心理过程的一种共同特性。注意是一切心理活动的开端。小学儿童的注意表现为不稳定、不持久,并和兴趣密切联系。小学儿童注意的范围不大,不善于分配自己的注意。

感知是人脑对当前客观事物的直接反映,它是以客观实践为源泉的。离开了实践,无所谓感知。感知又是人们的认识活动的最初阶段,离开感知,认识不可能深化,因而也就不可能认识客观世界。小学儿童在感知发展上的一般特点是:从整体感知到学会比较分析;小学儿童感知的有意性、目的性随年级的升高而有所发展与完善。

记忆是人脑对经验过的事物的反映。良好的记忆力是保持学生进行学习、发展智力的重要条件之一。小学儿童的记忆特点是从无意记忆向有意记忆发展。从记忆目的看,无意识记仍占主导,有意识记逐渐增强;从记忆的内容看,具体形象识记仍占主导,词的抽象识记逐步发展;从记忆的方法看,机械识记仍占主导,意义识记日益起主要作用。

想象是在外界现实刺激物的影响下,在头脑中对记忆的表象进行加工改造,从而形成和创造新形象的心理过程。丰富的想象力对学生智力的发展是十分重要的。小学儿童想象的特点是:具有直观性和具体性;想的形象还具有片断、模糊的特点;想象正渐渐向正确地和完整地反映现实过渡;低年级学生的想象具有模仿和简单再现的特点;高年级学生的创造想象有了较大发展。

思维是人脑对客观事物一般特性和规律性的间接概括的反映。思维能力的发展是学生智力发展的核心,也是衡量学生智力发展程度的重要标志。小学儿童思维具备初步逻辑的或言语的思维特点,这种思维具有明显从具体形象到抽象逻辑思维的过渡性。小学儿童的思维发展是从具体形象思维为主,逐步过渡到抽象逻辑思维为主,他们的抽象逻辑思维在很大程度上仍然直接与感性经验相联系,具有很大成分的具体形象性。小学儿童的思维既有具体形象的成分,又有抽象概括的成分,由于学习以及其他各种趋势复杂的活动向他们提出了新要求,促使他们通过运用抽象概念进行思维,逐步从具体形象思维为主要形式向抽象逻辑思维为主要形式过渡。低年级学生的思维具有明显的形象性,也同时具有抽象概括的成分,两者相互联系并随着年级高低和不同性质的智力活动而变化。到小学高年级时,学生逐步会区别概念中本质和非本质的东西、主要和次要的东西,学会掌握初步的科学定义,学会独立进行逻辑论证。但是这些都离不开直接和感性的经验。要关心智能由具体形象到抽象逻辑过渡的"关键年龄",一般认为出现在四年级(约10—11岁),若教育条件适当,也可提前到三年级。

2. 小学儿童的人格发展

人格又称个性,是指个体有别于他人的整个心理面貌,个性倾向性和个性心理特征是人格的两种重要成分。

儿童从进入学校起,开始真正成为集体的成员,学校中的儿童集体关系和集体生活是学生人格发展的最主要条件。儿童的个性倾向性和个性心理特征更加明显,他们的自我意识有了进一步的发展,儿童逐渐学会能按一定原则独立地、批判地评价自己的言行。同时,儿童的道德意识开始发展起来,经过一系列的发展阶段,儿童能够初步理解和掌握社会道德原则的内容,并且用来作为评价自己和别人行为的根据,但小学儿童可能存在着道德认识与道德行为的不一致。

情绪、情感是对客观事物的态度的体验,是伴随着认识过程而产生的心理过程。小学儿童在情感方面的自居作用、模范趋向和自我意识有较快的发展,学习动机多倾向于他们的兴趣,情绪发展的主要矛盾是勤奋与自卑的矛盾。由于情感影响到个体是否实施智慧的努力,它具有调节功能。情感还会影响到目标的选择,表现出决定价值的功能。而通过调节行为、决定价值,情感会影响到人们获得知识的速度。因此,皮亚杰认为情感是在一定认知结构基础上发挥作用的,情感和智能是平行发展的。在感知运动阶段,逐渐形成对某个特定人的稳定的情感,婴儿们对某人、某物依恋的发展离不开认知;前运算阶段中的符号表征、语言发达导致稳定概念的形成,使情感获得稳定性;具体运算阶段由于儿童构造类别层次的能力的形成,稳定价值层次也随之出现,使儿童道德判断达到了新的水平,出现规范性的情感;而形式运算阶段,理想主义的情感产生,在社会生活中个体给自己赋予一定的角色和目标。在社会、家庭和学校的影响下,小学儿童情感日益丰富、稳定和深刻,小学儿童的情感体验也开始复杂起来。他们能感受别人较复杂的情感并与其进行层次丰富的情感交流。在学习或其他活动中,小学儿童的情感主要是由结果是否成功,活动内容或形式、过程是否丰富及有趣,本人在活动中担任的角色是不是自己希望承担的,教师和其他同学对他的表现是否重视和给予积极的评价等引起的。这些方面若能较稳定地引起学生积极的情感反应,那么,经过一段时间就会形成小学儿童对学习乃至学校生活的积极态度;否则,会产生消极的态度。小学低年级学生的情绪很不稳定,并已初步具有了爱憎的情感体验,高年级学生的情感体验则不断丰富;小学儿童的情感还较容易随情境而变化;中、高年级学生的道德感逐渐发展起来了,理智感亦越来越深刻,美感也有了一定的发展。

3. 小学儿童的行为发展

行为与心理活动是相对的,行为是指个体外显的各种活动,而心理活动是指个体内隐的各种活动,而且两者之间是紧密相关的。个体的任何活动行为都是一定心理活动的外显反应。引起小学儿童行为的需要、动机等心理呈现出自己的特点,社会行为也有了一定的发展。

需要是由生理上或心理上的缺失或不足所引起的一种内部的紧张状态,是个体活动积极性的源泉。而动机是引起并维持人们从事某项活动,以达到一定目标的内部动力。人的动机是在需要的基础上形成的。学习需要是反映个体在学习活动中感到某种欠缺而力求得到满足的心理倾向。它的主观体验形式是学生的学习愿望或学习意向。这种愿望或意向是驱使学生进行学习的根本动力,它包括学习的兴趣、爱好和学习的信念等。从需要的作用上看,学习需要即为学习的内驱力。所以,学习需要对学习的作用,就称为学习内驱力。小学儿童的需要可分为不被成人批评的需要、获得物质奖励的需要、获得精神奖励的需要、自我表现的需要、认知的需要、自我发展的需要等。不同的需要导致不同的学习动机和行为,并随年龄、性别、人格特征、社会地位、文化背景等因素的变化而变化。在儿童早期,附属内驱力最为突出,他们努力学习以求得好成绩,主要是为了得到父母、老师的肯定和表扬。到了儿童后期和少年期,附属内驱力不仅在强度上有所减弱,而且开始从父母转向同龄伙伴。在这期间,来自同伴和集体的赞许和认可就成为一个强有力的动机因素。

人的行动主要是有意识、有目的的行动,人的绝大部分行动都与意志相联。意志是指人自觉地克服困难来达到预定目的的心理过程。小学低年级学生的意志比较薄弱,容易冲动,自制力差,自觉性与持久性也差,有时还表现为任性、执拗等不良特征。由于小学儿童意志比较薄弱、抗诱惑能力差,就需要外在因素(如教师)的激发、辅助和教导。并且由于小学儿童知识经验不足,他们易受外界的暗示,不加选择地模仿他人的行为。到了高年级,小学儿童的意志有了较大的发展,学习活动的目的性、持久性与复杂性都要求小学儿童在学习过程中要付出意志努力。从维持注意到按时完成作业,从遵守纪律到克服学习中遇到的各种障碍。小学儿童阶段是发展儿童意志的最佳时期,由于小学儿童的意志力还较薄弱,因此,更需要教育者的积极引导和帮助。

社会行为是指人与人之间相互作用时所表现的外显行动或内在感觉与思想。因此,社会行为虽可由个体表现出来,但所表现的行为总是与他人有关,如友谊、关爱、仇恨、嫉妒、偏见、态度等等,都是存在于人与人之间的行为。小学儿童对教师很崇拜,向师性很强;从众心理也较明显,受暗示性较强;角色规范意识不明确,自我中心地位牢固;自我意识发展水平低,评价自我与他人均带有较大的主观性。小学儿童能按活动的要求计划自己的行动,对自己的行为能加以有意的注意,能反思自己的行为过程及其后果,并重视别人对他的评价与态度,还会比较这些评价,作出自己认可的选择。一般地说,在集体中担任班干部的儿童,自我评价较高;被老师和同学视为"差生"者,自我评价就较低。

二、小学儿童的社会性发展

我们在了解小学儿童心理发展特征的同时,还应从社会学的角度进一步分析小学儿童的社会性发展。因为,教育是个体社会化的根本途径,反言之,促进个体社会化也是教育的根本任务之一。

社会化是指自然人成长为社会人,并逐步适应社会生活的过程,经由这一过程,社会化得以积累和延续,社会结构得以维持和复杂,人的个性得以形成和完善。[①] 应该说,人与社会总是处在复杂的相互联系和相互制约的关系之中,社会化使得一个人必须掌握社会必备的知识和技能、道德和行为规范,进而适应社会生活,得以独立生存,被社会所认同和接纳,并适应社会的变化与发展。人的社会化依赖一系列内在和外在条件。就内部条件而言,除去一定的生理条件,更主要的是人的心理发展能力和水平,如人的语言能力、思维能力、学习能力等。就外部条件来说,具体包括家庭、学校和教师、同辈群体、社区、工作单位和岗位、大众传播媒体等。随着交通条件和信息技术的高度发达,人的社会化的影响因素及其相互关系正在发生新的变化,表现出一些新的重要特点。

小学儿童的社会化与他所受的教育有着十分密切的关系。学校教育更是一种有组织、有计划、有系统的社会化过程。这不仅是因为学校教育的组织特点和专门化的职能,同时也是因为在学校教育阶段,小学儿童正处在心理发展以及人生观、价值观和世界观形成和发展的关键时期。

一般而言,个体社会化从社会化本身的性质与水平来说,可以划分为初级社会化和次级社会

---

① 郑杭生主编:《社会学概论新修》,中国人民大学出版社2000年版,第105页。

化两个不同而又相连的阶段。① 其中,小学儿童的社会化过程主要完成的是个体的次级社会化。

所谓初级社会化,是指一个人在儿童时期成为社会一员的第一步,是个人一生中十分重要的一环,是次级社会化的基础。初级社会化是儿童在与他最接近的人亦即"意义他人"的接触并接受其影响过程时实现的。这种"意义他人"是儿童不可选择的,而且,这种影响几乎是没有比较和选择的。在初级社会化过程中,儿童在对父母以及家庭成员的依附性的情感关系中,不断产生对"意义他人"的认同,并不断认识和形成自我。这一过程主要是在家庭中完成和实现的。

而次级社会化是个体在初级社会化所形成的一般化自我的基础上,进一步对某种特殊社会角色或专门化的活动的认同,进而形成某种特定社会角色的自我,学校教育是儿童次级社会化的专门机构。与初级社会化相比,次级社会化更多的是一个人为的过程,因此,学校教育的内容、方法和方式,都需要进行科学的设计和研究。

当然,次级社会化并不能完全解决个人一生的社会化问题,随着社会发展,个体越来越需要进行终身教育,以实现继续社会化。

第三节 小学儿童的发展与教育

小学阶段属于接受教育的黄金时期,我们应重视小学儿童的教育。小学教育的核心是帮助小学儿童学会学习并热爱学习;学会在特殊的社会环境——学校中生活并热爱学校、集体,做学校、集体的小主人,旨在为今后的学习和形成积极的、有所作为的人生态度打下坚实的基础。小学教育要在使学生获取知识的同时,发展多种能力和培养良好的心理品质,使学生身心都能得到健康的、全面的发展。要关注和保护小学儿童健康,增强小学儿童的体质,使他们养成良好的作息习惯和清洁卫生习惯。

一、小学儿童兴趣的发展与养成

小学时期,正是一个人兴趣的发生与发展时期。这个时期形成的兴趣,往往对人的一生都起着积极的作用。苏联教育家苏霍姆林斯基提倡学生要有特别的兴趣和爱好,要让每个学生都有一门特别喜爱的功课,有一项入迷的课外活动,有一些最爱阅读的书籍。苏霍姆林斯基认为:"学习是为了学会学习,不是把知识货物堆在学生的仓库里,在老师提问的时候,在考试的时候,再把这些知识货物搬出来。这些知识是死的、不能参加思维的周转。这样下去越学越难,甚至会越学越笨。"孔子认为:"知之者不如好知者,好之者不如乐知者。"教育家叶圣陶说,"教是为了不教"。因此,我们可以说,兴趣是最好的老师。那么,如何培养小学儿童的良好的兴趣,使其更自觉地发

---

① 谢维和著:《教育活动的社会学分析——一种教育社会学的研究》,教育科学出版社1999年版,第144页。

挥兴趣在学习中的作用？这需要我们了解小学儿童兴趣的产生、发展、迁移等规律。

1. 小学儿童兴趣的产生

兴趣来自两个方面：一是人的好奇心和求知欲，二是需要。好奇心是人们对新奇事物积极探求的一种心理倾向。求知欲是人们积极探求知识的一种欲望。有了好奇心和求知欲，才能使人们产生情不自禁的积极认识和关心事物的兴趣。好奇心、求知欲和兴趣都是心理特征，互有联系，依次发展。兴趣也是在需要的基础上产生的。一个人有了某种学习需要，他就会相应地产生某种学习兴趣。

小学儿童的好奇心是很强的，他们对于许多事物都感到新鲜、有趣，从而趋向于接触它们、认识它们和掌握它们。但是，由于小学儿童知识的贫乏，活动的目的性差，因而，他们的兴趣往往容易受当前具体生动的形象所吸引和诱惑，总是从对事物本身的喜爱出发来认识事物。比如，他们的学习兴趣，并不完全是由于对学习活动的意义和结果的认识而产生的，而是对学习过程本身产生的兴趣。所以，在教学中，教师最好采用丰富生动的教学方法，增加有趣的教学游戏；教师可以讲述动人的故事，以亲切和蔼的态度对待小学儿童；增加实物教具，以色彩和形态吸引小学儿童。总之，可以用多种方法，引起小学儿童的兴趣。

2. 小学儿童兴趣的发展

小学儿童入学后受到教育教学的影响，学习活动的兴趣范围逐步扩大，从课内的学习兴趣扩大到课外的学习兴趣，从阅读童话故事的兴趣扩大到阅读文艺作品的兴趣，从对玩弄小玩具的兴趣扩大到对科技活动的兴趣等。小学儿童的兴趣范围是扩大了，但还未形成中心兴趣。教师应帮助他们培养中心兴趣，指导他们围绕中心兴趣扩大兴趣范围，增长知识，开阔眼界。开展小发明活动，给小学儿童提供动手动脑的机会。只有勤于思考，才能使中心兴趣深化。中心兴趣得到深化后，就可以使小学儿童从乐趣发展到更高的志趣阶段。只有当一个人的兴趣与崇高的理想和远大的奋斗目标结合起来的时候，兴趣才具有更大的社会性、自觉性和方向性，才具有更大的推动力量。

3. 小学儿童兴趣的迁移

兴趣可分为直接兴趣和间接兴趣。从好奇心和求知欲方面产生的兴趣，叫做直接兴趣。从需要产生的兴趣，叫做间接兴趣。直接兴趣是对活动过程本身的兴趣。间接兴趣则是对活动结果的兴趣。教学内容的新颖和引人入胜，教师讲解的生动，都能引起小学儿童对学习的直接兴趣。间接兴趣则与学习的自觉性密切相关。学生对某些学习内容或活动并无兴趣，但他意识到学习的目的、意义，对学习的结果有兴趣，因而促使自己去坚持学习。

然而，小学儿童的兴趣还不够稳定，既可以很快地产生，也可以很快地消失。比如一门新的课程，小学儿童刚开始会觉得新奇有趣，于是便产生了直接兴趣。随着知识难度的加大，他们在学习过程中遇到了困难，听不懂，慢慢就感觉没有意思了，于是没有了学习的兴趣。因为他们年纪尚小，不能完全意识到学习的目的、意义，便不会对学习的结果产生兴趣，因而不能促使自己去坚持学习。所以这个时候，家长和教师就要帮助小学儿童解决学习中的困难，注重培养其广泛的兴趣,不能让其偏科,争取使小学儿童的直接兴趣迁移为间接兴趣。小学儿童对学习产生了兴趣,就会自觉地、积极主动地进行学习和探索。这时,学习对他们来说就不是一种痛苦,而是一种乐趣。

案例 10-3

小学教师迎来期末考 请默写全班学生姓名爱好

杭州浦沿小学的老师们还没给学生出期末考卷,却意外迎来了自己的期末考试——校长傅天健来了一次"突然袭击",召集全校所有班主任和语数等学科副班主任,当堂默写全班学生的姓名、家庭住址、个性特点、兴趣特长等各项信息。

拿到这张特殊的试卷,二年级班主任任老师暗自庆幸自己班里只有30多名学生。没想到校长提醒:"我们是按正确率打分的,你要是写错一个,失分也比别人厉害。"任老师赶紧收拾心情,开始提笔默写。

美术老师现场认学生

美术老师也被考了。当然,由于要同时教好几班的学生,考试难度相对低一点:不用默写学生姓名,但要现场认人。昨天中午,记者跟着该校美术老师李南参加了这样一场特殊的期末考试。

走进李老师任副班主任的二年级某班教室,一群小不点七嘴八舌地告诉记者,李老师身兼18个班的陶艺课,在该班上课的频率是一周1次。照这么算,未满一年教龄的李南顶多就在该班上过20多堂课,能把全班学生的名字和人对上号就不错了吧,居然还要说出每名学生的家庭住址、个性特点和兴趣特长! 其难度系数不亚于今年高考的数学题。看着学生们手里的记分表格,记者替李南捏了把汗。

听说轮到自己考李老师,原本还睡眼惺忪的30多个小不点一下来了精神,争先恐后地举手,要求李老师来认认自己。"你叫俞瑞琪,活泼可爱,最喜欢跳舞,对不对?"李南站在一个漂亮小姑娘旁边,不假思索地回答。小姑娘听得很认真,一边点头一边在记分表上给李老师打钩。全班30几名学生,李南竟然答得八九不离十,记者佩服得五体投地,小不点们激动之余也竖起大拇指,赞自己的老师厉害。

记住学生才能因材施教

"其实也没什么,作为老师,了解学生是应该的。"考出好成绩的李老师很谦虚,他说:"虽然我很少给这些孩子上课,但午休、广播操等时段,只要有空我都会来看看他们。对学生来说,老师能叫出他们的名字、知道他们的爱好,都是一件开心的事,有利于师生关系的融洽。"难怪李南答问题时,常有学生忍不住小声提醒,唯恐亲爱的李老师考砸了。

而对于出题人校长傅天健来说，操办这次"我的学生我最懂"学生信息竞赛，本意是"因材施教"。他告诉记者："只有因材施教，才能增强教育的有效性。社会越来越复杂，影响孩子健康成长的因素也越来越多，老师只有尽可能多地了解学生，才能有针对性地开展教育，也就是所谓的因材施教。同时，借这场特殊的期末考试，引导全校老师全方位关注学生，包括性格、兴趣、特长等等，不要总盯着成绩。"

绝大多数老师此次考试的表现令傅天健相当满意，一些资深班主任连哪位学生容易体质过敏等特殊情况都了解得一清二楚，而年轻教师相对没那么"八卦"。

傅校长笑言："接下来就是考我了，批改这些试卷很有难度，我得去找学生帮忙。"

(资料来源 《钱江晚报》2010年6月13日)

二、小学儿童习惯的发展与养成

19世纪俄国教育家乌申斯基说："良好的习惯乃是人在其神经系统中所存放的德育资本，……可以把自己生活中的道德大厦建筑得越来越高。"休谟认为，习惯"是人生最大的指导"；培根认为，"习惯是人生的主宰"；陈鹤琴说："习惯不是一律的，有好有坏；习惯养得好，终身受其福，习惯养得不好，则终身受其累。"一般来说，人很多的习惯都是在早年形成的，好习惯受益一生，坏习惯贻害终生。可见，好习惯对于小学儿童的成长有着重要意义。

英国唯物主义哲学家洛克使用"白板"这一概念来说明人的意识、儿童心理的原始状态。他认为："人的心灵原来好比一块白板，上面没有任何记号，任何观念，只是由于后天的经验，才在这块白板上留下了印迹，亦即外界事物对人的感官所引起的作用，而把自己的标记、形象和名称刻在人脑的这块白板上。"小学阶段是人形成终身习惯的最佳时期，儿童如一张未曾写过的白纸，没有形成难以修正的坏习惯，且具有非常大的可塑性。

习惯的形成方式有简单重复、模仿、有意练习等，习惯的养成需要长期的科学的训练，包括教师对学生进行训练和教师指导学生自己训练。小学儿童的习惯养成主要包含学习习惯和行为习惯两个方面的内容。

1. 小学儿童学习习惯养成

一是学会倾听的习惯。如何倾听别人的意见是一种重要的学习技能。小学儿童在课堂上认真倾听老师的讲话，倾听同学的发言，就能积极有效地参与学习过程，就能保证课堂活动有效地进行。上课不做小动作，不玩玩具及学习用品，不做与学习无关的事。认真倾听其他同学发言，看他们发言是否正确，有没有需要补充的。

二是善于思考的习惯。善于思考，主要是指体现在学习过程中的思维方法、思维品质，它有利于提高学习质量，有利于培养人的能力，尤其是有利于增强人的发现、发明和创造能力。上课专心听讲，认真思考，积极发言。课前预习知识，不明白的问题提前做好标记。

三是敢于提问的习惯。"提出一个问题比解决一个问题更重要。"能提出问题是主动学习的表现，是创新的开始。新课程教学尤其重视培养学生提出问题的习惯。小学儿童要勤于思考，敢于质疑，与人交流，不怕说错。

四是与人合作的习惯。合作学习是21世纪学生学习的一种重要方式，合作学习有利于培养学生的协作精神、团队观念和交流能力，并在思想的碰撞中迸发创新的火花。小学儿童应该主动和同学、老师合作，学会表达自己的观点和见解，共同解决问题。与同学交流时，要尊重别人的意见和观点。

五是自主读书的习惯。阅读是文化积累和文化建构的重要途径，对人的发展有着极其重要的意义。养成边读边想、圈点勾画、写读书笔记的良好习惯，注重知识的积累。乐于读书，读好书，愿意和书交朋友，养成阅读的好习惯。爱护书籍，不在公用书籍上乱写乱画。

六是认真书写的习惯。认真书写不仅能提高作业的准确率，而且对端正小学儿童的学习态度，养成认真负责的习惯有积极的意义。书写姿势端正，会正确执笔，做到"三个一"：眼离书本一尺，胸离桌子一拳头，执笔处离笔尖一寸。书写端正大方，保持卷面洁净，不乱用涂改液和修正纸。文字和符号都要规范，格式要美观。

2. 小学儿童行为习惯养成

一是举止文明的习惯。举止是指一个人在活动中的姿态。它包括站立、行走、就坐、手势和表情等。文明的举止是一种修养，是一种财富。小学儿童见到老师、客人应主动问好。自觉使用"请"、"您好"、"谢谢"、"对不起"、"再见"等礼貌用语。在接受别人的帮助时，要微笑着向别人致谢。不打架，不骂人，公共场所不喧哗。不给同学起绰号，不歧视身体有残疾的同学。当同学答错问题时，不起哄、不嘲笑。

二是诚实守信的习惯。对一个人来说，"诚实守信"既是一种道德品质和道德信念，也是每个公民的道德责任，更是一种崇高的"人格力量"。诚实守信，说了就要努力去做。答应的事确实难完成的，应向对方说明原由，用诚挚的态度向对方表示歉意。借了别人的东西要按期归还，说话要算话。

三是尊重他人的习惯。要想赢得他人的尊重首先要尊重他人。与受人尊重一样，尊重他人是我们的需要。耐心听他人说话，不随便打断他人说话。用心听对方说话，不要一边听一边考虑自己的事。听到别人的批评时，不要激动，平静地听他把话说完。不打扰别人的学习、休息、工作和生活，一旦妨碍了他人要及时道歉。未经允许，别人的东西不要乱动。学会保护自己的隐私，自己的家庭情况不能随便告诉别人。

四是勤俭节约的习惯。勤俭节约是中华民族的传统美德，目前培养小学儿童养成勤俭节约的好习惯刻不容缓。爱惜学习用品，不在课本上乱写乱画，不随便撕扯作业本。不随便向家长要钱，不乱花钱买零食、玩具等。珍惜粮食，不挑食，不浪费饭菜。节约用电、用水，做到人走灯灭，水龙头用后随时关紧开关。对自己、他人、集体的财物要爱护，轻开轻关门窗，轻拿轻放物品。不在桌子上凳子上乱写乱画乱贴。

五是遵守秩序的习惯。规则和秩序是社会公共生活中的基本准则。红灯停，绿灯行，不乱穿马路，不在马路上打闹。在公共场合遵守纪律，不大声喧哗。爱护学校、公园里的花草树木和公共设施，不乱踩绿地，不随手折花枝，不乱涂乱画。

六是勤于动手的习惯。自己动手可以提高学生的自理自立能力。自己的事情自己做，自己整理书包、收拾房间叠被褥，自己洗衣物。利人利己，用过的东西放回原处。

七是锻炼身体的习惯。健康的身体是学习、工作、成才的基础。锻炼身体不但能让身体结实健康，还能磨练人的意志。积极参加集体活动和课内外文娱、体育、科技活动。在运动中要听从指导教师的安排，在活动中不做带有危险性的动作。

八是讲究卫生的习惯。讲究卫生是每一个人应有的生活习惯。在现代社会中，小学儿童养成讲究清洁卫生的好习惯特别重要。它是一个人文明的表现，既体现了良好的个人面貌，又包含了对他人的尊重。小学儿童要勤洗澡洗头，勤剪指甲，勤换衣服，睡前刷牙、洗脸。饭前便后洗手。定期整理和清洗书包。爱护环境，不随地吐痰，不乱扔杂物。见到废纸等垃圾物要主动捡起放到果皮箱里。不在墙壁上乱写、乱画、乱贴、乱挂。不吃变质食物，不喝生水。

三、小学儿童品德的发展与养成

小学儿童道德品质的发展关键是要认真做到言行一致、校内外一致。根据小学儿童的心理特点，对小学儿童即使进行理想教育，也应该是具体可体验的、有生动榜样的，并能促使他们对自己的行为进行反思，激发他们继续努力，从而逐渐培养良好的行为习惯。道德教育切忌空洞，给小学儿童说成人的思想和道理无助于他们接受这些思想和道理，只有被打动了的心灵发出的声音才是真实的声音。小学儿童的思想品德教育只有真正涉及道德情感、道德意志与行为习惯的发展时，才能产生真实的效果。

小学儿童对道德概念的理解比较肤浅，容易表面化。同时，他们在道德判断上也由于理解的片面，存在着很大的主观性：喜欢强调行为的后果，如有的同学做好事，主动搞清洁卫生，但不小心打破了窗上的玻璃，别的同学就说他犯了错误。对同一动机不同后果的行为，小学儿童常常给予截然不同的评价。在判断对象上，小学儿童最初只会评价别人，然后才学会评价自己。他们评价的原则性较差，例如关于什么是"好学生"的问题，小学儿童大多认为应该是"听老师话的"、"不欺负人的"、"能帮助人的"等具体的标准。到了中高年级，他们才明显地从道德原则上评价自己不如别人，认为"好学生"应该具备"诚实"、"公正"、"坚强"、"勇敢"等品质。

儿童进入小学以后，由于学校和集体经常向他们提出各种任务，他们感到自己对同学、对班集体、对学校都负有责任。对他们进行正确的教育，让他们履行道德义务提出的要求，就能逐步加深他们的道德认识，培养起道德情感。低年级儿童的行为缺乏目的性，大多是根据家长和教师的要求进行调节的。如有的儿童做作业时漫不经心，没有做完就跑出去玩。如果家长提出严格的要求，他们还是能坚持做完的。可见，应当从低年级开始就对他们进行严格的训练，要求他们遵守课堂常规和学习、生活作息制度,这对于养成他们良好的行为习惯有很大的作用。以后随着行为目的性的增强,他们就能自觉地养成良好的道德行为。低年级儿童行为的动机和目的,常常是具体的、眼前的、狭隘的。如许多儿童努力学习是为了取得好分数,受到家长和教师的赞扬。随着年龄的增长,家长和教师应当帮助他们逐步树立远大的目的,这样他们就能有比较坚强的毅力来完成道德行为。如学生明确了应当为将来建设繁荣富强的祖国而学习以后,他们在学习中就能做到自觉和刻苦。

小学儿童常常有言行脱节的现象,其原因,一是大人(包括家长、教师、亲友)言行脱节,儿童会模仿。因此,家长一定要明白身教重于言教的道理,十分注意自己的楷模作用。二是在行为过程中各种困难对小学儿童的影响。因为碰到了他们无法克服的困难,完不成任务,而显出言行脱节。针对这种情况,家长和教师在培养小学儿童良好行为习惯的过程中,应该考虑他们坚持行动的可能性,排除客观环境中可能挫伤他们信心的因素,帮助他们克服他们无法克服的困难,才能使他们的良好行为持之以恒。①

小学儿童兴趣的发展、习惯的发展和品德的发展无疑都涉及到了"发展"一词。小学儿童个体的形成无疑是一个发展的过程,因此,对"发展"的规定性构成了认识小学儿童个体成长的前提条件。发展是指人的身心从低级到高级、从量变到质变的连续不断的过程。对于小学儿童来说,发展是在教师的引导下,良好个性不断提高的过程,不良个性矫正和克服的过程,潜能转化为现实以满足并成为自我发展动力的过程。小学儿童发展具有以下特征:

一是发展的动态性。发展是一个动态的过程,小学儿童作为发展中的人正在成长,出现这样或那样的问题、缺点、错误是正常的。教师应当允许小学儿童犯错误,理解小学儿童身上的不足,不要以"老眼光"看待小学儿童,更不要给小学儿童过早地下"不好"的结论,应帮助小学儿童克服不足,解决各种矛盾,使其不断进步提高。

二是发展的激励性。每个小学儿童都渴望取得好成绩,每个小学儿童都有获得成功的愿望,都想受到教师表扬和同伴的认可;都希望自己在各方面比别人做得更好,并且不断超越自己。这与人类追求至善至美境界的天性是一致的。特别是小学儿童具有强烈的"向师性",他们常把教师的话当作"圣旨",非常重视教师提出的要求、教师的评价和希望。教师的鼓励、表扬、关怀、希望都成为小学儿童评价自己进步、发展的重要依据。教师应根据小学儿童的具体情况,提出恰当的要求,促使小学儿童在参与活动中获得成功,体验成功,并在此过程中增强自信心、自尊心,推动自己向更高的方向发展。

三是发展的完善性。每个小学儿童都有自我实现的需要和自我发展的创造潜力,都想通过发展使自身得到完善。从心理学角度分析,每个人在自身发展中都有一种积极向上、向高层次发展的需要,它使人在学习和工作中不断努力,尽量完成与自己能力相称的事。并且,他们不但能承担责任,而且能争取责任。一旦能在自身学习中体会自我的价值和社会的价值,就会在学习和工作中焕

---

① 张世富:《德育心理学讲话之六——小学生品德发展的特点》,《云南教育》1982 年第 7 期。

发出极大的热情和干劲,超水平发挥出自己的才能,使潜能转化为现实,使自己得到完善的发展。因此,教师应为小学儿童发挥潜能和承担责任创造时机和条件,鼓励小学儿童在学习中大胆想象,积极进行各种探索。小学儿童作为发展中的人,从学校教育的角度看,小学儿童发展这一概念含有丰富的规定性,包含了众多的要素。小学儿童发展的过程是一个由量变到质变的过程,既有量的累积,也有质的飞跃。小学儿童最终的发展是遗传、环境和学校教育相互作用的结果。

小学儿童发展的一般任务是:发展基本的阅读、书写及计算机技能;发展有意注意能力;发展借助具体事物进行推理的能力;发展社会性的情感;发展意志的主动性和独立性;建立起对自己的完整态度;学习与同伴的相处;学习分辨是非,发展良知、德性;发展对社会、集体的态度;培养创造意识。

苏联心理学家维果茨基认为,学生的发展有两种水平,即现有水平和最近发展区。现有水平是指学生对提出的任务能够独立完成,最近发展区是现有发展水平与其即将达到的发展水平之间的差异,表现为在教师的指导和同伴的讨论中,经过自己的努力能够解决问题的水平。我们把这种差异视为心理发展的可能性与现实性之间的差异,这是学生发展的潜力,教师的重要作用就是要发现和挖掘学生的这种潜力。

在小学阶段,根据小学儿童发展的一般任务,教师应该面向全体学生,正确处理课堂教学与课外指导的关系。在课堂教学中,根据大多数学生的知识、能力的发展水平,兼顾两头,确定教学的深度和进度,使学生经过努力达到教学大纲的基本要求;在课外指导时,则根据每个学生的智力、情感、性格等发展特点和水平,提出具体明确的要求,允许学生在某些方面强些或弱些,不搞一刀切。教师在教学过程中要设置一定的难度,促使学生进行适度紧张的智力活动。难度体现在教学内容上有明确需要解决的任务,在教学方法上促使学生思考、讨论、探索,让学生"跳一跳"摘到果子,使其智力、情感、意志全部参与活动。学生在这样的活动中取得成绩与进步,才会极大地激发浓厚的学习兴趣和强烈的求知欲,有助于其创造潜能和创新能力的发展。教师要及时发现学生的潜能,创造条件使潜能转化为现实,通过强化,促使学生认识到自身价值,发现自我;对于学生独特的兴趣、爱好和才能,教师要促使其在参与各种活动中得到展示与提高。这样的过程不仅是教师发现——激励——再发现——再激励学生的过程,而且是学生积极主动发现自我、激励自我,自我意识和自我管理能力不断提高的过程。

> **思考与研究**
>
> 1. 从儿童观的历史发展,分析现代儿童观的内涵与特点,联系实际谈谈目前小学教育中存在的儿童观及其思想文化根源。

2. 小学儿童的心理发展有哪些主要特点?
3. 小学儿童社会化过程有哪些特征?
4. 如何根据现代小学儿童观,在小学教育中发展小学儿童的兴趣,培养其良好的习惯和品德?

第十一章

小学教育实践论

★ 了解教育实践的性质与结构
★ 掌握小学教育实践的形态及各种形态的主要任务
★ 了解小学教育实践智慧的含义、特征及培育途径

案例 11-1

《乌鸦喝水》

哈尔滨市经纬小学　张　萌

课堂上,同学们在我的启发下,绝大部分都形成了"乌鸦真聪明,它通过往瓶子里投小石子,终于喝到了水"的共识!可唯有一位学生站起来提出了异议——乌鸦"不一定"能喝到水!我定睛一看:那是一个胖胖的小男生,稚气的脸上满是执着。一语惊人,同学们都用惊奇的眼光看着他。

由于课前备课时我没有考虑这个问题,当时有些措手不及,我随即问他:"为什么这样说?"

"因为石子会把水淹没!"孩子忽闪着大眼睛认真地回答。

教室里静得出奇,我也满腹怀疑,可是该怎样来解决这突如其来的异议呢?"石子怎么会淹没水呢?"我不禁追问他。

开始,他十分胆怯,可能是看到同学们向他投来怀疑的目光。经过再三的鼓励,他终于道出了原委:"昨天我和王强玩的时候,我们往瓶子里扔石子,他的瓶里装的水多,投进石子后,水满到了瓶口;而我的瓶里装的水少,石子反而把水淹没了。只有当瓶里有大半瓶水的时候,乌鸦才能喝到水。而书中只说瓶子里的水也不多,若是小半瓶,甚至更少的话,乌鸦就喝不到水了。"

听了他的话,我和同学们都沉默不语,教室里静得好像呼吸的声音都能听得到。过了一会儿,我才缓过神来,轻轻地走到他跟前,摸了摸他圆圆的大脑袋,由衷地称赞道:"今天你使我学到了许多知识,谢谢你,小老师!"孩子一愣,而后自豪地笑了,神采中多了一分自信。

这时教室里响起了一片掌声,那掌声是孩子们自发的,没有任何人的提示和指挥。

对教师而言,教学本身应是一种对话,对话本身就体现了民主、平等的关系,每个学生的意见都是值得珍视的,只要老师多一分耐心,多一分宽容,让孩子充分陈述理由,无疑会带动更多的学生去留意生活,去大胆思考,这样才能获得学生心态的开放、主体性的凸现、个性的张扬、创造性的释放,只有这样,学生才能真正成为学习的主人。

(资料来源　http://blog.sina.com.cn/s/blog_5f9bc43a0100hjyy.html,有删改)

第一节　对教育实践的基本认识

一、教育实践的一般性质和特点

按照马克思主义哲学的基本观点,教育实践是人类在教育领域里进行的有目的的能动的客观物质活动。作为人类实践的一个组成部分,教育实践具有实践的一般特征,同时作为教育活动,它又具有教育领域活动的特殊性。通过分析11-1的教育实践案例,我们可以归纳教育实践的性质如下:

1. 情境性

教育实践发生在熟悉的教育日常生活场景中,"在具体的情境中与孩子相处才是教育学的精髓"①。由此,我们认为教育实践是具有情境性的。情境性首先表现在教育实践具有一种紧迫的时间关系,表现为"当下性"和"现场性"。教师面对教育事件和情境没有时间仔细筹划怎样处理,也就是说实践是当下时间的实践,教师需要即时作出回应。其次,情境性还表现在教育的时机不可逆。教育时机是对当下问题的反应,不具有可逆性,不可以重来。教育时机转瞬即逝,它需要教师对学生当下的情感体验作出恰当的理解并作出富有教育意义的行动。在案例11-1中,课堂教学实践是通过教育情境达到教育目的的,这种情境性是由教师和学生在现场的教学关系中呈现出来的。

2. 智慧性

"石子会把水淹没"是教师未曾预设的,教育情境的推进并没有按照原来预设的计划按部就班地发生,教师要对此作出回应。在短暂的时间内张萌老师在具体的情境中作出了新的决定和选择。"追问"、"再三鼓励"、"摸头"、"由衷地称赞"这些回应即是智慧的决定。智慧性是教育实践自身呈现出的本质特征。任何一种教育实践活动,事先都不可能没有计划,我们总可以在思想和心灵上作一些准备,但教育实践从来都不是教育计划的完美执行,严密地按原计划执行的教育实践。"机智的行动无法事先计划——它总是在具体的、出人意料的、无法预见的情境中自然迸发出来。"②教育实践的不确定性、模糊性、生命性、生成性、综合性以及魅力都是教育实践智慧性的衍生性表现。

3. 反思性

当张萌老师将自己的课堂教学情境以故事的方式呈现出来,从教育对话理论的角度对教育实践予以分析和省察的时候,事实上她已经在对自己的教育行为进行反思。在这次教学实践中她获得了教育的意义,也表明在今后的教育实践中她会更加关注学生的内心体验和真切感受,更

---

① [德]胡塞尔著,李幼蒸译:《纯粹现象学通论》,商务印书馆1996年版,第60页。
② [加拿大]马克斯·范梅南著,李树英译:《教学机智——教育智慧的意蕴》,教育科学出版社2001年版,第191页。

加聪敏和智慧地应对处理。反思是对自己所体验过的情境进行重新理解和描述的过程,是"实践者对自己的实践经历和形成这些经历的条件与背景的回想与省思,无论是实践者的讲述还是沉思,也无论这种思考活动是有意识的还是无意识的,只要指向教育实践的意义内涵,都是对实践的反思"①。实践的反思让实践者在实践中的学习与成长成为可能,让实践者的教育智慧品格得以提升。教育实践中若是没有反思,那么教育实践就缺乏应有的特质和价值。一个新教师要成长为专业化的教师,就需要在反思性的教育实践中不断总结、省察,促使自身的专业成长。

从哲学的高度看,教育是一种有着特定目的、功能和结构的社会实践活动。作为一种实践活动,教育不是一种纯粹的思想、理念、理论及其支配下的一套规则、制度,而是主体在一定目的和观念支配下"实际践行"的活动过程。

第一,教育实践是教师和学生共同开展的一种目的性活动。教育实践主体是人,人只有成为主体、取得主体地位、具备主体意识和行为能力,才能开展教育实践。而且,这里的主体不仅是指教育者的教师,也包括作为教育对象的学生,是教育者——教师与受教育者——学生之间双向互动过程。没有人——主体的活动及主体间的互动(即只有教师主体性活动而无学生主体性活动,或只有学生主体性活动而无教师主体性活动),就没有真正的教育实践。在古代,教育主体开展教育实践的目的往往听命于神或是统治者的意志,其自身的能动性和目的性被压制和剥夺,更不允许对既定教育目的有任何质疑、论证和追问,也难以建立真正民主平等的师生互动关系。近代以来,教育主体的主体意识及其对教育实践目的的认识变得清晰和强烈起来。在启蒙思想的推动下,人性开始得到解放,人成了万物的"主宰",人的理性得到了大力弘扬,人类甚至可以在大自然面前为所欲为。建立在心理学、教育学等科学研究不断发展的基础上,从赫尔巴特、第斯多惠,到杜威、布卢姆,都要为教育确立一种特定的目的。这其中,有的倾向于社会本位,有的倾向于个人本位;有重视知识,有的重视能力。杜威甚至认为教育就是促进儿童经验的生长,而不主张给教育外加一个"目的"。但无论差异有多大,这种教育实践的目的都指向学生的成长和发展。进入当代,教育主体对于教育目的的理解和认识进一步深化。教育实践的目的不仅指向学生发展,而且也将促进教师自身发展纳入其中,重视对教育实践的认识、反思和探究,使教育实践成为教师的一种专业实践。在这种教育实践中,教师不再是单纯的行动者、操作者,而成为教育实践的研究者、专家,在促进教师专业发展的基础上改进和促进教育实践水平,并最终促进学生素质和能力的提高。

第二,教育实践是教师在社会历史和文化制约下的能动活动。教育实践是社会实践的一部分、一方面,是社会历史和文化的深刻反映。教育目的及内容、形式、手段等,都是以特定的社会历史文化为基础的。因此,教育实践不是自发或自然状态下的教育生活或教育存在,而是主体的一种目的性、能动性的活动,是对教育生活或教育存在的一种建构和超越。同时,由于教育实践的社会制约性,教育实践是会随着历史的进步和文化的演绎而不断改变和发展的。无论是教育目的、教育内容、教育方法技术、教育模式,还是教师与学生等主体自身,都会受到不同社会条件

---

① 邬志辉:《论教育实践的品性》,《高等教育研究》2007年第6期。

和时代背景下政治、经济、文化和教育自身发展水平与特点的影响和制约。

第三,教育实践是教师在一定方法论支配下的实践活动。在教育实践中,教育主体是通过一定的实践活动来实现既定目的的。实践活动是主体实现教育目的、对教育生活和教育存在进行建构和超越的一种中介。在教育实践中,总是伴有"如何办"的实际行为,借助一定的方法论以解决具体的操作方法问题。这种方法论往往是与一定的"理论"相联系的。换言之,教育实践及其方法论总是隐含着一定水平和形态的教育理论,需要一定的知识基础。

韦尼格尔(Weniger)把实践中隐含的理论区分为三个层次:

第一层次是以实践为对象的混沌的直观认识,即实践者未必意识到的然而内化了的教育观念、教育见解、教育规则。第二层次是用语言表达出来的由许多戒规、经验法则、口头禅、格言等所体现出来的要求。这往往是实践工作者所实际采用的理论。第三层次是理论家对实践工作者所持的理论的前提和基础进行严密、系统的省察、明晰,并得到了验证的科学理论。这种理论往往是从实践中抽离出来的,由理论家所持有。

正因为主体对教育理论掌握和获得的层次的不同,使得教育实践的方法论及其具体的方法处于不同的水平和状态,体现出教育实践符合规律性的水平。如与第一层次相对应的是一种传统性的教育实践;与第二层次相对应的是经验性、制度化的教育实践;与第三层次相对应的是一种科学化、理性化的教育实践。相比而言,第一和第二层次的教育理论是同质的,都是建立在实践性知识基础上,只不过前者更加模糊,而后者更加清晰、系统并可以用语言表达和交流。第三层次的教育理论则是"去实践化"、抽象化和概括化的产物,很难为教育实践所直接操作和运用。

第四,教育实践是教师在一定合理性标准下的实践活动。在教育实践中,主体不仅要解决"如何办"的问题,同时还面临办得"好与不好"、"对与错"、"得与失"的合理性诉求、价值取向和判断。这就是说,教育实践总是有一定的合理性标准。在具体的教育实践中,主体这种合理性及其判断和取向的标准大体可以分为三种:

一是传统型的合理性。即主体以过去的事物或风俗习惯以及前人遗留下来的信念等作为判断是非好坏得失的合理性标准,这种实践往往成为一种无意识遵循习惯风俗的一种机械行为。

二是情感型的合理性。主体注重的是与官能的快感相一致,或按照自己当下的感觉去判断教育活动的合理性,即对非日常性刺激无从控制的反应。

三是理性型的合理性。主体通过理智的思考、根据理性的规则和要求而作出的判断。在现代社会,它往往是建立在一定的科学认识和类型思维基础之上的。也就是说,现代教育实践是一种以理性作为合理性标准的活动。

但在现代教育的发展过程中,在科学主义主导下,这种合理性及其标准主要是建立在教育科学研究和传授的基础上的。教育学、心理学的相继建立、发展并作为师范院校培养教师的专业课程,其重要目的和任务是借助自然科学的实证和量化的方法,探索和揭示儿童发展和教育的客观规律。以此为基础制订和开发能够重复有效的、客观中立、普遍适用的教育教学原则、模式等操作技术,如教学策略、教育测量、教育评价、教育实验等。随之,这种教育实践发展和演绎成为一种以精确计量、可操作化和注重结果和效率的"技术理性"、"工具理性"。相应的是,师范教育重视教育理论学习和教育技能训练,以使教师掌握一般化的教育技术、原理和程序。而在人本主义尤其是后现代思潮的影响和推动下,教育实践的合理性追求逐步超越传统的技术理性、工具理性,而走向一种"实践理性"、"反思理性"。这就是打破科学的神话,通过教师自己的实践反思和相互的合作交流,在复杂的教育情境下探讨和寻求解决具体教育问题的措施和策略。教师在这一反思和合作过程中形成和发展自己的实践性知识,并由此成长和发展为教育教学的专家。美国教育家唐纳德·萧恩把前者称做"技术性实践",把后者称为"反思性实践"。

二、教育实践的基本结构

通常,教育实践总是具体的。但为了研究的方便,我们在此试图建立一个初步的分析框架,对教育实践进行一种结构分析和类型归纳。这一分析框架基于学校教育,包括支持、影响教育实践的外部因素和直接构成教育实践活动的内部因素。所谓教育实践的外部要素是指国家教育主管部门制定的教育政策、方针、制度、法规等及其实际的实施活动,以及国际、国内、地区和特定的学生所处的特定社区的政治、经济、文化、教育等对教师和学生的影响。从教师角度分析,教育实践自身的构成要素及其结构,包括教师与学生的交往和互动、教师的课程实施、教师的班级管理、教师的教育评价等。这样可以看出,教育实践是丰富而复杂的。

教育实践从结构上看(见图11-1)是一个非常丰富的教育活动体系,我们可以从不同的角度

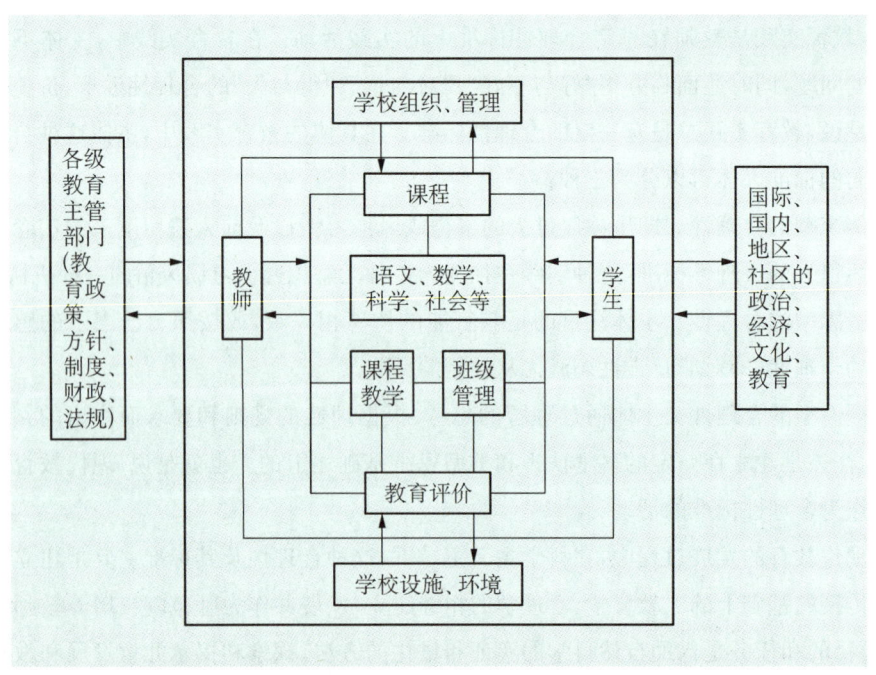

图11-1 教育实践基本结构框架图

将其划分为不同的结构类型。① 如从教育活动的层次可将其分为幼儿园教育实践、小学教育实践、中学教育实践;从活动的主体可将其分为教师的教育实践、教育管理者的教育实践、教育研究者的教育实践等;从实践活动内容来看,教育实践可划分为课堂教学、综合实践活动、班主任工作、家长工作、社区工作、教育研究等诸多环节。

第二节　小学教育实践的形态

小学教育实践是教育实践体系中的重要组成部分,是小学阶段的各种教育实践活动的统称。其具体教学实践形态有小学课程与教学、小学综合实践活动、班主任与少先队工作、家长工作和社区工作、小学教育研究等。

一、小学课程与教学

在小学教育实践中,课程与教学是学校教育的基本途径,是学校全部工作的中心,对教育目的的实现起着决定性的作用。因此与学校其他实践活动如综合实践活动、少先队活动、家长工作、社区工作等相比,课程与教学居于核心地位。

案例 11-2

《鲸》的教学

老师教学《鲸》这一课文的过程是:(1)读书质疑。引导学生读课文,提出问题,归纳出三个问题:课文怎样来说明鲸是很大的? 鲸的生活习性怎样? 为什么说鲸是哺乳动物? (2)合作探究。让学生从上述三个问题中选择一个进行自主探究,根据学生所选问题进行分组。每个小组 4—5 人,分工合作,有的读书,有的展示材料,有的画画,有的表演,有的评议。(3)积累内化。师生对话,漫谈感受;抄写美词佳句。(4)学以致用。从作业"超市"中任选一题完成,如,动笔画出鲸睡觉的样子;写一封建议书,建议人们不要随意捕杀鲸;运用课文的

---

① 参阅惠中主编:《小学教育实践导引》,高等教育出版社 2007 年版,第 13 页。

说明方法,写一种动物;等等。

(资料来源 危德雄、陈贵忠:《"一课两教"学生收获了什么》,《小学语文教学》2003 年第 11 期)

由 11-2 的教学案例进行分析,我们可以将小学课程与教学的任务概括为三个方面:

一是学习基础知识。在教学《鲸》的课文时,教师紧扣本篇课文需要掌握的基础知识,引导学生学习课文的主要信息及采用的说明方法,这是小学课程与教学过程中需要完成的重要任务。小学阶段开设的各门课程,是小学生今后的学习和发展所必需的基础内容。教师要保证学生学好各门课程,为他们打下扎实、全面的文化科学知识基础。

二是培养基本能力。对小学生的发展而言,学习能力、规则意识和遵守规则的能力、人际交往能力、思维能力、实践能力、创造能力的培养特别重要。[①] 在案例中,教师通过合作探究、积累内化的过程,有意识地培养学生的学习能力、思维能力、人际交往能力以及对规则的意识。当然在整个小学阶段,上述各个方面的发展都不可能达到十分成熟的水平,不过在这些方面打好基础,对于学生今后的发展有着重要的意义。

三是发展情感、态度与价值观。情感、态度与价值观是三维目标中的重要一维,在新课程改革中也强调得最为突出,课程教学中除了基础知识、基本能力的发展和培养,我们还要关注小学生情感、态度与价值观的养成。在《鲸》的课文教学中,学生获得对鲸的喜爱之情,老师再引导学生写建议书,建议人们不要随意捕杀鲸,目的就是让小学生意识到自己对自然、对社会的责任。当然在小学的课程与教学中,我们重在让学生养成积极的自我概念和自我意识、对他人的健康态度及责任感等。

二、小学综合实践活动

综合实践活动是基于学生的直接经验、密切联系学生自身生活和社会生活,体现对知识的综合运用的实践性课程。其核心是改变课程脱离学生自身生活和社会生活的状况,面向学生完整的生活领域,强调以学生为主体,以学生发展为中心,促进学生与生活的联系,为学生的个性发展提供开放的空间。

综合实践活动课程具有综合性、实践性、开放性、生成性和自主性等特征,在课程实施和开发中要基于以下理念:坚持学生的自主选择和主动探究,为学生个性的充分发展创造空间;面向学生的生活世界和社会实践,帮助学生体验生活并学以致用;推进学生对自我、社会和自然之内在联系的整体认识与体验,谋求自我、社会与自然的和谐发展。[②]

[①] 黄济、劳凯声、檀传宝主编:《小学教育学》,人民教育出版社 2007 年版,第 199—202 页。
[②] 周翔、李树培:《小学综合实践活动探究》,《教学与管理》2002 年第 6 期。

案例 11-3

走进乡土文化

洮西中心小学　杨康梅

[活动背景]

洮西作为金坛南大门外的一颗明珠,有很多乡土文化。洮西的大棚种植远近闻名,嫩白的蘑菇、鲜美的葡萄、诱人的草莓,让人大饱口福;洮湖的水产远销省内外;马灯、龙灯是洮西宝贵的文化财富。这些都是洮西人民勤劳、智慧的结晶。而近年来这些乡土文化却一直被人们所遗忘。基于此,我设计了综合实践活动——《走进乡土文化》,以期引导学生继承传统文化、弘扬民族精神,培养爱家乡、爱人民的思想情感。

[活动目标]

1. 指导学生多途径地收集信息,了解家乡的民间传统艺术,激发学生对家乡的自豪感,并立志努力为建设家乡而刻苦学习。

2. 学生自主、合作、探究地学习,小组合作,处理信息,学会多种形式整理信息,培养学生的创新精神和综合运用知识的能力。

3. 通过多角度地展示信息,交流信息,让学生学会文明交际,分享信息资源。

[活动过程]

一、收集信息

1. 师生讨论,明确目的

根据途径的不同,分成三大组:采访组、考察组、网络组。学生根据自己的实际,自由组建小组。

2. 分组收集,确定内容

采访组:深入村庄采访村民,了解洮西的传统文化艺术。

考察组:深入相关村子,实地参观考察马灯、龙灯方面的情况。

网络组:通过上网的方式,查找下载一些关于龙灯与马灯的信息。

3. 时间:两周

(这一环节主要是引导学生走向生活、走向社会,通过多种途径,调动学生积极进行社会调查。他们经过耳濡目染,切身感受到了家乡的文化,为洮西的丰富文化而自豪。)

二、整理信息

学生通过多种渠道多种方法收集来的信息是零散的、繁多的,因此,要求学生学会对材料进行选择、整理,要为我所用。

1. 围绕主题,确定重点

反映龙、马灯的材料很多很多。交流时不能面面俱到,因此,整理信息时首先要根据收集的内容来确定重点;其次,要围绕重点筛选材料,与重点相关的材料整理得多一些、细一些、详一些,其余材料可略,甚至可以不用。

2. 根据重点,确定形式

收集了大量的信息,也确定了重点,就要考虑以什么形式来汇报。形式的选择,可以八仙过海,各显神通,可以是图片、文字、表格,也可以是摄影、摄像等,当然也可以多种形式兼而有之。

3. 时间:两周

(这一环节着重在自主、合作、探究的学习过程中培养学生逻辑思维和综合运用知识的能力,组织研究材料和运用研究方法的能力以及学生的创新精神和实践能力。)

三、交流信息

(一)引发学生交流

我们的家乡是个美丽富饶的"鱼米之乡",坐落在盛产鱼虾蟹的洮湖西畔。这儿鱼肥虾鲜蟹更美,远销其他省市;家乡人民勤劳善良,他们引进技术,开始了蘑菇大棚栽培,种植草莓、葡萄,不仅自身走上了发财致富之路,也为洮西镇的产业结构及经济发展注入了新的活力;家乡更有悠久的历史,灿烂的文化。近段时间,各研究小组积极投身社会实践,了解了家乡的传统文化,想必收获一定不小。想不想让大家来分享你们的成功?今天我们就来举办一个研究成果展示会。你们打算怎样展示你们的成果?(学生分为马灯组与龙灯组)

(二)交流研究成果

1. 介绍来历

两组队员分别以故事的形式讲述龙灯、马灯的来历。(各队采用相互补充的方式进行,双方可就对方的交流作出适当的评价)

2. 资料介绍

龙灯组同学展示"龙灯谱"并介绍其来由及其中的重要内容,并向老艺人表示感谢。

马灯组介绍马灯的变换方阵。

双方交流听后的感受。

3. 录像解说

马灯组同学展示他们在老艺人指导下进行跳马表演的精彩录像和图片,并作精彩的讲解。(龙灯组同学对此进行评价)

龙灯组同学展示拍摄到的龙的骨架图,以及从网上查阅到的舞龙的壮观场面,并与马灯组同学一起交流,评论欣赏之后的感受。

4. 情境表演

马灯组同学表演跳马中最精彩的"骚马"跑场的场面,赢来阵阵掌声,并学唱跳马时所唱的歌曲。(龙灯组的同学就他们的表演作出真诚的评价)

(三) 探索创新

同学们对家乡文化了解得可真不少,其实不管是奔腾不息的马灯还是代表吉祥如意的龙灯,都是洮西人民宝贵的艺术财富。他们正体现着洮西人民的龙马精神。在这种精神的指引与支撑下,洮西人民奋发向上,他们在镇领导的带领下,引进技术,积极调整产业结构,大力发展经济,成功弄起了大棚种植、水产养殖。人民的生活条件也因此有了极大的改善。

那你们在这次的实践活动中有没有发现或感受到我们洮西的龙灯、马灯还有什么不尽如人意之处,需要改造或完善的吗?

生1:调马灯是为了反映人民的劳动与生活,它也应紧跟时代的步伐。洮西的蘑菇种植十分红火,为洮西人民带来了丰厚的效益。调马灯中所展示的阵型是否可以安排蘑菇阵?

生2:对,螃蟹养殖也不错,我觉得也可以展示螃蟹阵。

生3:我觉得每阵之间的歌曲也应该换换了,要更符合现在洮西人民的生活实际。我自己尝试着编了一些词,希望能给你们提供方便。(附词:洮西是个好地方,这里鱼肥、虾鲜、蟹更美。大棚种植效益高,种草莓、栽葡萄,还有那白嫩的蘑菇朝你笑。要问这是为什么?全凭咱洮西人民解放思想、踏实肯干、勤劳致富才取得。)

生4:我想给我们洮西马灯提个建议,为了不让洮西的民间文化艺术失传,我觉得负责马灯的艺人们可以考虑也像张爷爷那样将马灯的有关资料汇编成册,以便代代相传。

生5:从刚才的录像中我发现,跳马灯的马灯都是两条腿,这样显得不太真实,我觉得可以安排两个人跳一匹马,这样一来,马儿有了四条腿,跳马之人也懂得了什么才是合作。

生6:洮西马灯差不多每年都调,为人民生活带来了不少欢乐,我们的龙灯却难得调一次,说实话长这么大,我还没亲眼看到过呢,这可使春节少了不少喜庆的气氛呀!

生7:虽然我们洮西有了宝贵的龙灯资料,可是懂它的人越来越少了。我家就住在光荣村,据我所知,现在负责舞龙灯的都是一些年老的人,有的都已经过世了,而扎龙灯、绘龙鳞、舞龙灯是现在的年轻人一无所知的,我真担心我们的龙灯会因此而失传呀!

……

师:同学们真了不起,通过活动,你们不仅了解了很多龙灯与马灯的文化,还发现了很多的问题,更可贵的是你们还提出了很多解决问题的办法,我相信我们的乡土文化一定会传承下去并且发扬光大。

(四) 总结延伸

这次实践活动中,你印象最深刻的是什么?在这次活动中你又发现哪些同学身上发生了较大的变化,你想对他说些什么吗?(学生纷纷交流自己的收获、成长,并对其他同学作出肯定的评价)

在活动中,同学们个个都是好样的:勇于展现自己。老师也欣喜地发现:在这样的实践活动中,每个队员都增强了对家乡的了解,你们的能力得到了培养与锻炼,你们的思想也提升到一定的高度……其实家乡的文化还不局限于此,家乡的名人,家乡各地名的来历,家乡的民间传说,都是我们进一步了解家乡可以研究的课题。队员们,广阔的生活空间也是我们学习的课堂。在以后的学习道路中,希望你们勤于学习,勇于探索,为洮西的辉煌明天作出自己的贡献。(有删改)

(资料来源 http://kt.jtcsxx.com/jskt/ShowArticle.asp?ArticleID=451,有改动)

依据上例,综合实践活动的程序通常采用确定主题、设计方案、探究实践、交流分享的模式。

一是确定主题。确定主题是综合实践活动的首要环节,主题的确定要有利于激发学生的兴趣,要富有生活性、趣味性、时代性,面向学生生活与经验,贴近学生年龄和心理特点,符合学生的发展需要。

二是设计方案。这是综合实践活动的关键环节。设计过程中要充分尊重学生的意愿,尊重他们独特的思维方式。不要将教师的设计强加给学生,而是采用提建议的方式,允许学生自主设计,让学生保持主动状态。

三是探究实践。探究实践是综合实践活动课程实施的主体部分。要鼓励孩子走出班级、走出学校进行调查、访问、记录、实验、参观等实践活动,引导学生对主题进行探究、发现,感受和体验生动的现实生活,建构知识、学习技能、养成情感。

四是交流分享。交流分享应伴随整个活动过程,这里主要指探究活动告一段落后,在一定范围内(班级内或跨班级、跨年级)进行交流。交流分享的主要形式是对话,通过倾诉或倾听,平等地交换意见、分享情感,事实上就是学习、借鉴、反思、评价的过程。

三、小学班主任与少先队工作

(一) 班主任工作

班主任是全面负责一个班学生的思想、学习、健康和生活等工作的老师,是班级的组织者、领导者和教育者,是联系班级任课教师和少先队组织的纽带,是学校校长、教导主任的有力助手,是沟通学校、家长和社会的桥梁。① 作为一名肩负这些教育重任的小学班主任,就要根据小学生生理心理的发展特点、小学教育教学的特点来积极正确地教育指导班级学生,使全班学生能够在德智体美劳诸方面全面发展。

教育部《中小学班主任工作规定》指出:班主任是中小学日常思想道德教育和学生管理工作的主要实施者,是中小学生健康成长的引领者,班主任要努力成为中小学生的人生导师。班主任是中小学的重要岗位,从事班主任工作是中小学教师的重要职责。教师担任班主任期间应将班主任工作作为主业。

资料链接

教育部《中小学班主任工作规定》中关于班主任的职责与任务

教育部2009年印发的《中小学班主任工作规定》包括:总则、配备与选聘、职责与任务、待遇与权利、培养与培训、考核与奖惩、附则,共七章、22条,其中第三章对班主任的职责与任务作出了明确规定:

第八条 全面了解班级内每一个学生,深入分析学生思想、心理、学习、生活状况。关心爱护全体学生,平等对待每一个学生,尊重学生人格。采取多种方式与学生沟通,有针对性地进行思想道德教育,促进学生德智体美全面发展。

第九条 认真做好班级的日常管理工作,维护班级良好秩序,培养学生的规则意识、责任意识和集体荣誉感,营造民主和谐、团结互助、健康向上的集体氛围。指导班委会和团队工作。

第十条 组织、指导开展班会、团队会(日)、文体娱乐、社会实践、春(秋)游等形式多样的班级活动,注重调动学生的积极性和主动性,并做好安全防护工作。

第十一条 组织做好学生的综合素质评价工作,指导学生认真记载成长记录,实事求是地评定学生操行,向学校提出奖惩建议。

第十二条 经常与任课教师和其他教职员工沟通,主动与学生家长、学生所在社区联系,努力形成教育合力。

(资料来源 http://www.jyb.cn/info/jyzck/200908/t20090819_303730.html)

班主任的工作内容主要表现在以下几个方面:

---

① 田本娜主编:《小学教育学》,福建教育出版社2007年版,第318页。

第一,调查研究学生情况。俄国教育家乌申斯基说:"如果教育家希望从一切方面去教育人,那么就必须首先从一切方面去了解人。"①班主任要了解学生的家庭情况、思想品德情况、学习情况、身体情况以及个性心理特点和兴趣特长等;还要了解班级组织情况、骨干队伍的组织情况和思想状况,并经常掌握发展动态。

第二,组织管理班集体。班集体对学生的成长和教育具有十分重要的作用。建设好班集体是班主任的一项重要工作,也是班主任最基本的任务。班主任要依据教育方针、教育任务和学生实际情况制定本班集体建设的目标,选拔培养班干部,建立班级常规,搞好日常组织管理工作,培养正确的舆论和优良的班风。

第三,教育指导个别学生。苏霍姆林斯基说过,每个学生都各自是一个完全特殊的、独一无二的世界。每个学生都有自己的特点、兴趣、情感和需要,具有不同的发展水平。班主任必须根据学生的个体差异,采用不同的方法做好学生的个别教育。严格要求优等生,充分发挥其长处,带动全班进步,同时防止自满情绪;关心爱护后进生,启发诱导,树立其信心。

案例 11-4

表扬的魅力

任小伟是一个令老师头疼的学生,什么恶作剧都敢做,什么热闹都凑合,总爱和老师唱反调,作业从来都不交。为了改变这种状况,老师对他展开了跟踪调查,发现无论刮风下雨,他都坚持送邻居家的小妹妹安全回家。老师如获至宝。

在一次课上,老师大力渲染气氛:"同学们,你们知道我们每天学习的活雷锋,他现在在哪里吗?现在他回来了,回到了我们的学校,来到了我们的班级。他整天摆出一副对什么事都漠不关心的样子,而事实上却是那么乐于助人,极富爱心和责任感。同学们,猜一猜这个人是谁?"同学们的情绪立刻高涨起来,可猜了半天也没有猜到"任小伟"这个名字。老师故意清了清嗓子,大声说:"他——就是我们班的任小伟同学。"谜底一揭晓,同学们都目瞪口呆,在老师告诉大家他的事迹后,教室里才响起一阵热烈的掌声。

老师又接着说:"下面请同学们做小记者采访一下任小伟同学。不管什么问题,他一定会给你们一个满意的答复。"话音刚落,同学们"呼啦"一下把他围了个水泄不通。再看任小伟,像一个获胜的将军一样,神气十足地解答着同学们的一个个问题,很显然,他完全沉浸在幸福之中。

最后老师作了总结:"同学们,如果有问题可以直接找任小伟同学谈谈。下面我们一起总结一下。同学们知道小伟有不少缺点,但是缺点可以改正啊!一个雷锋式的好少年,他怎

---

① 转引自胡寅生主编:《小学教育学教程》,人民教育出版社 2000 年版,第 397 页。

么能拒绝进步呢？我相信小伟同学在以后的学习中，一定会做得很出色，他一定是咱们班里的佼佼者，也是我和同学们的骄傲！"

（资料来源　高桂英：《表扬的魅力》，《山东教育》2003年第24期）

第四，协调各方面教育力量。班主任要负责联系和组织任课教师商讨本班的教育工作，协调各种活动和课业负担。争取本班家长和社会有关方面的支持、配合，共同做好学生的教育工作。只有协调并发挥好这些力量，才能保持教育方向的一致性和教育活动的协调性。

第五，制定班主任计划和总结。班主任计划的制定要以教育方针为指导，贯彻学校教育工作的计划和要求，符合本班的实际情况和特点，做到全面、具体、突出重点；班主任工作总结是班级工作过程的最后环节，既是对工作计划执行情况的检查，也是对工作质量的全面评估，要做到客观真实。

由于班主任工作的复杂性特点，学生活动的丰富性，加之学生个体心理结构的多样性，班主任工作的方法必然是多种多样的。一般说来，班主任工作的方法包括调查法、观察法、谈话法、文献法、个案分析法和实验法。此外，在班级德育工作中，班主任还常常运用说服教育法、情感陶冶法、实际锻炼法和品德评价法等。[1] 这些方法的作用是相互联系、相互渗透、相互促进的。班主任在工作中要注意，任何方法都不应脱离整个方法体系而孤立地加以运用。

（二）少先队工作

中国少年先锋队"是中国少年儿童的群众组织，是少年儿童学习中国特色社会主义和共产主义的学校，是建设社会主义和共产主义的预备队"。少先队的任务是团结教育少年儿童继承中国共产党的光荣传统，努力学习，锻炼身体，爱祖国、爱人民、爱劳动、爱科学、爱社会主义，立志建设社会主义的现代化强国，做共产主义事业的接班人。[2]

资料链接

少先队工作制度

少先队工作制度是全体队员共同遵守的准则和做好队工作的保证。常见的几种制度有：

---

[1] 惠中主编：《小学教育专业集中实践环节导引》，中央广播电视大学出版社2005年版，第84页。
[2] 惠中主编：《小学教育实践导引》，高等教育出版社2007年版，第177页。

1. 队干部选举制度。队章规定每半年至一年改选一次队委会和队长。这是发扬民主精神，进行当家做主教育的一种制度。改选一般在学年或学期初进行。

2. 队干部轮换制度。每个队干部有一定的任职期，期满无特殊情况不再连任。这种制度能够使更多的少先队员有机会参加队的组织管理，得到锻炼。

3. 队干部例会制度。一般每周或隔周进行一次。主要内容是汇报、研究和布置工作。大（中）队例会可由委员轮流组织，并负责向辅导员汇报。

4. 队干部培训制度。培训少先队干部，使他们熟悉和掌握自己的工作职责、方法和技能技巧，这是提高少先队工作水平的必要手段。培训的方法有举办队长学校、听课、实际操作、现场观摩等。

5. 队前教育制度。新队员入队前要对他们进行队前教育。如学习队章、学唱队歌、学习敬队礼及呼号、系红领巾、为人民做一件好事。入队时要举行隆重的入队仪式。

6. 表扬奖励制度。少先队组织应当经常在广播、队报、光荣簿上表扬好人好事，在"六一"儿童节、10月13日建队纪念日，集中表扬优秀少先队员、优秀少先队集体。

7. 活动制度。小学少先队的活动一般要求大队活动每学期举行一至两次；中队活动每月一次；小队活动每周一次。每次活动的时间不宜过长，内容不要繁杂，要注意年龄特点。

8. 小队生活会制度。这是队员交流思想、增进友谊的好形式。生活会可以在队活动时间或课余时间进行。

9. 离队制度。队章规定年满14周岁的队员在组织上要离开少先队。超龄队员的离队，由大队举行离队仪式，办理离队手续。

10. 阵地教育制度。阵地是少先队开展工作的重要基础，利用阵地（小家务）对队员开展经常性的教育和工作，让他们在管理中学会必要的本领。这些固定的、不可缺少的活动阵地会使队员们实实在在地感到少先队组织的存在，丰富少先队的活动内容，满足队员的各种兴趣、要求，培养他们的组织观念及对组织的责任感。

（资料来源 http://zhidao.baidu.com/question/149447053.html？si=1）

少先队团结教育少年儿童的主要途径和方式是开展丰富多彩、生动活泼的少先队活动。少先队的活动是少先队的生命。少先队活动的内容广泛，如思想品德教育活动、学习科学文化知识活动、文娱体育游戏活动、假期活动等；从形式上看，主要采用队会的形式，分为大队会、中队会和小队会。除此之外，还可以通过礼仪活动、阵地活动、参观访问、夏（冬）令营以及各种社会实践等形式，通过各种活动的开展，可以充分发挥少先队员的主动性和主人翁精神。

少先队活动是在少先队辅导员的组织与指导下进行的。辅导员一般由思想进步、作风正派、热爱少先队工作的教师担任，也可以聘请各条战线的先进人物担任校外辅导员。为成功组织少先队活动,辅导员必须了解少先队员的心理特点,善于发现生活中有价值的素材,通过各种形式的活动吸引少先队员,注意活动的主题的设计与细节安排,善于总结经验和教训,提高少先队活动的实效。

四、小学的家长工作和社区工作

(一) 家长工作

学生的成长除了受到学校、班级的影响,还会受到其家庭生活的影响,良好的家庭教育对小学生的学校生活乃至终身发展有着重要作用。因此学校要做好学生工作,还必须借助家长的力量。学校怎样开展家长工作呢? 一般采用五种方法。

1. 成立家长委员会

做好家长工作,首先要有一个管理的机构。学校要有专门的领导负责家长工作,另外成立一支关心学校工作、热心为学校办事的家长队伍,即家长委员会。家长委员会在学期开始和结束时召开。学期初,学校领导向家长委员会的成员介绍学校工作计划,提请大家作些修改、补充,为学校工作出谋划策;学期结束时,校领导根据计划汇报学校的教育教学工作,让家长对学校工作作出评估,这样可以让家长更好地配合和参与学校工作。

2. 开设家庭教育讲座

家长要使家庭教育有的放矢取得实效,就必须了解孩子,使家庭教育的内容具有针对性。学校每学期举办 1—2 次家庭教育讲座,针对学生容易出现的问题如品德、学习、心理、身体等方面问题,对家长进行培训指导。家庭教育讲座还可根据不同年龄阶段孩子的特点,分年级有层次地对家长进行宣传教育。

资料链接

钱库小学家长工作建议 28 条

孩子是我们的未来。

面对未来,我们坚信:"促进学生的学习"是我们必须秉持的核心价值观。

面对未来,我们相信:教师是学生学习的引领者、维持者与促进者。家长是学生学习的支持者、协助者。教师和家长的相互合作、相互支持是孩子成长中最温暖的力量。

面对未来,我们希望:共同实现美好的愿景:"人人想学,人人会学,人人学好";共同培育"健康、创造、负责"的阳光少年。

为了孩子,为了未来,您可以:

——经常陪孩子去图书馆借书,或者去书店购书,读什么书、买什么书重要的标准是孩子的兴趣,当然你也可以提出孩子愿意接纳的建议。

——经常和孩子一起阅读有趣的书刊报纸,每天应该有一个固定的时间是你和孩子的阅读时间,哪怕只有十分钟。

——时常让孩子做一些家务活,洗碗、洗衣服、拖地板、买菜,甚至换灯泡……最好给孩子固定每天必须做的家务活,这是培养孩子责任感的好办法。

——带孩子去你的工作单位参观,并耐心地为孩子讲解,让孩子了解你的工作,郑重地把孩子介绍给你的同事,让孩子感受到他是重要的。

——在传统的节日里,为孩子亲手制作传统的节日食物,比如清明圆子、端午粽子;不仅让你的孩子品尝,还可以把你做的食品送到你的孩子的班里,让全班同学一起品尝,你一定会成为孩子的骄傲。

——教孩子和他的伙伴们一些你小时候玩过的游戏,比如跳皮筋、滚铁环、甩陀螺……你可能会成为孩子们心中的"英雄"的。

——选择一个美好的日子,和其他家长合作组织一次轻松愉快的班级联欢活动,节目不一定很精彩,但是给孩子的印象一定很深刻。

——带领孩子参观当地的自来水厂、变电站、燃气公司等基础设施,让孩子了解城市生活基础,不一定非得进入核心区域,远远地看也一样有效果。

——带孩子去看看城市周边的蔬菜基地或者蔬菜批发市场,认识蒜呀、葱呀和认识English一样重要。

——带孩子去法庭,旁听法官对案件的审理,让孩子感受真实的法律,对孩子形成法制意识可能会有一定的作用。

——尝试组建"友好家庭",两个或几个家庭经常一起开展各种活动,特别是户外活动,最好对方家庭的孩子和你的孩子的个性差异比较大,这样双方能在活动中逐渐互补,可以有限度地弥补独生子女家庭的缺憾。

——带孩子去贫困地区走走看看,体验当地的生活,如果能够让孩子结识一个当地的孩子并保持联系,那对孩子来说是一生都会铭记的经历。

——带着你的孩子回到你小时候生活、学习过的地方,把你小时候的故事讲给他听,孩子的心会和你靠得很近。

——尝试"亲子互换",这是一个极富挑战性的建议,让孩子在一个完全不同的家庭环境生活一天,对孩子是一次难忘的经历和很好的锻炼,你呢,也可以从别的孩子身上更清楚地看到自己的孩子的优缺点。

——协助班主任老师组织学生春游秋游活动,可以为老师提供建议,帮助老师完善方案,尽你的力量为孩子们提供方便等。

——组织班里的孩子和家长举行家庭微型体育运动比赛,比赛项目尽可能有趣,要让更多的孩子参与。

——组织班里孩子和家长举办诗歌朗诵会,诗歌和童话一样是孩子成长的营养品。

——组织孩子和家长的卡拉OK聚会,这是很普遍的娱乐,同一个班的十几个同学和家长一起OK,应该还是不多的,尝试一下会有不同的感觉。

——在双休日,发起和组织家庭登山对抗赛,一定要有奖品,而且领奖的一定是孩子。

——为升入高年级的孩子们上一堂青春期教育课,当然,这需要你具备相应的专业技能。

——为孩子们讲解食品卫生和安全方面的知识,这些方面老师们并不在行,而对孩子们却是十分重要。

——帮助孩子和老师布置教室,孩子每天在教室里看到你的劳动,一定会非常自豪。

——拍摄一些孩子活动的照片张贴在教室里,或者交给班主任老师上传到班级主页,让你和孩子一起成为关注的焦点。

——为班级活动提供一些有意思的小奖品,如果这些奖品是你和孩子一起做的,或者是你和孩子共同的劳动所得那就更有意义了。

——在学校或班级演出时协助老师为孩子们化妆,孩子们一定会很高兴。

——为孩子的教室装点一盆花草,让孩子们的学习环境更加温馨。

——动员孩子捐出已经读过的书,为班级或者为结对的贫困地区的学校建立一个小小的图书角。

——和孩子商量,一起写一个你们之间的故事,让孩子成为故事的主角,让更多的家长分享你家庭教育的故事和经验。

(资料来源　http://www.qkzyx.net/ReadNews.asp? NewsID=1695)

3. 召开家长会

家长会是由学校邀请全校学生家长出席的会议。一般先开会,后让教师以接待的形式与家长逐个联系。家长会上,学校向家长简要汇报学校近期的工作内容及重点活动,让家长全面了解学校工作,然后让各班的任课老师向家长反映学生在校情况。通过与家长沟通交流,可以促使学校和家庭双方更好地了解学生,帮助学生成长进步。

4. 设立"家长开放日"

学校每周设立"家长开放日",邀请家长来校参加教育教学活动。家长可以和孩子们在操场上做广播体操,也可以坐在孩子们的身边,一起听老师上课等。"家长开放日"通过让家长亲身参与学校的教育教学活动,既能帮助家长学习老师的教学方法,又可以让家长亲眼看到孩子在群体中的表现,更全面地了解自己的孩子。

5. 家访

家访是学校与家长密切联系，使家庭教育和学校教育相互协调，提高教育效果的重要途径和形式。家访就是教师到学生家去，介绍学生在校情况，了解孩子在家的表现及家长对孩子的教育情况，共商对孩子的教育。要使家访有成效，关键是教师要善于捕捉教育时机，在家访中不仅要指出缺点，也要表扬优点，使家长全面正确地看待孩子，配合学校教育自己的孩子。

（二）社区工作

人的成长离不开社会、家庭、学校三方面的影响，因此单靠学校和家庭的力量不足以教育学生，社区教育也相当重要，教育家陶行知就曾提出过"生活即教育"、"社会即学校"、"教学做合一"的生活教育理论，学校应与社区教育紧密结合，充分发挥社区作用。社区工作是全面培养学生的重要途径。

社区工作是一种双向的过程。从学校角度看，学校可向社区开放设施场地，与社区居民共享资源，同时要培养孩子的社区观念，为社区的建设和发展提供智力支持；从社区的角度看，社区要参与学校培养和教育学生，为学校提供良好的育人环境和教育资源。

学校开展社区工作可以通过多种途径开展。第一，成立社区教育委员会。社区是学生接触社会、了解社会、熟悉社会的主要渠道，也是学生进行社会服务、公益劳动的基地。成立社区教育委员会可以使社区教育工作规范化、制度化。第二，利用社区资源开展实践活动。社区资源包括场所、人力、活动等资源，学校可以与各社区单位建立联系，开展交通安全讲座、消防知识学习、帮扶孤寡老人、植绿护绿、社区调查等活动，培养学生的社区观念和社会责任感。第三，协助净化社区环境。良好的社区环境是学生健康成长的重要保证，学校要主动协助社区净化教育环境，改善校园周边环境。

> **资料链接**
>
> #### 南海小学2008"和谐社区建设年"工作计划
>
> ……
>
> 一、活动机构
>
> （略）
>
> 二、活动目标
>
> 以"和谐社区建设年"活动为抓手，力争实现学校发展的两个目标：
>
> 1. 创建深圳市绿色学校；
> 2. 创建深圳市安全文明示范单位。
>
> 三、活动途经

落实"和谐社区建设年"的活动,主要通过三个途经:

1. 学校在 2007 年已成立"学生社区教育协调委员会",拟扩大和强化其功能,进一步发挥其在"和谐社区建设"中的组织和协调作用;

2. 走出去:现代化学校的一个重要标志是开放性,拟通过在社区的调查、参观、访问、体验学习和现场教学加强学生与社区、社会的接触,开阔视野,增长才干,提高动手能力、交往能力、分析与解决问题的能力;

3. 请进来:充分发挥和调动社区的教育资源,把社区的名人、贤达和"五老"请进校园,与学生一块活动或担任校外辅导员。

四、活动难点

要创建深圳市绿色学校和安全文明示范单位的目标,还要攻克校园环境中的四个难点:

1. 校门口侧面打工人员饭盒、垃圾的乱丢乱放;

2. 校门外城管宣传栏(已损毁)和垃圾箱(破烂不堪)的维护和更新;

3. 校门外南光路和登良路口的红绿灯设置;

4. 校门外无良小店赊账销售和电子游戏机的整治和取缔。

五、活动重点

结合学校德育工作和"和谐社区建设年"活动的要求,学校拟定五项活动重点:

1. 综合社会实践活动。按照教育部小学生课程计划要求,结合学校实际,我校原则上每学期组织两次综合社会实践活动:一次全校性的,以春游和秋游为契机;一次分班或年级组织,以社区的主题活动为重点。

2. 护苗行动。学校的一切教育教学行为和活动都应以学生的身心健康发展为目标,开展"和谐社区建设年"活动也应如此。在学校与社区的互动中,我们要注意把学生的交通安全、食品卫生安全、消防知识、环保知识、法制教育、心理健康教育纳入活动的整体框架,确保学生无一例违法犯罪事故,老师无一例渎职责任事故。

3. 关爱行动。深入开展"日行一善"和"结对帮教"活动,对所在社区的孤寡老人、烈军属、贫困户进行力所能及的关爱和帮扶,对社区的适龄儿童家庭进行家访和招生政策的解读和指导,用孩子们的实际行动推进"小手拉大手,童心动人心"的活动。

4. 社区教育。根据学校教育资源和师资较集中的特点,积极配合、支持开展社区教育,比如在宣传方面、文体活动方面和家庭教育等方面;特别是暑假期间,学校工作相对轻闲,可以有针对性地到社区开展一些专题教育活动。

5. 社区服务。积极宣传"十百千万行动",发动师生争当社区义工和楼栋长,争当"四员",组织建设"五小"队伍,让每个师生都成为南海小学的一张名片。

……

(资料来源　http://www.xxdoc.com/view-all-zc9ze7zc7zf8zbdza8zc9ze8zb9za4zd7zf7zbczc6zbbzae-p0-o2.html)

五、小学教育研究

教育研究是实践性很强的研究领域,在教育实践过程中,小学教育专业的学生不仅要进行教育教学实践活动,还应该进行初步的教育研究的训练,培养一定的教育研究能力。

教育研究是"对教育问题的一种认真、系统、持续的探究活动,是针对教育问题系统地收集资料、寻求答案的过程"[1],具有客观性、系统性、创造性等特点。小学教育研究则是把小学教育作为研究对象,探索小学教育的规律及有效的教育途径和方法,以解决新问题、新情况的一种科学实践活动。[2]

教育研究的类型很多,根据不同的标准有不同的分类。按照研究成果的作用分类,可分为基础研究和应用研究,基础研究的主要目的是扩展知识,重视学术价值,而应用研究的基本目的是解决现实问题,重在实际意义;按照研究成果是否含数量分析,可分为定量研究和定性研究,前者用数字说明问题,后者着重用文字描述;按照研究的方法分类,可分为实验研究、调查研究、行动研究和个案研究等。

案例 11-5

关于师生课堂互动情况的观察报告
顾文倩

一、起因

师生是课堂互动的两个主体,他们的互动能够带来课堂教学的多样性。在课堂中,师生互动最主要的表现就是师生间的对话。根据对24节课堂教学临床观察的样本统计,在小学数学课堂教学中,大约有20.8%的数学课用于师生对话的时间超过总教学时数的55%。因此想通过本次对某二年级数学课其中的十分钟教学的过程的观察,试图仔细研究一下这位老师是如何运用对话形式来实现同学生的交流与互动的。

二、策略与方法

临床观察,对一堂课其中的十分钟教学过程进行选择性信息的观察与记录。具体方法是:二人一组合作手工记录,一人记录教师的问题,一人记录学生的回答反应。

---

[1] 黄济、劳凯声、檀传宝主编:《小学教育学》,人民教育出版社2007年版,第375页。
[2] 参阅惠中主编:《小学教育实践导引》,高等教育出版社2007年版,第237—238页。

三、临床观察

课题:三的乘法口诀(小学二年级数学课)

课时:1课时

描述:

场景描述

学生按原来座位就坐无分组。

教室前面有一讲台,黑板右上角挂有一小黑板,用几张白纸覆盖。

教学行为

老师在大黑板中间挂上一小黑板,上面画了3束花,每束3朵。

师生对话

师:请你们看这幅画,算式应怎样立?(师指着小黑板上的画)

生:三乘以三等于九。(师揭下右面小黑板上一纸条,显示 $3 \times 3 = 9$)

师:三乘以三等于九,谁能看看这代表什么意思?

生:三的三倍。

师:说完整,表示三的三倍是……(停顿)

生:表示三的三倍是九。(师揭下一张条,显示"三三得九")

师:那么,乘法算式所表示的意义以及乘法口诀之间有什么联系?

生1:它们都有三。

生2:它们前面都是三。

生3:都有两个三一个九。

师:好的。(师揭下小黑板上的纸条,多了一束花)添上一束花算式是什么呢?

生:三乘以四……(学生停顿,想答案)

师:是几啊?(学生依旧答不出,师转向全班问)

齐:十二。

师:三乘以四等于十二,表示什么意思呢?

生:表示三的四倍。

师:表示三的四倍,对,乘法口诀呢?

齐:三四十二。

师:口诀是三四十二。有两句口诀了,乘法算式所表示的意义以及乘法口诀之间有什么联系呢?

生1:都有三和四。

生2:结果积也相同。

生3:都有三。

师:说过的我们不重复。

生4:排列的顺序一样。

师:好,今天大家都很会动脑筋。大家知道怎么编出乘法口诀呢?

(教师停顿片刻,无人回答,但是下面有学生小声猜测)

师:三乘以四等于十二,三的四倍是十二,所以有三四十二。

(师揭下纸条,显示"3×5=15,三的五倍是十五")

师:口诀呢?

生:三五十五。(师揭下纸条,显示"三五十五")

师:找找三句口诀有什么相同,有什么不同。

生:前面的数字都是三。

师:前面第一行都是三,为什么呢?

生:是三的乘法口诀。

师:对,这就是三的乘法口诀,那不同呢?

生:它们的积都相差三。

师:相差三,很会动脑筋。为什么会相差三呢?

生:因为是三的乘法口诀。

师:那么三三得九与三五十五相差多少呢?

齐:六。

师:为什么不是相差三呢?

生:后面是三,四,五。

师:第二行有顺序的排列出来,上下相差多少倍呢?

生:一倍。

师:一倍,所以相差三。(师指着小黑板上的两束花)相差两倍的话多少朵花啊?

齐:两朵。

师:两朵?(疑问的语气)

齐:两朵。(依然肯定地说)

师:两朵?那么相差一倍是几朵花?

齐:三朵。

师:那么两倍呢?

齐:六朵。

师:六朵,对了。相邻的两句口诀相差三,接下去的口诀就能说了。

四、数据统计

行为类别	频次	百分比%
A. 提出问题的类型		
1. 常规管理性问题	0	0
2. 记忆性问题	2	9.1
3. 推理性问题	13	59.1
4. 探究性问题	5	22.7
5. 发散性问题	2	9.1
B. 教师挑选回答问题的方式		
1. 提问前,先点名	0	0
2. 提问后,让全班齐答	7	31.8
3. 提问后,让举手者答	15	68.2
4. 提问后,让没有举手者答	0	0
5. 鼓励学生提出问题	0	0
C. 学生回答的类型		
1. 无回答	1	4.5
2. 机械判断是否	2	9.1
3. 认知记忆性回答	17	77.3
4. 推理性回答	2	9.1
5. 称赞评价性回答	0	0
D. 教师理答的方式		
1. 打断学生回答,或自己代答	2	9.1
2. 对学生回答不理睬,或消极批评	3	13.6
3. 重复自己的问题或学生的答案	11	50
4. 对学生的回答鼓励、称赞	6	27.3
5. 鼓励学生提出问题	0	0
E. 教师提问后的停顿		
1. 提问后没有停顿或停顿时间不足3秒	17	77.3
2. 提问后时间停顿过长(超过15秒)	0	0
3. 提问后适当停顿3—5秒	5	22.7
4. 学生答不出来,耐心等待几秒	0	0
5. 对特殊需要的学生,适当多等待几秒	0	0

注:A、C项中问题的思考性水平从1到5由低向高排列;且在这十分钟内学生向教师提问次数为0,学生间互动次数为0。

五、分析

首先,在这十分钟的教学过程中,教师共提问22次,从表中可以看出,可能由于教师的教学习惯,加之是一节普通的数学课,无任何常规管理性问题出现。需要指出的是,教师提问的类型中近60%为简单的计算或问答题,其中多为乘法口诀的计算。也就是说,总体的问题难度及思考性水平一般,作为一种回应,学生回答的思考性水平也不高,而且比教师提问的思考性水平还略低些。这或许是由于教师的提问有重复,学生便通过经验及他人的回答加以复述。当然教师的问题中也出现了需要作进一步思考的类型,但很可惜数量实在有限。这节课中教师提问的思考性过低减少了学生学习的兴趣。

其次,该教师提问后的停顿时间大多不足3秒,这也可能与问题本身难度不大有关,但有些略需要思考的题目教师也没有给予适当停顿时间,只要有人举手就请学生回答,这样就忽视了其他学生的需要。在师生互动过程中,教师不应只着眼于反应快的学生,而要覆盖到整个班级。同时,对于学生的回答,教师有几次没有给予评价,而是转向了另一个问题上。无论是教师的提问还是学生的回答,在真正互动的过程中,双方都应该有一定回应,而这种交互式是靠教师引导的。

第三,一问一答的过程中,全部为教师主动发问,完全没有出现学生自发的提问,教师也没有鼓励、提供给学生这样的机会,仅仅按照自己的思路一个接一个地问学生问题。学生之间也无任何交流互动活动,于是,师生对话变成了一种教师问学生答的单向输出模式。

第四,缺乏问题情境。这整个教学过程中几乎没有联系学生生活实际的问题情境,相反,总是围绕一些概念、相似的表达方式,如,"3×3=9,三的三倍是九,三三得九"这样的模式贯穿着整个教学过程,简单、重复的问题使学生学之无味,更谈不上积极的互动了。所以教学应该通过设计现实主题或问题来支撑学生积极的学习活动,帮助他们成为学习活动的主体,通过构建师生合作交流与对话的课堂教学平台,让教师的有效教学与学生的有意义学习活动能真正落到实处。

六、进一步反思

通过这次的观察活动,发现了师生交互活动中的若干问题,我想既然师生对话占了课堂教学中的大部分,每一次对话都应该有它的意义所在,不是无谓的重复或形式上的敷衍,如何实现师生对话的价值值得深思。因此,在课堂师生互动中,以下几方面问题应当得到重视。

1. 平等性。课堂教学中的师生对话和生生对话都需要建立在最基本的师生平等和教学民主的关系基础上,离开了平等,离开了民主的教学氛围,就只会有灌输和填鸭式的教学。教师应把学生看作是和自己平等的学习个体,想方设法引导学生与自己对话、与他人对话,细心聆听学生的发言。

2. 互动性。学生的学习不是被动地接受教师的影响,而是通过积极的互动活动获得知识的一种能动过程。这种互动不仅仅是教师与学生之间双边互动的过程,它还是涉及诸如生生互动等各种互动过程,是多种互动过程的统一体。

3. 探究性。我们强调在整个教学过程中,应把学习的主动权交给学生,充分调动学生的学习积极性,挖掘学生作为学习主体的潜力,所以,我们要改变教师问学生答的简单模式,而代之以师生间、同学间的多向互问互答方式。在此过程中,学生由被动受问者变成了主动发问者、探究者,成为学习的真正主人。

4. 开放性。对话的核心是问题,没有问题就没有对话。但问题不是简单的认知性或其他思维含量或智力价值不高的是非问题,而是能启发和促进学生积极思考,给学生以广阔的思维空间的开放性问题。通过设计开放性问题,破除固定答案的束缚,鼓励学生突破常规思维模式,引导学生的发散思维、逆向思维、求异思维和创新思维得以不断创新。

总之,真正有效的师生对话,应该发生在对话双方自由的探索或自发的讨论中,发生在对话双方精神上真正的回应与相互碰撞中,发生在对话双方认知上互相接纳与融合之中。

(资料来源　惠中主编:《小学教育专业集中实践环节导引》,中央广播电视大学出版社2005年版,第14—20页)

在小学教育研究中,常用的研究方法有观察法、问卷调查法、访谈法、文献法、实验法、行动研究法等。根据研究目的和研究对象的不同,研究者会选择不同的方法。但不管采用怎样的方法,小学教育研究的过程大致分为选择课题、查阅文献、制订计划、收集资料、分析资料、形成结论六个步骤。

第一,选择课题。课题的选择是教育研究的第一步。课题始于问题,发现问题是研究的起点。问题通常来源于实践,这就要求研究者留心观察教育实践中的疑惑和问题,并理清头绪用清晰的语言表述出来,完成从实际问题到研究课题的过程。

第二,查阅文献。阅读文献是查阅相关问题研究的信息。通过了解和掌握前人和他人的研究成果,一则可避免重复劳动,二则可以为下一步工作作好研究准备。

第三,制订计划。制订计划是课题研究设想的具体落实,包括明确研究目的,分解研究目标,确定研究对象,选择研究方法、工具、手段,制订操作方案和实施步骤,进行组织分工,安排研究日程和制订研究经费使用办法等。

第四,收集资料。即收集研究所需的数据。因研究方法不同,收集方式也不同,收集的资料可分两种基本类型:一类是通过检索、记录获得的文献资料;一类是通过问卷调查、实验、观察等获得的资料,如谈话记录、问卷回收、实验数据、测试结果、学生作业、观察记录等。

第五,分析资料。这是教育研究的重要一环,直接决定教育研究的质量。分析资料就是对收集到的资料,运用判断、推理、归纳、比较、类比、统计等各种方法进行分析的过程。

第六,形成结论。在分析数据的基础上概括研究结果,并对结果予以解释的过程。研究者要本着客观、科学、严谨的态度,确保研究结论的客观性和科学性。

在具体的研究中,六个阶段不是孤立存在的,如查阅文献可以贯穿整个研究过程,所订计划也可能在研究过程中加以补充和调整,各个阶段是层递推进又相互关联的。

第三节 小学教育实践智慧

一、小学教育实践智慧的含义

教育智慧是由理性智慧和实践智慧构成的一种特殊的智慧,是沟通教育教学理论与实践经验的桥梁。教育实践智慧是教育智慧的核心因素,叶澜教授就指出过:具有教育智慧是未来教师专业素养达到成熟水平的标志,"它集中表现在教育、教学实践中:他具有敏锐感受、准确判断生成和变动过程中可能出现的新情势和新问题的能力;具有把握教育时机、转化教育矛盾和冲突的机智;具有根据对象实际和面临的情境及时作出决策和选择、调节教育行为的魄力;具有使学生积极投入学校生活,热爱学习和创造,愿意与他人进行心灵对话的魅力"[1]。由此,我们认为教育实践智慧就是教师在教育实践过程中表现出的教育智慧,即教师在教育活动中解决具体教育问题的聪明才智,是教师对教育情境和问题深刻洞察和敏锐把握的能力的反应,是教师的人格、学识、经验、能力、教育机智等综合素质的体现。正如以下案例中所示,教师敏锐地捕捉教学过程中的动态因素,关注学生的思维过程,根据具体的情况采取有效的策略与措施,及时变更教学策略,优化了课堂教学流程。

案例 11-6

学生教我——他们得意,我开心
福建省福州市钱塘小学 汤海凤

第一节课预备铃响了,我拿起语文书,满怀信心地走进教室。趁第二声铃响前,我在黑板上工整地写上今天的课题——《枫桥夜泊》。

"上课,同学们好!"

"老师,您好!"

"请坐。今天,我们来学习一首新诗《枫桥夜泊》。请……"话还没有说完,就有学生嚷起来了:"是唐代的张继写的。"

"得意什么,书上不是写着吗?谁不知道。"说这话的是我班得理不饶人且善辩的家伙。我偷偷瞪了他一眼:存心打击别人的积极性呀!

---

[1] 叶澜:《新世纪教师专业素养初探》,《教育研究与实验》1998年第1期。

"好,好!你们预习得都很认真,就老师没预习。这个张继怎么写呢?谁来帮老师?"

"我来,我来……"哇,气势不小,他们还真当我不会呀。算了,冲着孩子们刚才的学习势头,让他们得意一回吧。今天呀,干脆我就——会,装不会,看他们怎么"折腾"。于是我灿烂一笑,故意问:"是都预习了吧?"

"是!"回答响亮而坚定。

"那好,你们大声、有感情地读一读,老师把这首诗写在黑板上。"

学生因得意连读起书来都摇头晃脑,我偷偷一笑,挥笔写下了这首诗,其中,我故意写错了"乌"、"啼"、"枫"、"渔"、"寺"等几个字。

　　月落鸟蹄霜满天,
　　江凤鱼火对愁眠。
　　姑苏城外寒山峙,
　　夜半钟声到客船。

"老师,你的鸟写错了。"

"老师,啼也错了。"

"还有……"

课堂明显沸腾起来了,他们在等待老师的反应。我想,他们一定开始议论今天老师怎么成了"错别字大王"?我的脸上没有丝毫不好意思,心里反倒在窃喜:呵呵,考考你们。我故意装出一脸疑惑的样子:"同学们,怎么了?有问题的请举手。"

"老师,诗中讲的是乌鸦在啼叫,是'乌'不是鸟,你多写了一个点。"

"没错!"全班同学一致肯定地回答。

"'啼'是叫的意思,与口有关,所以应该是口字部,而不是足字部的。"

"江枫指的是江边的枫树,并不是风,它是一种植物,应该是木字旁。"

"'鱼火'的'鱼'应是三点水的。"见这个同学没有再说的意思了,我向全班的同学投去信任的目光:"为什么是三点水的呢?"

"'渔火'指的是渔船上的灯火,这里的'渔'有捕鱼的意思。"

……

孩子们纷纷发表了自己的见解,指出错的同时,还说了错的原因所在。看着他们脸上所洋溢的胜利的微笑,我震撼了:原来,成就感真的可以成为调动学生参与课堂活动的积极因素。在这种互动的氛围中,学生的精神状态是积极的,他们自主学习所获得的知识得到了充分的肯定,他们体会到了用自己学到的知识为老师纠正错误的成就感。

顺势,我在体会诗的意境时,也采用了这种教学方法。我利用学生诵读体会的时间,发挥自己简笔画的特长,在黑板上画出了体现古诗意境的景象。当然,我还故意遗漏、错画了部分地方。

刚画完,兴致正高的孩子们又开始发表意见了。

"老师,我有疑问。题目为《枫桥夜泊》,说明作者的船停泊在有桥、有枫树的地方,所以我认为应在这幅画中补上一座桥。"同学们一致肯定了这位同学的看法,根据学生的要求,我立刻补上了一座桥。心想:呵,还挺快的嘛,马上就发现了我设置的第一个"失误"。

"呀,我有一个重大的发现。"一个男生忽地站起来。同学们投去了异样的目光,该同学立刻变得有些羞涩了。

"你说,我们听着呢!"我鼓励道。孩子们竟也会意地响起了掌声。他们知道:每个同学都需要大家的肯定和鼓励。

那个男生的声音明显响亮、自信起来:"这首诗描绘的是晚上的景色,天色比较暗。再说了,乌鸦是黑色的,很难看到。而且,诗中只提到乌鸦的叫声,这是作者听到的,还是躺在船上听到的呢。"班级立刻响起了赞许的掌声,我和其他学生也不由自主地向他投去敬佩的目光。是呀,画上乌鸦可不是我的"故意",这个孩子真了不起,他领会了诗的意境,而且还学会了联系生活常识及生活实际解决问题。好!

"你太棒了,老师怎么就没考虑到这点呢?谢谢你!看来,老师的这幅画还有不少的问题呀,大家仔细找找看。"

话一说完,我忽然觉得学生的神情变得那么专注,眼睛里似乎都闪着智慧的火花。很快就有反馈了,而且有龙争虎斗的架势,个个手都举得那么直、那么高。

"老师,我觉得寒山寺可以不画。作者在诗中提到该寺在城外,而且只是听到钟声,不一定能看到。"

> "'月落'说明月亮已经开始落下或正在落下。所以,老师你画的月亮不能画得太高,要画的话应画在树梢下。"
>
> "老师,你画的船不能全靠在岸边,因为诗中讲到'渔火对愁眠',那可能是部分渔民在捕鱼,可能还在操作呢!船是行进的,或泊在河中。"
>
> ……
>
> (资料来源 范国睿、程灵主编:《诗意的追求——教师实践智慧案例导引》,华东师范大学出版社2007年版,第50—53页)

二、小学教育实践智慧的特征

教育实践智慧表现在教师面对复杂、充满变化的教育教学活动,在问题情境中思考,敏锐把握教育教学活动发展的脉搏和契机,学习他人经验又突破陈规,既借鉴理论又不生搬硬套,创造新办法,高效地开展教育教学活动。教育实践智慧的丰富内涵决定了它内在的多方面特征,具体如下:

一是实践性。实践性是教育的重要特点,教育始终是实践性的。教师在教书育人的各种活动情境中行动,实践情境和经验背景构成了教师建构知识的专业生活场景。每一个情境都需要教师作出理性判断并采取行动。当然,教育的情境不会给教师足够的时间去仔细考虑各种可能的应对措施和方案,而需要教师调动经验和智慧明智地确定最佳行动方案并付诸行动。教育实践智慧的本质特点就是实践性,它是在实践中产生,并在实践中丰富和发展的。

二是个体性。教师实践智慧如同一种拥有个性性格的"个体性知识",这些知识是通过日常教育实践的创造与反思过程才得以形成的。在教育教学活动中,教师运用自己的知识、经验、素养,以个体独特的方式,合理调配和使用各种教育资源,重构课堂情境,并进一步形成个人的实践知识,成为课堂情境的预测者、规划者和重构者。[①] 因此,教育实践智慧是基于个体工作与生活经验而赖以存在的,教师因教育理念、学历、知识技能、生活背景、智力与非智力因素、职业生涯等方面的差异,形成了各自特有的个性化实践智慧。

三是默会性。教师实践智慧主要产生于教学体验和生活经验以及对教学实践活动的感知、辨别、反思、顿悟,它是隐性而模糊的,很难用恰当的语言描述或传递,它对教师的判断和决策隐性地发挥着作用。换句话说,在教师作出决策的情境中,多数场合是一种无意识的思考,默会知识支配教师作出反应,这就是实践智慧,它在很大程度上不能以语言的方式加以陈述,而需要教

---

① 范国睿、程灵主编:《诗意的追求——教师实践智慧案例导引》,华东师范大学出版社2007年版,第11页。

师通过经验总结和实践反思捕捉并加以提升。

四是生成性。教育实践智慧是教师基于个性经验与反思，在异常丰富生动、充满弹性的具体的教育情境中创造性地生成的。教师总是在不同的时间和不同的场合与新的学生一起学习、生活，教育教学是难以完全主观预设的，教育教学不可能机械地按照教师预先设计、规定的思路进行，而是经常发生出乎意料的事，因此靠生搬硬套理论知识是难以解决问题的。相反，需要教师根据学生的个性、学习基础、参与状态等，灵活地调控，生成新的超出预设的教育教学内容、方法和进程。拥有实践智慧的教师可以临场发挥，从容应对，保证教育教学的顺利进行和教育教学目标的达成。①

三、小学教育实践智慧的培育途径

教师专业发展由知识型向智慧型转变，已成为时代发展的迫切要求和客观需要。教育实践智慧的形成是一个渐进的累积的过程，教师要不断丰富自身的教育实践智慧，最重要的是要提高自觉性，在工作实践中不断生成和完善。

第一，树立职业理想，形成个人教育哲学。树立教师职业理想，热爱教育事业是提升教育实践智慧的必要前提条件。拥有教育实践智慧的教师一定是爱岗敬业、充满爱心的老师。一个不喜欢教育工作的教师不可能拥有良好的教育实践智慧。另外，教师还要形成个人的教育哲学观念，"要通过学习、通过参与教育教学改革，确立科学合理、体现时代精神的教育观、学校观、学生观、教师观、课程观、知识观和发展观，认识到教育的根本目的在于促进人的生命价值的丰富，正确认识学校教育的价值在于根据学生的身心发展特点与差异，促使每一个学生在其天赋基础上得到最适合的、全面的、和谐的、可持续的发展"②。

第二，坚持读书学习，汲取教育理论智慧。教育实践智慧主要发生和体现在具体的教育实践情境中，但是汲取教育理论智慧对于教育实践智慧的提升同样非常重要。"理论虽然不是解决问题的方法，但却能为处理问题提供某种理念和思路，对实践问题具有一定的指导意义。"③因此，教师要广泛阅读教育名著，一代代的教育工作者积累流传下来的教育思想智慧需要我们吸收和借鉴，同时，还要不断学习了解国内外新的教育理论和思想，这些都是教育智慧的不竭之源。

第三，反思教育实践，丰富教育教学经验。美国学者波斯纳指出："没有反思的经验是狭隘的经验，至多只能成为肤浅的知识。如果教师仅仅满足于获得经验而不对经验进行深入的思考，那么他的教学水平的发展将大受限制，甚至会有所滑坡。"教育实践智慧的形成离不开教育教学过程和教师对这一过程的反思。现实教育实践中，不善于反思的教师，即使有很多年的教育教学经历，但仍然缺乏实践的智慧。教师只有积极投身于学校生活与课堂生活，不断发现问题，不断反思自己历经的教育教学活动，运用自己的灵感和直觉，创造性地解决教育教学过程中产生的各种

---

① 张晓峰：《解读教师实践智慧的内涵及其特征》，《辽宁教育行政学院学报》2008年第1期。
② 范国睿、程灵主编：《诗意的追求——教师实践智慧案例导引》，华东师范大学出版社2007年版，第14页。
③ 许占权：《提升教育实践智慧，促进教师专业发展》，《教育导刊》2007年第8期，第10页。

问题，才能实现自身教育智慧的丰富化。

　　第四，开展交流合作，形成教育对话机制。教育实践智慧的培育和发展还需要教师参与对话，广泛进行交流合作。"对话是在两种文化载体上进行文化交流，发生碰撞，进行融会、整合，是形成人生智慧的生长点。"[①]在我们的周围可能就有很多充满实践智慧的教师，教师同伴之间经常交流、探讨、互相学习，通过广泛开展教育对话，教育主体间相互交流，每个人的教育智慧得以向外延伸，这样教师既可以学到他人的教育智慧，又可以将自己的教育智慧介绍给他人，从而集中更多人的智慧，实现对教育的新理解，生成新的教育智慧，使教育实践智慧得以充分发展和不断丰富。

思考与研究

1. 联系实际谈谈你对小学教育实践的性质和结构的理解。
2. 小学课程与教学是小学教育实践的基本形态，收集课例并分析小学课程与教学的主要任务以及采用的方法。
3. 联系实际并思考班主任工作中要教育指导学生遵循哪些原则。
4. 联系教育实际谈谈形成和培育小学教育实践智慧的途径。

[①] 范国睿、程灵主编：《诗意的追求——教师实践智慧案例导引》，华东师范大学出版社2007年版，第20页。

第十二章

小学教育发展与改革论

★ 知道小学教育改革与发展概况,理解小学教育改革与发展的关系
★ 明确小学教育改革的进程和课题,把握小学教育改革的焦点与热点
★ 知道我国小学教育的发展与改革的方向与进程
★ 了解中外小学教育的发展趋势,学会进行初步的比较研究

案例 12-1

小学教育：要"温柔"也要"阳刚"

"在小学阶段，男生不能培养成'贾宝玉'！"近日，在北京一场小学男班主任研究汇报会上，部分与会专家呼吁，小学教育普遍缺失"阳刚教育"，这和目前小学男女教师比例严重失衡直接相关。其中，不少小学都渴盼招聘合适的男教师，甚至表示"略降标准"优先考虑招聘男教师（据12月6日《北京晨报》）。

孩子的人格养成和素质培养，就好像吃饭要注重营养搭配一样，男女教师缺了谁都不行。女教师温柔、耐心、观察仔细、易接近学生；男教师有魄力、思想活跃、精力旺盛，对学生的引导能力强。然而，近年来，小学阶段"阴盛阳衰"、"男孩危机"、"阳刚教育"缺失逐渐成为社会关注的热点问题，而这些问题之所以成为热点问题，与小学男女教师比例失衡有很大关系。

目前中国孩子的家庭教育基本上以母亲为主导，工作忙碌的父亲回家很晚，常常顾不上教育孩子，加上女性单亲家庭日益增加，因此，男教师对孩子成长尤为重要。

试想，如果一个小男孩从幼儿园到小学期间，一直都处在女性的包围中，其性格发展可能会产生缺陷。特别是在女教师长期潜移默化的影响下，小男孩的身上会不经意地继承着女性的温柔和细腻，缺乏男子汉气概，难免变成了"贾宝玉"。

的确，男老师的缺失，对孩子的性格形成、心理成长等可能带来不利影响，让男孩子少了一点阳刚气。但现实的问题是，在今天的小学课堂，在对孩子的评价中，我们也带有女性独特的视角和思维方式，听话的乖孩子更被青睐。

此外，由于学校男教师比例明显不足，幼儿园和小学阶段的孩子们缺乏男教师的关爱，特别是男孩子很难模仿成年男性正常的说话和处事方式，反倒容易模仿商业包装出来的明星"装酷"、"打打杀杀"等做法,这对小男孩成长极为不利。

笔者认为,虽然目前小学教育普遍缺乏"阳刚教育",但这不是简单地招聘几个男教师就可以"阳刚"起来的问题。因为,造成这种情形的原因,并不是小学缺少男教师所致,而是缺乏"阳刚教育"。

其实,"阳刚教育"可以随时随地开展,如在学校综合实践活动中,教师可有意识地开设一些相关专题,针对具体问题作相关研究,让孩子体验、感悟、释放自己。学校还可有意识地培养孩子的独立意识、毅力,提倡孩子多参与运动,在运动中培养孩子的阳刚之气,提倡孩子学会独立完成自己的事情,学会承担,这点很重要。

而作为男性的父亲,在生活中应主动承担起父亲的责任来。相对男教师而言,父亲的角色更为重要,但现今很多父亲忙于工作,与孩子的沟通交流比较少,父亲应多与孩子在一起沟通交流,多花点时间陪孩子玩耍。

总之,要让小学生阳刚起来,除了在学校里增加男教师的数量之外,学校、家庭、社会都应该行动起来,注重男孩男性角色的教育,注重男孩男性内在精神的培养。

(资料来源 http://edu.sina.com.cn/zxx/2010-12-31/1122280788.shtml)

在前面各章已经了解和研究了小学教育的性质、功能、目标、内容、学制、学校、教师、学生、实践、管理等具体方面,本章在此基础上进一步揭示小学教育改革与发展的基本原理,对世界小学教育改革和发展的基本历程进行回顾和前瞻,并就我国面向21世纪小学教育改革与发展目标和趋势进行探讨。这既作为一个总结,更是作一种提炼和提升,以利于我们在正确理论引领下,积极投身和参与到小学教育改革,促进小学教育的科学发展。

第一节 小学教育改革与发展概论

教育改革和发展既有社会政治、经济、科技、文化以及人的发展等外部影响因素,同时,现代教育改革和发展又具有相对的独立性,有着自身的内在逻辑和发展规律,并形成一定的教育改革和发展理论。我们只有了解和掌握教育改革和发展的基本原理和运行模式,才能从根本上把握其规律,准确地理解和预见教育改革和发展的政策、形势和未来趋势,从而更加自觉、理性地参与和推进教育的改革和发展。

小学教育改革与发展是世界及各国教育改革与发展的重要组成部分,同时又有着其他层次和类型教育不同的特点和功能。我们不能简单地照搬其他层次和类型教育的做法和模式来进行小学教育的改革与发展,也不能用其他教育的标准来衡量小学教育改革与发展的成败得失。以下,我们基于教育改革与发展的一般概念,进一步探讨小学教育改革与发展的特殊性质与内涵。

一、小学教育改革

教育改革和教育发展是常常连用却又意义不同的两个概念。教育改革和教育发展在实践中产生了各自的理论,有着不同的理论基础、目标、模式和形态,但两者又是紧密联系、互相依存的。

(一) 教育改革的概念

什么是教育改革?国外的研究者有着各种不同的观点。如,"教育改革渐进论"认为,教育改革是一个自然的演变过程,是教育进化的必然程序。而"教育改革突变论"则认为,教育改革是一个突变的过程,是一种飞跃。"教育改革系统论"则认为,教育改革是教育系统发生结构调整,以优化其各种功能的过程。而"教育改革合理决策论"认为,教育改革在本质上是使经验更加合理化的过程,包括各个方面决策的合理化。

按照顾明远主编的《教育大辞典》的解释:教育改革是"改变教育方针和制度或革除陈旧的教育内容、方法的一种社会活动。目的是使教育适应社会发展和人的发展的需要,以提高教育质量。……现代教育改革一般在一定的理论指导下,在改革实验取得经验基础上进行"①。袁振国在《教育改革论》中提出:"教育改革可以理解为按照某种预期的目标以改进实践的有意识的努力,它包括制订同旧目标无关的新目标、新政策,或赋予过去的教育以新的职能。教育改革的实质是对未来的反应。"他还在比较与"教育改革"相关的几个概念后认为:教育改革差不多等同于"(向好的方向)变化"之意。这种变化有强度上的差别,由强到弱可以这样排列:革命、变革、革新;在变化持续的时间上,由长到短可以这样排列:变革、革命、革新。合言之,"教育革命"是中期的强度改革,"教育变革"是长期的中度改革,"教育革新"是短期的弱度改革。②

由此可见,教育改革是一种特定的教育价值取向与实现的过程,教育主体通过对传统和现实教育不同层面和程度的反思、改组、扬弃和超越,从而更好地适应社会发展和人的自身需要,促进教育向着合理和进步方向的自我完善和社会变革的过程。

第一,教育改革具有价值性。无论是国家、区域、学校以及教师的教育改革,都不是盲目和盲动的,而总是在特定的思想和理论的指导和引领下,从一定的目的和价值目标出发;同时,衡量教育改革的得失与成败,同样也是一种价值判断和取向的过程。这种价值取向往往包含教育中的各种因素及其关系以及各方面利益的不同理解和处理。正因为如此,教育改革往往充满"二律背反"的悖论。如通才教育与专才教育,科学教育与人文教育,普通教育与职业技术教育,学科中心与活动中心,知识传授与能力培养,英才教育与大众教育,社会本位与个人本位,等等。这就要求

---

① 顾明远主编:《教育大辞典》,上海教育出版社1990年版,第25页。
② 袁振国著:《教育改革论》,江苏教育出版社1992年版,第24—27页。

教育改革的发起和实施,必须有充分的理论准备和思想基础。

第二,教育改革具有主体性。即教育改革的开展是教育主体参与的过程。需要指出的是,由于教育改革过程中价值关系的复杂性、利益的多面性,因此教育价值的合理取向和有效实现,对教育主体的要求越来越高。为此,教育改革的主体不应是少数策划者、发起者、领导者和专家的单一行为,而应当是广大教育实践工作者在内的"类主体"的行为。尤其是,"没有教师的协助及其积极参与,任何改革都不能成功"[①]。

第三,教育改革具有革新性。无论是"教育革命"、"教育变革",还是"教育革新",它们的基本共同点是对于教育历史和现实中落后的以及不合理的思想观念、内容方法、关系和结构等因素的反思、改造、扬弃和超越,破旧立新、革故鼎新、推陈出新。教育由此而走向进步和合理化。

第四,教育改革具有社会性。教育改革虽然也有教育内部的动因和自身的运行规律,但总体而言,教育改革决不是凭空臆断或是心血来潮,而是来自社会发展和变革上的客观需要。由于现代社会政治、经济、科技、文化、人口、环境等方面不断的发展和变革,其对教育的思想观念、人才培养目标、教育内容和方法、教育技术手段、教育模式等都不断提出新的挑战和要求。反言之,现代社会发展和变革的挑战和要求,又成为教育改革的发起、开展和深化的强大动力。正是通过教育改革,教育才能积极主动地适应社会发展和变革的新情况、新水平、新要求,充分发挥教育的作用和功能。

(二) 小学教育改革的性质与内涵

小学教育改革是整个教育改革工程的重要组成部分。它一方面是自身性质、结构、功能等方面的改进、重组和提升的过程,同时,又是社会发展尤其是教育系统整体结构和功能发生变革和发展的积极反映。这种改革,可能是一个国家小学教育自身性质、体系、内容、方法等方面的扬弃、革新、超越,也可能是对国外小学教育经验的吸收和借鉴。如,我国古代的小学,是一种以成人为模本的教育,进而实现对儿童的"发蒙"、"启蒙",而不是根据儿童的心理发展需求制定相应的教育措施。[②] 近代以来,小学教育吸收外国教育理论和实践,尤其是心理学、教育学和学科教学法的引进,推动了小学教育的科学化。无论是教育内容还是教育方法形式,都更加合乎儿童心理的需要和特点了。然而,各国小学教育的产生和发展有着自身的规定性,因而小学教育的改革不能简单照搬和移植。

就我国而言,小学教育不像西方国家那样建立在双轨制上,而是一开始就建立在单轨制上的,小学教育与中等教育相连相接。但初小与高小之分,还是使得不同家庭背景儿童所接受的小学教育存在程度和水平之差,进而造成他们在接受中等及其以上教育时的机会不同。解放以后,小学教育改革的核心是推行五年一贯制的小学教育,促进小学教育的平等。

西方国家小学教育在建立"单一学校"、实现并轨以后,中等教育分为不同类型的学校,有的

---

① 联合国教科文组织国际21世纪教育委员会:《教育——财富蕴藏其中》,教育科学出版社1996年版,第15页。
② 迟小芳著:《中国古代小学教育研究》,上海教育出版社1998年版,第450页。

是为就业作准备的,有的是为进一步上学术性大学、接受精英化教育作准备的,有的是一种综合性的教育。学生通过诸如英国的"11岁考试"、法国的"六年级升学考试",分流后升入不同类型的中学。尽管这种分流和升学考试也是竞争激烈的,但毕竟学生都有接受中等教育的机会,并获得各自的利益,因而,没有出现类似我国20世纪80年代以来严重的"应试教育"现象。我国小学教育虽经过解放后尤其是80年代以来的普及和发展,但由于中等教育发展滞后,优质教育资源缺乏,又是几乎清一色的普通教育,使得大量小学生毕业后只有升普通中学进而考大学这一条出路,因而,出现严重的"应试教育"倾向和学生学业负担过重现象。小学教育成了中等教育的附庸,甚至直接卷入高考的竞争中去而难以自拔。虽然,近年来,国家规定取消小学升初中的考试,采取按学区划分、就近入学的政策,但小学生升初中的竞争有增无减,只是改变了方式。这成了我国当前小学教育面临改革的热点和难点问题。

也就是说,小学教育如何摆脱中等教育的附庸性质、地位和任务,真正成为促进小学儿童健康、和谐、自由发展的"素质教育",真正成为满足全民"基本学习需要"和人生发展的基础教育,是我国当前小学教育改革的重点。这种改革不仅涉及小学教育自身,以及与小学教育相连的"小升初"的制度和机制,更涉及中等教育结构、评价制度和分流机制等方面的改革。

二、小学教育发展

(一) 教育发展的概念

自20世纪五六十年代开始,"发展"成为国际上一个重要的跨学科研究领域,并建立起了一些著名的官方和民间发展研究机构,如美国的罗马俱乐部、英国的萨塞克斯大学发展研究所、法国的未来世界研究联合会、德国的慕尼黑发展研究中心等。一些国际组织也进行了大量的发展研究,如经济合作与发展组织、世界银行、联合国教科文组织等。这些机构和组织在调查研究和研讨的基础上发表了一系列十分有价值的成果,对未来教育发展进行了科学的分析和预测。如《学会生存——教育世界的今天和明天》《教育——财富蕴藏其中》《教育的使命——面向21世纪的教育宣言和行动纲领》《世界教育危机:系统分析》《学无止境》《世界教育危机——80年代的观点》《投资于未来》《决战命运的选择》等。我国政府及有关部门也成立了国务院发展研究中心、国家教育发展研究中心等。

教育发展是与教育增长、教育变迁、教育改革等有所区别的一个特定概念。所谓教育发展,是整个教育系统在实现教育现代化和民主化的过程中,在总体上从低级形态到高级形态的不断生成、变化和更新的过程。教育发展体现社会的一种进步,反映一种积极的取向。相比而言,教育发展往往表现为一种教育增长,即教育在数量和程度等方面的发展和增加,如教育人口、教育规模、教育经费、入学率、毕业率、升学率、就业率、辍学率、流失率、巩固率,等等。这显然是反映了教育发展水平的一个重要方面。但教育发展绝不只是数量和程度方面特征的变化,同时还表现为一种结构和功能的优化,即一种质的进化和提升。一般来讲,教育发展的早期主要是以数量的增长和扩张为主的,而随着社会及教育自身的发展,教育发展普遍由数量规模型走向质量效益型。如20世纪八九十年代,我国教育的发展,一直是以"基本普及九年义务教育,基本扫除青壮年文盲"等为主要目标和内容的数量型发展;随着"两基"的基本实现,我国的教育尤其是基础教育的发展就逐步转向全面实施素质教育、提高教育质量。

(二) 小学教育发展的性质与内涵

小学教育发展首先包括数量和规模方面,即在教育投入、办学条件、入学率、巩固率、合格率等方面的进一步增长和扩展。目前,无论是世界还是我国,小学教育数量和规模的发展仍然有着很大的空缺。

资料链接

全球普及小学教育需56亿美元

联合国儿童基金会17日发表的《全球儿童状况》年度报告说,实现在全球普及小学教育的目标,每年需56亿美元的资金投入。目前,全球儿童入学率整体呈上升趋势,主要原因是女童就学率普遍增加,报告同时强调,在一些贫困国家仍有成百万的女童因各种原因辍学或不能上学。

报告指出,贫困、艾滋病、内战、强迫劳动、自然灾害和性别歧视,是导致女童失学的主要原因。为实现男女儿童平等接受教育的目标,各国政府必须改变思维方式和教育政策。

(资料来源 《光明日报》2005年2月20日)

小学教育发展的另一方面,是质量的优化和提高。2004年联合国教科文组织在瑞士日内瓦举办的第47届国际教育大会上提出,世界基础教育的发展,一方面要保障青少年在接受小学教育后继续接受教育的权利。也就是说,普及小学教育(6—12岁)仅仅是面对人生以及与全球化相关的挑战的第一步,而向12—20岁年龄段的青少年提供高质量的教育已经成为越来越多国家制定教育基础教育政策的根本出发点。与此同时,大会把重视对所有青少年的教育质量作为世界基础教育发展的最主要趋势。大会的"公报与建议"提出:"要求教育更加适应现代社会,要求人们终身接受教育的呼声越来越高。因此,这一年龄段人的教育质量问题,今天已经是国家乃至国际范围内的重中之重。"[1]

---

[1] 周满生:《世界基础教育:面临的挑战、趋势和优先事项——解读联合国教科文组织第47届国际教育大会"主文件"及"公报与建议"》,《教育研究》2004年第11期。

三、小学教育改革与发展的关系

小学教育改革与发展具有各自特定的性质和功能，不应相互取代和混同。面对教育上的问题，我们首先应分清是发展上的问题，还是改革上出现的问题；是通过加快发展，还是通过深化改革，还是以改革促发展来解决这些问题。一般而言，教育改革是根据一定的价值取向对传统及现有的教育系统结构作一种调整、改组、超越，使之更加合目的性和合规律性。这其中，外部的动因和社会制约因素固然很多，但教育主体的主观因素起着十分重要的作用。因为，对教育传统和现实问题的认识与判断，对教育改革目标的设定，对教育系统进行调整和改组的标准和尺度，都体现一种教育价值取向，体现教育主体对教育客观现实的一种主观能动作用。教育发展则是教育系统的一种由低级形态向高级形态的运动过程，表现为一种量与质的增长、更新、完善和提升。这个过程更主要是受到客观因素的制约和规定，即教育发展一方面要受到教育现实基础、条件和水平等自身因素的制约；同时，教育发展总是在社会其他因素的影响和带动下进行的，并直接受到各种社会因素及其发展状况的制约。但这并不意味着降低和否定教育主体在推动教育发展过程中的主观能动作用。如我国"教育优先发展战略"和"教育创新"的提出和实施，正反映教育主体对教育发展的能动作用。

在将小学教育改革与发展进行区分的基础上，我们还应当看到，小学教育改革往往只是一种手段，一种促进小学教育发展的条件和力量，而发展才是目的，是改革的出发点和归宿。因此，我们更应该将小学教育改革与发展联系和一致起来。这是因为，小学教育发展的早期往往主要是一种数量的增长和规模的扩张，但单纯的数量和规模的发展必然带来一系列的问题：一是数量的增长和规模的扩张在一定的阶段内可能会带来教育质量的下降，造成教育发展的数量、规模与质量、效益之间的矛盾。二是单纯的数量和规模发展会随之带来教育结构的失衡，如，小学教育的大力普及，往往带来中小学教育人口的剧增和学生升学压力的增大。第三，由于小学教育发展是以一定的物质条件和政策取向为基础的，这会使得小学教育发展的水平出现不均衡现象。如小学教育的普及能够促进学生受教育机会的起点均等，这是教育发展带来的一种社会公平，但由于各个地区、学校以及家庭等方面的经济和文化条件的不平衡，以及教育政策的价值取向性，往往在教育机会的起点均等情况下还存在教育机会的过程和结果的不均等。

教育发展过程中出现的这些问题，只有通过教育改革来进行调整和解决。否则，可能会造成教育资源的浪费、教育质量的降低和社会矛盾的加剧。此外，小学教育发展对改革的依赖，还由于教育改革往往能够通过资源的重组、利益的调整和体制的创新，清除教育发展过程中的观念或体制性障碍，从而解放生产力，丰富和扩大教育资源，激励人的积极性、主动性和创造性，有力地推动和促进教育的发展。

因此，促进小学教育发展应当坚持改革的精神，以改革促发展；而改革的目的在于促进发展，改革的成败不在于改革过程本身，而要看是否以及在多大程度上促进了小学教育发展。相反，小学教育改革的深化，又需要教育发展的支持，教育发展是促进小学教育改革的现实条件和强大动力。

第二节　小学教育改革的进程和课题

在过去一个世纪,世界教育先后经历了三次改革浪潮,一个重要焦点是小学教育的改革与发展。虽然每一轮教育改革的浪潮有着各自的时代背景和特点,但都有着教育自身的发展规律和内在逻辑。正是这一次次改革浪潮的强力推动,小学教育得到了前所未有的发展。同样,小学教育在发展中出现的矛盾与问题,又总是通过改革来加以解决和协调。

一、19 世纪末—20 世纪前期的小学教育改革

19 世纪末到 20 世纪 30 年代,欧美国家小学教育在一定的发展水平基础上,掀起第一次教育改革浪潮并波及世界各国。

首先,是制度上的改革。进入 20 世纪,小学教育限于工人阶级和农民子女就学的双轨性质,开始受到各国劳动人民和民主人士的反对。为争取教育民主和平等的斗争,推动着资本主义国家废除等级性的教育制度。法国开展了"单一学校"运动,在全国设立一种性质和类型的小学,各阶级的子女同进一类小学,统一招收适龄儿童。到 1946 年,这一改革计划基本实现。德国在第一次世界大战后也设立统一的小学教育学校,即"基础学校"。英国 1944 年的教育改革也提出在中小学建立单一的学校制度,至 60 年代基本实现。这种在学校类型上的制度性变革,使小学教育改变了原先性质,并与中等教育直接衔接和沟通起来,成为统一的国民教育制度。

其次,是目标、内容和方法上的改革。第一次世界大战前后,垄断资本主义在欧洲主要国家以及美国得到进一步确立并巩固下来,同时工业化的不断发展,导致了社会结构、生产和生活方式的深刻变革。社会发展要求教育能够培养出合乎时代精神的、具有科学知识和技术的统治人才、专业人才以及大批的合格劳动者。然而,欧美国家的教育长期受到赫尔巴特主知主义的"传统教育"统治,无论是培养目标、教育内容还是教育组织形式和教育方法,都不能适应时代发展的要求。在这一背景之下,许多教育家纷纷对传统的小学教育思想、理论和方法提出严厉抨击,开展教育实验,兴起了一场声势浩大的教育革新运动。在欧洲,英国教育家雷迪(1858—1932)、巴德利(1865—1967)、怀特海(1861—1947)、沛西·能(1870—1944),比利时教育家德可乐利(1871—1932)和意大利教育家蒙台梭利等人在欧洲掀起"新教育运动"。"新教育运动"极力反对传统的主知主义,强调儿童个人的自由和发展以及学校与社会生活的联系,提出以"生活教育"、"自发学习"、"尊重个性"、"人类爱和国际协调"等新的教育纲领,创办"新学校"。以此,在培养学生会思考的头脑同时,更加重视培养学生的实际操作能力、健强的身体、灵巧的双手、自由的个性、主动和首创精神以及合作能力。

与此相互策应和相互影响的是美国的"进步教育运动"。18 世纪中期以后的美国,尽管公共

学校教育已有了较大规模的发展,但从欧洲传入的赫尔巴特教育思想主导着所有的学校。以课本、课堂、教师为中心的学校教育以及它所培养的人,根本不能适应美国迅速崛起的大工业生产和社会发展的新要求。在帕克(F. W. Parker,1837—1902)、杜威、克伯屈(W. H. Kilpatrick,1871—1965)等人的积极发起和相互呼应下,美国掀起"进步教育运动",他们在美国各地建立"进步学校",进行各种教育革新的实验。"进步教育运动"着力批判传统的主知主义的教育思想和方法,反对教师绝对权威,反对依靠教科书或书本进行教学,反对将教育隔离于社会生活之外,提出初等学校的"七项原则":自由发展儿童本性;以兴趣作为一切作业活动的原动力;教师是教学活动的指导者,而不是包揽一切者;科学研究儿童的发展;注重所有影响儿童身体发展的因素;学校与家庭之间应有密切的配合;确认进步学校在教育运动中的领导地位。

在"进步教育运动"中,以杜威为代表的实用主义教育思想成为这场影响十分广泛而深远的教育革新运动的理论基础。1899年,杜威在《学校与社会》一书中首次使用"传统教育"一词,对赫尔巴特教育思想进行彻底的批判,并将自己的思想称为"现代教育"。1896年至1903年,他在芝加哥大学初等学校(也称"杜威学校")进行了八年的小学教育改革实验,对传统教育进行了批判并提出了实用主义教育思想。他针对传统教育中教育与儿童生活经验相脱离、学校与社会生活相脱离、理论与实践相脱离的弊端,提出"教育即生活"、"学校即社会"、"从做中学"的理论。这很好地满足了美国当时改造传统的学校教育的要求,解决了美国教育中的许多重要问题,适应了美国社会变革的现实需要。因此,从20世纪初开始,杜威的实用主义教育思想在进步教育运动的推动下,替代了赫尔巴特的主知主义,成为推动20世纪前半个世纪美国教育改革的主导性教育思想,并影响着世界上各种社会制度下的30多个国家的教育。

欧洲"新教育运动"和美国"进步教育运动"合流,进一步发展成为20世纪20年代以后声势浩大的"现代派教育革新运动"。它促使小学教育在目标、内容和方法上的深刻变革。正是在这一时期,中国开始建立自己的小学教育制度,并受到西方国家教育思想的影响,"教育变革"成为民主和科学两大主题的重要内容。胡适、陶行知直接师从杜威。杜威并于1919—1921年来华访问、讲学达两年多,他的实用主义教育思想在中国得到广泛的传播。胡适主持的1922年"新学制"改革,陶行知先生提出的"生活教育"理论,以及各种以儿童活动为中心的教学法改革实验,如设计教学法、道尔顿制、文纳卡特制、德可乐利教学法等的引进,有力地推动了这一时期中国小学教育的改革。

> **资料链接**
>
> ### 陶行知论儿童的"五大解放"
>
> 陶行知是一位伟大的人民教育家。他非常重视儿童和儿童教育。他针对中国传统教育

的弊端,提出"创造的儿童教育"思想。他认为儿童教育的目的不仅是帮助儿童生长,而且在于打破对儿童的种种束缚,真正解放儿童,培养儿童的创造力,以实现儿童的幸福。他提出著名的"五大解放":

1. 解放小孩子的头脑。要发展儿童的创造力,先要把儿童的头脑从迷信、成见、曲解、幻想中解放出来。

2. 解放小孩子的双手。中国对于小孩子一直是不许动手,动手要打手心,往往因此摧残了儿童的创造力。保育员和教师应向爱迪生的母亲学,让孩子有动手的机会。

3. 解放小孩子的嘴。"发明千千万,起点是一问。禽兽不如人,过在不会问。智者问得巧,愚者问得笨。人力胜天工,只在每事问。"

4. 解放小孩子的空间。创造需要广博的空间。解放了空间,才能搜集丰富的资料,扩大认识的眼界,以发挥其内在的创造力。

5. 解放小孩子的时间。创造的儿童教育,首先要为儿童争得时间的解放。

(资料来源 《陶行知教育论文选》,生活·读书·新知三联书店1949年版,第67页)

二、二战后的小学教育改革

20世纪五六十年代,由于科学技术的巨大进步和冷战局面的形成,各国都把主要精力集中到发展本国经济和科学技术上,以增强国家的经济和军事实力及国际竞争能力。政治、经济、科技和文化的一系列重大变化深刻地影响着小学教育,促进了小学教育的大发展。1955年,美国的白领工人和服务性行业的从业人员第一次超过了蓝领工人,这标志着人类开始进入"后工业社会"。

各国经济发展对教育的依赖性越来越强,教育被看成是促进经济发展的最富有潜力的因素。美国的《国防教育法》规定,从1959年至1962年,联邦政府每年拨款8个多亿以援助各级学校教育。日本自50年代末开始,大幅度增加教育经费,把教育投资作为关系国家前途命运的重大问题。

1960年,美国经济学家舒尔茨的"人力资本理论"明确提出,教育是一种生产性投资,而不是一种消费性事业。而且,教育作为一种人力资本,它对经济增长的贡献率大于一般的物质资本。"人力资本理论"的提出极大地刺激了发达国家尤其是一大批发展中国家的教育投资和发展,世界教育进入一个先行于经济的大发展时期。1960—1970年,世界上小学入学率由72.1％上升至83.7％,中学入学率由21.3％上升

舒尔茨

至 33.3%，大学入学率由 4.4% 上升至 7.1%。世界上小学、中学和大学的在校生由 3.4 亿、8300 万和 1320 万分别上升至 4.31 亿、12976 万和 2130 万，文盲率由 39.3% 下降至 34.2%。全世界少数发达国家的小学教育入学率达到 90% 以上，中等教育实现了普及，高等教育开始走向大众化。

小学教育的发展也带来很多新的矛盾和问题，并推动新一轮的小学教育改革。

1. 教育民主化进一步推进

随着义务教育的进一步普及，各个阶层和种族的儿童都能够接受小学教育乃至中等教育，但教育的不平等却有增无减。根据联合国教科文组织的数据，虽然，1968 年世界公共教育开支上升到 1320 亿美元，比 1960 年增加了近 150%，但教育经费的增加并没有阻止教育制度严重无效的病征——学生重读和停学。即，世界半数国家中的一半的入学儿童没有完成小学教育就离开了学校，而没有从教育中获得一点真正的好处，虽然许多国家在他们身上花去了占国家教育预算总数 20%—40% 的钱。这种教育经费名义上的增加同教育实际结果之间的严重矛盾，主要原因在于教育质量的不均衡。①

资料链接

小学教育资源如何更公平

根据 2003—2008 每年的《中国教育统计年鉴》、2004—2009 每年的《中国教育经费统计年鉴》等资料，笔者对全国 31 个省区市的小学教育资源配置状况做了一定考察和分析，发现了一些现象。

从生均预算内教育经费来看，上海、北京、天津、西藏、浙江、内蒙古始终是小学预算内生均教育经费最多的地区（由高至低排名），河南、贵州、四川、江西、重庆、安徽、云南始终是小学预算内生均经费最少的地区。

就全国平均值而言，无论是合计、城镇还是农村部分，小学预算内生均经费在 2003—2008 各年度间的增幅均超过 10%，其中 2006—2007 年度的增幅更是超过了 27%，农村的增幅超过 37%，2007—2008 年度的增幅超过 23%，农村的增幅为近 26%，从 2003 年到 2008 年这六年间，共增长了超过 148%，农村为 220.90%。

2006 年以后呈大幅度增长的原因是，"农村义务教育经费保障机制改革"所导致教育经费的较大幅度的投入。2003—2008 年，小学预算内生均经费增长比例增长最快的是海南、江苏、重庆、宁夏、湖北、陕西等地，而增长最慢的是云南、广东、上海、江西等地。由此可见，经济

---

① 联合国教科文组织国际教育发展委员会：《学会生存——教育世界的今天和明天》，教育科学出版社 1996 年版，第 68—69 页。

发达的地区,比如广东,其增幅最小,浙江的增幅也很小,西藏虽然生均经费较高,但是增幅也很小。

从数据分析看,西藏、青海、甘肃、天津、贵州、陕西、黑龙江、上海等地的政府比较重视对小学的财政投入保障,预算内生均经费占总生均经费的比例在全国居于高位;重庆、广东、浙江、四川、北京、吉林、新疆等地,相对而言对小学经费的财政投入保障不够重视,预算内经费的比重较低,尤其是重庆和广东,几乎居于最小比例的位置。

研究发现,小学预算内生均经费的绝对城乡差呈增大趋势,而且是向着城镇比农村低的方向发展。也就是说,各地陆续重视对农村的财政经费投入保障,改变了农村比城镇低的趋势。就此方面来说,城乡差距有缩小的趋势。

笔者的另一个发现是,无论是合计、城镇还是农村,就小学存量资产而言,江苏、浙江、山东、北京、上海、天津、广东、西藏处于最高位置,而贵州、青海、甘肃、四川、宁夏、新疆及中部的安徽、河南处于最低位置。

从2003年到2008年,六年间全国小学生均固定资产总值的增幅大概在23%至34%之间,西部的青海、重庆、宁夏、甘肃呈下降趋势,增幅最大的地区多为上海、天津、江苏、浙江、山东、西藏等地。

有意思的是,在普通小学生均学校固定资产总值的差距上,全国各地呈现出一种"马太效应",换句话说,表现出强者更强,弱者更弱的趋势。但各地的农村地区,差距则有所减小。从区域看,如果把全国分为华北、东北、华东、华中南、西南、西北六个片区的话,则这些区域内各校的差距超过区域间各校的差距。学校间差距最小的是东北地区,而差距最大的,则是华中南地区。

(资料来源　http://news.sina.com.cn/pl/2010-07-20/111520717685.shtml,有删改)

这促使国家和政府通过制度和政策的改革,进一步促进教育机会的过程均等和结果均等。同时,广大发展中国家积极建立和完善自己的小学教育,加强女童教育和农村教育,促进小学教育的机会均等。

2. 小学教育入学年龄和年限的改革

由于生理学、心理学、教育学的发展使得人们对儿童发展能力和潜力认识得更加深入,各国小学教育入学年龄普遍提前,学制也趋于缩短,并进一步实现了与学前教育和中等教育的衔接。如,苏联小学教育入学年龄一直维持在8岁,二战以后下降到7岁。在赞科夫的实验推动下,1969年小学学制由4年改为3年,为6岁儿童设立小学预备班。美国为智力超常儿童提前到5岁入学。为了适应青春发动期提前的实际,美国为10—14岁儿童设立"中间学校",小学也比原先缩短了2年。此外,由于中等教育的发展,小学教育与中等教育的衔接更加密切,英国1967年取消了

"11岁考试",法国也于1970年废止了"六年级入学考试"。小学毕业生不经考试都可直接入中学学习,小学教育不再是终结性教育,而成为中等、高等教育的"基础教育"。

3. 课程、教学与教育手段的变革

1957年苏联成功发射世界上第一颗人造地球卫星,极大地震撼了美国朝野和西方世界。美国人惊呼自己的科技落后、人才短缺和教育上的问题,并于1958年颁布《国防教育法》。由此,一场以批判"进步主义教育运动"、旨在推动教育现代化的新一轮教育改革在美国兴起,并发展成为新一轮世界性教育改革浪潮。以布鲁纳教育家为代表的结构主义教育理论成为这一轮教育改革的指导思想。这场教育改革重点在于课程和教学内容的改革,由杜威提倡的生活适应教育转向重视自然科学、数学和现代外语的基础知识教育。在教学上强调学生的"发现学习",以利于有才能学生的成长。与之相呼应的是,欧洲和日本也进行了以加强基础学科、提高科学技术教育质量为主要内容的教育改革。科学技术在对教育改革和发展提出要求和挑战的同时,也带来了教育手段的现代化以及教育方式的重大变革。与此同时,苏联赞科夫"教学与发展"的实验也提出"高难度"、"高速度"进行教学的原则,以促进儿童智力等方面的发展。他还建立起了"小学教学新体系"。然而,这些改革过于强调学科的基础性、结构性、系统性和理论性,要求学生像科学家那样去发现和探究,教材的难度和分量过大,导致学生学习负担过重,生活知识和生活能力的弱化。因而,这场教育改革受到了质疑和批评。

自新中国成立开始,我国就建立起为人民大众服务和为工农业生产服务的社会主义教育制度。50年代及60年代初期,我国在苏联教育理论和政策主导下,努力建立国家统一的、非宗教性的、男女平权和普及的初等义务教育。小学教育建立了包括儿童的小学教育和青年成人的小学教育两个系列,儿童的小学教育取消初、高两级分段,实行五年一贯制。"文化大革命"十年,我国没有及时顺应世界教育改革和发展的大潮,而是在极"左"路线主导下,片面强调教育为无产阶级政治服务,将教育作为阶级斗争的工具,缩短学制、停课闹革命,教育质量严重下降。这使得我国教育错过了一次改革和发展的良机,严重影响了人才的培养和社会主义现代化建设。

改革开放以后,党和国家非常重视教育工作的恢复和发展。小学教育恢复了五年一贯制。1980年中共中央颁发《关于普及小学教育若干问题的决定》。此后,我国又颁发一系列重要的教育文件和相关法律,把发展基础教育的责任交给地方,有步骤地实行九年义务教育,并规定"在普及小学教育的基础上普及初级中等教育"。在此之下,小学教育不仅在规模和数量上有了极大发展,而且质量大大提高。但由于种种因素,导致中小学生课业负担过重,学校、家长片面追求升学率的严重问题。而且,小学教育在区域、性别、城乡发展等方面的不均衡现象也愈加严重。这些问题的存在迫切需要小学教育新的发展和改革。

三、面向新世纪的小学教育改革

进入20世纪80年代,世界政治结构发生了重要变化,东西方由对抗走向对话,国际关系向着多极化方向发展,世界经济开始复苏并走向繁荣,第三次科技革命推动着社会向着信息化、全球

化发展,知识经济初露端倪。这一切给教育带来新的生机和活力,也提出严峻的问题和挑战。世界教育开始兴起了第三次改革浪潮。中国在新一轮教育改革中,积极作为、努力追赶、锐意创新,取得了辉煌成就。就小学教育而言,新一轮改革主要呈现以下一些态势和特点:

1. 从战略高度和整体出发改革和发展小学教育

新一轮教育改革和发展进一步突出体现了教育的国家化,从而将教育置于国家发展和安全、国际竞争和合作的战略高度。1983年美国发表题为《国家处在危机之中——教育改革势在必行》的报告,向全国发出警示:若想维持和改进美国在世界市场上尚有的一点竞争力,就必须致力于改革教育制度。英国颁布了《1988年教育改革法》,规定了全国统一开设和考试的科目;法国于1989年颁布《教育方向指导法》;1985年至1987年,日本临时教育审议会先后公布四份关于教育改革的咨询报告,发动了日本历史上的第三次教育改革。我国也于1985年颁布《关于教育体制改革的决定》,提出从改革教育体制入手,全面推动我国教育的深化改革。进入90年代,各国纷纷研究制定面向新世纪的教育发展规划和改革对策。如美国1993年通过了《美国2000年教育目标法》,日本1997年制定面向新世纪的《教育改革计划》。我国于1993年颁布了《中国教育改革和发展纲要》,规划我国面向21世纪教育改革和发展的蓝图,1999年又颁布了《面向21世纪教育振兴行动计划》和《关于深化教育改革全面推进素质教育的决定》,确立我国教育优先发展的战略重点地位,全面规划教育跨世纪发展的蓝图,提出教育改革的一系列重要战略举措。

在新形势下,小学教育被进一步提高到战略高度、教育事业的整体格局下来思考改革和发展的问题。正如世界银行在《教育的优先事项与战略》报告中向各国建议的:

- 保证所有儿童有机会接受高质量的小学教育,在教育公共开支方面,各国应绝对优先于这一级教育。
- 在所有儿童均有机会接受高质量的小学教育之后,应把扩大接受普通中等教育(先是初中,而后是各级中等教育)的机会作为第二位目标。

资料链接

近年来台湾的小学教育改革实验

1988年以来,台湾社会在政治经济文化等方面有了较大的变化,教育改革的呼声也日益强烈。为适应社会对教育提出的新的更高的要求,小学教育也在不断改革与发展,其主要领域和成果大致体现在学校教育实验、课程教材改革和师资培养三个方面。其中,在社会的呼号要求和教育界一些有志之士的努力下,近年来开展了一系列改革的尝试。影响较大的有台北市和台中市的教学与评量改进班、台北市的田园教学、台北县的开放教育等，体制外的有森林小学、种子学苑等。

教学与评量改进班原称现代教育实验班，主要内容有：(1)小班教学，学生数在30人以内；(2)不准体罚，以利于学生健全人格的发展；(3)不密集考试，平时多采用观察、记录、作品活动等评量方式，重视多元、动态及过程的评量；(4)调整课程，采取幼、小衔接和大单元课程设计；(5)自主学习，注意个别差异，充实教学资源，试设学习区；(6)亲师合作，加强教师和家长的配合，善用家长资源，丰富教学内容。

开放教育 包括心灵、时间、空间、对象、资源、方法和评量七个方面的开放。这项改革提出的理念是：用智慧为教育松绑；爱、自由与尊重的教育；以学生学习为中心的教育。其教育策略是：(1)营造人性化的校园情境，如布置温馨的校园，建立快乐的教学气氛，设计创意的空间，注意亲师合作等；(2)提供整适性的课程，如教材多元化、活动多样化、丰富课程内容、课表具有弹性等；(3)改进教与学的形态，如鼓励自主学习，交换上课地点，运用灵活的教法，实施多元的评量等。

田园教学 教学内容主要包括三个方面：自然生态、人文社会、传统民俗技艺，并强调与当地资源相结合。这项实验试图将环境教育、乡土教育与开放教育、人本教育融为一体，通过个别化、开放式的教学，促进学生个性健全发展。田园教学原在每周的固定时间内实施，后逐渐融入一般课程和社团分组活动之中。

森林小学 希望给孩子的是教育，而不是管教，孩子是教育的主体；森林小学重视思考讨论与实作的教学。学校的教育理念中包括了对孩子的尊重，对传统教学的改革，及对教师人格特质的期望。教学实践中十分强调启发、鼓励、引导孩子学习，包括学习思维的过程和容忍异见，并在孩子坚持己见时，给予犯错的机会，而让时间和教化予以改变。

种子学苑 主张每位孩子都一定是独立的个体，成人必须虚心地学习如何了解他们，接受每位孩子的独特性，并协助他们发展向善、向上的本能，培养自由的心灵和能力。学苑在教育教学上，注重人格养成教育和个人的实际经验，重视学生的自主合作协同学习，没有分数比较，鼓励俭朴生活。在学苑管理上，家长为最高权力机构；教师依学苑办学精神自主决定教材教法；学苑生活的各项规划，由师生共同拟定。

这些年来，上述学校教育实验在台湾产生了广泛的影响，并推动了其他一些学校及地区的教育教学改革。几所体制外的实验学校也由遭受非议、排斥到被接纳鼓励。人本教育的思想观念已由口号转化为教改实验。比较而言，几所体制外实验学校改革的步子迈得更大一点。但据介绍，这些学校的规模都很小，学生大都来自富裕家庭，许多家长以送子女出国留学为出路；因此学校教改得以在较大程度上摆脱升学体制的束缚，更能体现办学者的教育理想。

(资料来源　http://www.china.org.cn/Chinese/index.htm)

2. 在数量发展同时更加重视教育质量

针对60年代教育数量规模的大发展而教育质量严重下降的前鉴,新一轮教育改革将重点放在提高教育的质量和效益上。在现代国民教育体系中,小学教育不再是为处境不利的人群提供劳动和谋生的最起码的3R知识和技能的终结性教育,而是为了满足所有社会成员基本学习需要的国民基础教育。为此,各国的教育改革无不倍加关注小学教育质量的提高。1994年克林顿政府制定的《美国2000年教育战略》提出的八项全国教育改革目标,第一条就是学龄儿童都能入学,都能接受所授课程。1997年克林顿连任后的首次国情咨文提出全美教育的三大任务中首要的是关于小学教育的,即:要使全美8岁儿童学会读写,12岁少年联机上网受到多媒体网络化教育。英国《1988年教育改革法》实行5—16岁由政府规定的全国统一课程,并在7、11、14、16岁四个阶段(其中有两个是在小学教育阶段)加强对学生成绩的统一考核和评定。日本1996年第十五届中央教育审议会提交的咨询报告提出,日本今后的小学教育的目的和方向是要培养儿童的"生存能力",即一种完全人格的整体素质和能力。各国小学教育改革和发展的核心,是实现由数量向质量的转型,建立以促进儿童个性全面和谐发展的新型小学教育。

我国在推动教育改革和发展的一系列重要文件和计划中,始终注意处理好数量与质量的关系。如基础教育在2000年顺利实现"两基"之后,按照《面向21世纪教育振兴行动计划》的要求,全面实施"跨世纪素质教育工程",及时转向以"两全"为目标,全面贯彻教育方针,全面提高教育质量,努力提高国民素质和民族创新能力。

3. 课程改革是小学教育改革的核心和重点

为了迎接21世纪信息时代和知识经济的挑战,各国在注视教育的战略重点地位、加大教育投入和促进教育发展的过程中,纷纷将教育改革的核心和重点聚焦在课程改革上,以适应社会对人才素质要求的变化。一是加强基础学科,努力提高学生的基础学力。二是注意科学教育与人文教育的并重,促进学生全面和谐的发展,引导学生正确处理人与人、人与社会、人与自然的关系。三是提高学生的信息素养,主动应对信息社会的挑战。四是注重培养学生的创造性、国家竞争和合作能力以及全球化视野。五是强调知识学习与情感、态度和价值观的统整,培养学生的健全的人格、良好的道德伦理精神。六是尊重学生的经验,注重课程结构的多样化、实用化、个性化和综合化。七是改革课程政策,建立中央、地方、学校三级课程及相应的三级课程管理体制,实现课程决策的分享,推进课程管理的民主化。

我国从《面向21世纪教育振兴行动计划》开始确立了基础教育课程改革的目标,2001年正式颁布《基础教育课程改革纲要(试行)》,计划从2001年启动到2005年,中小学各起始年级的学生全面进入新课程。我国新一轮基础教育课程改革既顺应了国际课程改革的发展趋势,又切合中国国情,必将有力地促进素质教育的全面实施,提高全民族素质,增强综合国力,努力实现中华民族的伟大复兴。

4. 教师成为教育改革成败的关键人物

教育的发展和教育质量的提高越来越凸显出教师的重要地位,教师成为教育改革成败的关键。前两轮的教育改革往往是由专家设计好方案,政府自上而下地推行,教师只是一个实施者、操作员,没有发挥教师的应有作用。然而,正如《教育——财富蕴藏其中》的报告所指出的,历史一次次证明,"违背教师意愿或没有教师参与的教育改革从来没有成功过"[①]。"提高教师的质量和积极性应是所有国家的一项优先任务。"[②]"要提高教育质量,首先必须改善教师的招聘、培训、社会地位和工作条件。教师只有在具有所需的知识和技能、个人素质、职业前景和工作动力的情况下,才能满足人们对他们的期望。"[③]美国在进行新一轮教育改革的一开始,就十分重视教师这一关键因素。1986年卡内基教育和经济论坛"作为一种专门职业的教师"工作组提出的报告《国家为培养21世纪的教师作准备》(简称"卡内基报告")和霍姆斯小组发表的《明天的教师》(简称"霍姆斯报告")共同指出:只有将教学建设成为一门真正的专业,教学改革才能取得成功。因此,在新一轮教育改革中,促进教师专业化发展成为一个十分重要的条件和内容。

资料链接

全国首位"小学教授"是这样炼成的

"职称再高,我还是一名普通的小学老师,新学期还要继续教六年级的数学。"从教28年,姜言邦先后任昌邑教研室副主任、昌邑第二实验小学副校长等职,但他从未离开教学一线,且长期担任班主任。

"姜言邦老师评上正高级职称啦!我们小学老师也可以当'教授'啦!"近日,山东潍坊昌邑市奎聚小学的姜言邦老师,被人力资源和社会保障部、教育部正式核准为全国第一位小学正高级职称教师。消息一传开,让小学教师们振奋不已,因为,这标志着小学教师最高只能评"中学高级教师"的历史从此结束了。

闻此消息,平时性情平和,在课堂上却活力四射、挥洒自如的姜言邦,依旧保持着往日的平静和从容,照常教着奎聚小学六年级的数学——28年来,他的激情和汗水,都挥洒在了小学的三尺讲台上。

1982年,姜言邦从昌邑师范毕业,来到昌邑第一实验小学任教,当时还没有职称分级,每月领70元工资,但这并不妨碍他热爱和钻研教学工作。

为了做好教学工作,姜言邦每天晚上备课时,都精心准备两套教案,其中一套尽量详细完备,用于熟悉教材和授课内容,做到胸有成竹;在此基础上,脱开教材,凝练授课内容,思考其中的问题,形成一套教研提纲,并保存积累下来,成为进一步研究思考的材料。几年下来,

---

[①] 联合国教科文组织国际21世纪教育委员会:《教育——财富蕴藏其中》,教育科学出版社1996年版,第137页。
[②] 同上书,第140页。
[③] 同上书,第135页。

姜言邦不但迅速提高了教学水平,还于1985年被评为昌邑优秀教师。

姜言邦第一次听说"职称"这个新鲜事,是在1988年,那年他被评为小学一级教师,工资涨到了每月100多元。此后,姜言邦先后担任昌邑教研室教研员、昌邑第二实验小学副校长等职,并于1993年破格评上小学高级职称,这也是当时小学教师的最高职级,但他从未离开教学一线,且长期担任班主任。

姜言邦说:"教师的生命在课堂,脱离课堂搞教学研究和教学管理,是一件很可怕的事。"1997年,姜言邦调任昌邑教研室副主任,但他依然坚持在教学一线授课。

2000年,潍坊市在教师职称改革中,首次在小学教师中增设"中学高级教师",相当于副高级,姜言邦又破格评上"中学高级教师"。姜言邦说,虽然职称上去了,但作为小学教师,却要去评"中学高级教师"职称,心里总还是感觉有些别扭。

2001年,为了进一步提高教学水平,姜言邦一人来到辽宁盘锦,在著名教育改革家魏书生任教的学校附近租了一间房子,到学校"蹲"了一周时间,深入钻研魏书生及其所在学校的教育教学思想。回到昌邑后,姜言邦以身作则推动课改工作,并全力提携青年教师,发现和培养了于美霞等一批全国优秀教师。

2009年,潍坊作为全国试点之一,开始深化中小学教师职称制度改革,并首次设中小学正高级教师职称,教学业绩、育人水平和师德素养成为职务晋升的主要依据。已近知天命之年的姜言邦没有想到,他居然在2010年年底成为全国第一个小学正高级职称的教师。

姜言邦说:"职称再高,我还是一名普通的小学老师,新学期还要继续教六年级的数学。做好教书育人工作,才是我一生的追求。"(本报记者 魏海政)

(资料来源 《中国教育报》2011年2月28日)

我国在《面向21世纪教育振兴行动计划》中提出,实施"跨世纪园丁工程",把提高教师实施素质教育的能力和水平作为师资培养、培训的重点。《国家中长期教育改革和发展规划纲要(2010—2020年)》进一步提出,"教育大计,教师为本。有好的教师,才有好的教育",要"严格教师资质,提升教师素质,努力造就一支师德高尚、业务精湛、结构合理、充满活力的高素质专业化教师队伍"。

第三节 小学教育的发展趋势

一、小学教育成为满足全体国民基本学习需要的全民教育

全民教育是指教育必须向所有人开放,人人都有接受教育的权利和义务,人人都必须接受一

定程度的教育。全民教育(Education for All)是联合国教科文组织在1990年在泰国宗滴恩发起并召开的世界全民教育大会上首次正式提出的。1993年,在印度的新德里举行了"九个人口大国全民教育首脑会议",2001年在中国北京召开了"九个人口大国全民教育大会"。由此,"使人人都有享受教育的机会"成为国际社会和世界各国共同关注和重视的教育发展目标,全民教育不断成为一种世界性浪潮。

全民教育兴起并成为世界教育发展的重要趋势,首先是现代国家经济和社会发展的必然结果。在现代社会,任何国家、地区的发展和进步都必须以发展教育、提高社会成员的科学文化和道德水平为基础。尤其是大多数发展中国家,普遍面临人口激增、经济基础薄弱、科学技术落后、环境污染和破坏严重、社会动荡等困难和危机。要克服困难和危机,实现发展与进步,必须把教育摆到重要的战略位置,提高普及义务教育和扫除文盲,提高全民的科学文化和道德水平,特别是要为经济和文化处境不利的弱势人群提供基本的教育机会。只有这样,才能广泛提高社会成员生存与发展的基本能力和道德水准,养成社会成员的环境意识和人口意识,以此缩小贫富差距,维系社会稳定,改善环境,控制人口增长,促进社会的文明和进步。其次,全民教育是现代人广泛获得生存和发展的基本手段和途径,是使每一个社会成员都享受教育的权利并进而促进社会平等的根本保证。再次,全民教育还是促进世界文明共同进步和繁荣的迫切需要。这是由于当今世界的和平与发展,越来越面临一系列共同的危机和难题,如自然生态的破坏和环境的恶化,人口的迅速增长,贫困的持续加剧,暴力和战争的频发不断,等等。全民教育的实施在解决这些问题上有着不可替代和不可或缺的作用和功能。

全民教育作为"全人类共有的统一因素",它是"使每一个人(无论他是儿童、青年还是成人)都应获益于旨在满足其基本学习需要的受教育机会",应当"提供一种适合所有人的教育,它既能为人们今后的学习打下坚实的基础,也能使人们获得积极参加社会生活的基本能力"。教育全民化的要求包括:(1)普及入学机会并促进教育机会的均等;(2)扩大并重新确定基础教育的范围,加强早期的儿童看护和初始教育,普及小学教育,建立正规教育、非正规教育和不定型教育,利用信息、通讯手段等,加强青年、成人基础教育和扫盲,建立从学前教育到继续教育、终身教育的多种传授体系;(3)基础教育必须把重点放在教育的质量上,重在学习者获得知识的实际结果;(4)社会各方面在实施全民教育上都富有责任,并给予相应的支持。

资料链接

国际足联应资助穷国儿童受教育

在《2010年全民教育全球监测报告》中,联合国教科文组织提出一项创造性建议,即在

> 2010年至2015年间,从南非世界杯足球赛以及欧洲五大足球联盟的广告费和赞助费中提取0.4%,以解决200万贫困国家适龄儿童的入学资金问题。目前,该报告已经递交给国际足联主席西普·布拉特。
>
> 按照报告提出的构想,联合国教科文组织每年可从国际足联获得4800万美元的资助,使非洲贫困国家的50万适龄儿童有学上,4年后,就可以完成使200万适龄儿童有学上的目标。报告的主要起草人凯文·沃特金斯认为,这个要求并不过分,4800万美元还不到西班牙皇家马德里队给罗纳尔多薪水的1/3,却可以让50万名儿童获得接受教育、改变生活的机会。
>
> 据悉,2010年南非世界杯的商业收入预计约为8.5亿美元。欧洲各大足球联盟每年的收入情况为:法国14亿美元,西班牙、意大利和德国为20亿美元;英国则为35亿美元。一场足球联赛的收入,就可以让加纳这样的国家减少失学儿童10%左右。
>
> 联合国教科文组织的提议得到了各国媒体和足球界的广泛关注。英国纽卡斯尔联队经理克里斯·休顿说:"足球是一项紧张刺激的比赛,但是说到底,它也只是运动的一种。而教育则不同,它是人们的一种权利。现在,上百万儿童的教育权利正在不断被剥夺。"南非国家足球队中卫马修·布斯正在呼吁所有的球员支持这项建议。他在接受采访时说:"我们有一个独一无二的机会,让2010年的南非世界杯与众不同,我们不能仅仅记住足球,还要去关注下一代儿童的大量失学问题。"
>
> (资料来源 《中国教育报》2010年2月9日)

自1990年全民教育推行以来,全球范围内小学在校生已由6亿增加到6.8亿,入学率由80%提高到84%;90年代间,小学在校生总数每年增加1000万。我国政府积极响应全民教育运动,并将之作为国家整体发展战略的一个重要组成部分,全民教育成绩斐然。据《中国全民教育2000监测评价报告》显示,中国小学净入学率从1991年的97%上升到1999年的99.1%,小学在校儿童百分比也从1990年的97%上升到99.1%;15—50岁成人文盲率从1990年的10%下降到1999年的5%以下。

然而,无论是世界还是中国,推行全民教育运动、普及小学教育的任务还任重道远。虽然经过新中国50多年特别是近20年来艰苦卓绝的努力,我国的义务教育和全民教育取得了举世公认的成就,但与联合国教科等国际组织制定的《2000年全民教育评估大纲》、《2000年全民教育评估技术指南》所确立的毛入学率、净入学率、师生比、复读率、小学五年保留率等十八项核心指标相比,我国目前的小学教育普及水平还只是初步的。

作为现代国民教育体系的基础,小学教育应当确立新的目标,实现高水平的普及和发展。小学教育的现代化水平指标应当包括:在教育投入指数中涉及财政性教育经费支出占GDP的比重、政府公共教育投入占义务教育投入总额比重、教师工资占教育经费总额的比例、小学教育占教育经费的比例、小学教育生均支出占人均 GNP 的比例、教师的学历达标、师生比；在教育规模指数中涉及小学校均规模、小学班级规模；在教育成就指数中涉及特殊儿童入学率、成人识字率、达到新办学条件标准学校比例、特殊群体学习参与率、留级与辍学率、教育信息网络校校通的学校比例、生均计算机数；在教育质量指数中涉及教学软件的使用、学具的使用、小学教育的巩固率和毕业率等。以此，小学教育发展成为惠及全民、均衡发展、满足基本学习需要的国民基础教育。

二、小学教育成为终身教育和人生发展的奠基阶段

终身教育既作为 20 世纪中期以来兴起的具有里程碑意义的教育思潮和教育理念，也是世界教育体系和制度改革与发展的重要趋势。诚然，学校教育自产生以来，尤其是现代学校教育体系和制度的建立和完善，就是教育发展的重要成就和标志，它对人类文明的传承和发展、人才的培养以及社会的发展进步起到了十分重要的作用。但这种制度化教育也有着自身的缺陷和弱点，并成为 20 世纪中期以来人们反思和改革的对象。1965 年联合国教科文组织终身教育局局长保罗·郎格朗首次提出"终身教育"，之后产生具有广泛而深刻意义的终身教育思潮。70 年代，以伊里奇为代表的一批学者和人士甚至发动有一定影响的"非学校化运动"。1972 年"国际教育发展委员会"在向联合国教科文组织提交的国际教育发展战略参考书《学会生存——教育世界的今天和明天》中，对终身教育作了进一步论述和确认。在此之下，"以学校为中心"的闭锁、僵固的教育制度体系受到前所未有的冲击，终身教育逐步由一种教育思想和教育理念成为教育改革的实践和教育发展的趋势。终身教育是以制度化为特征的现代学校教育制度的超越和升华，是构建未来教育制度的指导思想和目标。

第一，终身教育的对象和范围不再是青少年儿童，即传统意义上的"学生"，而是包括成人在内的所有社会成员。对于一个人而言，教育是"从摇篮到坟墓"的贯穿一生的一体化的过程。

第二，终身教育的目的，在于鼓励受教育者的自我发展，培养自学的能力和习惯，强调学习者自身在教育中的地位和责任；注重掌握各学校领域的基本组成部分，尤其是它们的表达方式和基本概念、方法和原则，而不是具体的结论。

第三，终身教育在内容上，不再是单一的和统一的，而是根据不同人的不同需要、不同发展阶段，设置和提供适宜的课程和学习内容。它覆盖人的发展的全部，旨在促进人在身心、智力、敏感性、审美意识、个人责任感、精神价值等方面的全面发展。

第四，终身教育冲破了以学校教育为中心的时间和空间上的体系结构，实现了教育的社会化和社会的教育化。即，在时间上发展成为贯穿人的一生的一体化的教育；在空间上，发展成为家庭教育、学校教育、社会教育以及企业内教育四者并举和结合。其中，家庭的教育职能和影响力将进一步恢复，并得到加强；学校在终身教育中的作用不是削弱，而是越来越大，并通过向社区和社会成员开放而成为终身教育和终身学习的重要场所，成为社区文化的中心；社会尤其是社区产

生众多的教育和学习机构,企业对劳动者的培训也进一步制度化和经常化。这些都使得正规教育与非正规教育、学校教育与校外教育、儿童教育与成人教育的区别逐步消失,每一个社会成员在任何情况下都可以自由取得学习、培训和教育的手段。

第五,终身教育在实施上,不再是传统意义上的学校和教师,而是主张利用"生活教育者"的知识和技能,从而充分开发、利用和整合各种各样的教育资源。一方面,教育工作者尤其是教师的角色将发生重要转变,即由单纯的讲课和传递预先规定课程的专家,转变成为教育和激励学生的专业工作者。另一方面,终身教育需要把专业教师以外的另一些人(如工人、技术员、专业工作者、行政人员等)训练成为组织者兼教育家,以使他们懂得在校内校外如何对儿童和成人进行教学。此外,终身教育还需要教材、自学设备、教育技术等方面的专家。换言之,除常规的专业教育工作者以外,越来越多的其他社会成员将参加到教育工作中来,成为非常规的教育工作者,教育成为一种全社会的职能。

在终身教育体系下,小学教育必须改变长期以来作为中等教育和高等教育预备和基础的性质与职能,进而摆脱"应试教育"的窠臼,成为终身教育的基础、人生发展的基础。也就是说,小学教育应当与中等教育区分开来。小学教育不只是局限于基础知识和技能的传授,而是必须把开发每个学生的潜能,培养学生终身学习的态度、能力和方法,养成学生健康和谐的个性,促进学生发展作为第一要务。

三、小学教育成为促进儿童个性充分自由发展的素质教育

个性化教育思潮,是 20 世纪 50 年代以来各国教育的普遍关注点。国际教育发展委员会在《学会生存——教育世界的今天和明天》的报告中指出了传统教育的两个根本弱点:一是它忽视了(不是单纯地否认)个人所具有的微妙而复杂的作用,忽视了个人所具有的各式各样的表达形式和手段;二是它不考虑各种不同的个性、气质、期望和才能。[①] 这是由于,在工业化基础上建立起来的以班级集体教学为基本组织形式的学校教育制度,存在着划一化、标准化的特点。加之刻板、单一、刚性的教育评价、考试、选拔和文凭制度,使得传统教育严重阻碍了人的个性健康充分地发展。这一切是与教育对象——人的先天素质和后天发展环境的差异性、多样性不相适应的,而个性总是与人的主体性、创造性紧密联系在一起的。

小学教育发展的个性化趋势,首先是社会发展的必然结果。随着科学技术的飞速发展,知识经济的日益兴起,人才培养和人力资源的开发利用成为国家发展和国际竞争的关键。现代社会所需要的人才以及衡量和选拔人才的标准,将不再是单一的和一元化的,而是多样性和多元化的;同时,科学技术的发展和生产工艺的不断革命,以及世界的全球化、信息化和学习化,使得现代人的生产和生活充满了挑战、机遇和不确定性。因此,现代人才的核心素质是具有创新精神和

[①] 联合国教科文组织国际教育发展委员会:《学会生存——教育世界的今天和明天》,教育科学出版社 1996 年版,第 105 页。

创新能力，从而应对挑战，捕捉和创造取得成功的机遇和条件。而人才的多样化和创造性，都有赖于教育的个性化。另一方面，现代科技的发展尤其是信息传播技术的发展，为知识信息的传播提供了极为便捷的方式和手段，这为信息的广泛共享和个人化学习、个性化教育创造了十分有利的物质和技术条件。因此，信息化社会必然带来教育的个性化和多样化。

其次，小学教育发展的个性化趋势，是现代人发展的必然要求。现代科学表明，由于先天和后天生活环境、生活实践的差异性，人作为个体有着明显的个别差异性、多样性。美国心理学家加德纳对传统的智力测验通过"纸—笔"方式测量人的语言和数理逻辑智力来衡量、评价和选拔学生的"智商式思维"，进行了反思和批判。他所提出的"多元智能理论"确立了个体智能的多样性、可塑性、文化性、情境性和不均衡性。这为现代教育的个性化、多样化发展趋势提供了科学的理论依据。还应当认识到，现代教育的个性化趋势促进人的个性尤其是独特性的充分发展，与马克思主义关于人的全面发展思想以及《学会生存——教育世界的今天和明天》所提出的"培养完人"的思想并不矛盾，而是相辅相成的。因为人的全面发展实质上是人的个性的全面发展，它一方面是人在德、智、体、美各方面获得和谐、充分、健全的发展，同时又是人的兴趣、才能和性格诸方面充分地发展和张扬。而且，个性尤其是人的个体心理结构中的独特性，正是孕育和勃发创造性的土壤，是民族和国家增强创新能力的基础。

第三，小学教育的个性化趋势，是教育民主化进程的必然结果。教育民主化所追求的教育上的平等，并不是把大家拉平，对每一个人"一视同仁"。这只是一种表面的名义上的平等。教育"机会平等是要肯定每一个人都能受到适当的教育，而且这种教育的进度和方法是适合个人的特点的"。联合国教科文组织在《学会生存——教育世界的今天和明天》中这样指出："教育上的平等，要求一种个人化的教育学，要求对个人的潜在才能进行详细的调查研究。……给每个人平等的机会，并不是指名义上的平等，即对每一个人一视同仁，如目前许多人所认为的那样。机会平等是要肯定每一个人都能受到适当的教育。而且这种教育的进度和方法是适合个人的特点的。"如美国近年来发展起来的"特许学校"，就是进一步增强教育的选择性，为儿童提供适当的教育，促进小学教育质量的提高和机会平等。

所谓个性，是指个体在一定生理和心理素质的基础上，在一定的社会历史条件下，通过社会实践活动形成和发展起来的，表现为个体在社会实践中所持的态度和行为的综合特征。它包括个体的主体性、独特性、创造性等。许多国家面向21世纪课程改革，都加强个别化教育，以适应儿童学习方式的差异，尊重学习者的多样化，重视儿童个性发展。日本提出建立能"伸展个性，提供多样性选择的学校制度"，在2002年的新课程中，力求留给学生更多自由发展的空间，创设"儿童梦想基金"，发放"心灵笔记"，通过多样的服务、体验活动，培育心灵丰富的日本人。法国规定所有小学必须对学习上遇到困难的学生进行个别辅导，打破年级教学组织形式，把小学教育分成三个学习阶段，按学生的发展水平和学习能力进行小组教学。在班级规模方面，倡导小班教学。[①]

[①] 冯建军：《小学教育：新世纪·新定位·新发展》，《新乡教育学院学报》2002年第2期。

中国20世纪90年代开始的素质教育运动,把培养人的主体性、促进儿童生动活泼的发展作为素质教育的重要目标,围绕此目标,展开了新一轮基础教育的课程改革,进而引发教和学的方式的变革。

> **资料链接**
>
> ### 素质教育的五个核心词
>
> 　　早在1993年,《中国教育改革和发展纲要》就指出:中小学要从应试教育转向全面提高国民素质的轨道。1996年"九五"计划明确提出,要改革培养人才的模式,由应试教育向素质教育转变。由此,素质教育正式成为一项教育基本国策,成为我国教育改革发展的战略主题。在课改10年之后的今天,我们再次探讨素质教育,应该有不一样的理解。无论是政府官员,还是教育行政管理者,他们眼中的素质教育,逐渐回归到"人"本身,并逐渐从课改的实践层面,努力推动"人"的发展。
>
> 　　素质教育要求面向全体学生,促进学生全面发展,着力提高学生服务国家人民的社会责任感、勇于探索的创新精神和善于解决问题的实践能力。这里面有五个核心词:全体学生、全面发展、社会责任感、创新精神和实践能力,是对素质教育内涵的全面概括。对此,我们必须深化认识,准确把握,并在推进学校素质教育工作中切实贯彻落实好。
>
> 　　……
>
> 　　核心词二:全面发展
>
> 　　促进学生全面发展是素质教育的根本任务,教育应助每一个学生发挥特长,施展才能,实现个性成长。
>
> 　　古人讲"六艺",重视的便是全面发展。在国外,美国教育强调动手实践、团体协作和交往能力的培训,他们的课程比较少,学生的课业负担较轻。但这并不影响美国大量的杰出人才的涌现,仅一个芝加哥大学就培养了78位诺贝尔奖获得者,成为世界之最。法国和俄国是公认的数学大国,但他们的中小学数学教学没有冗繁的演算和沉重的课业负担,更注重学生兴趣的培养……促进学生的全面发展,是素质教育的根本任务。它提出了教育所要培养的人才合理的素质结构,包括生理、心理、思想和文化等方面的素质,它要求德育、智育、体育、美育全面健康发展。但是全面发展,也不是面面俱到,不等于德智体美的简单相加;不是指每个学生都平均发展,而是要根据学生的特点和特长,因人而异;因材施教,使每个孩子潜在的天赋能够发挥出来。对于一个孩子的发展,最重要最有用的教育方法,就是帮助他尽可能发挥自己的特长,尽量施展自己的才能,而不是将原来各具特点的学生,经过我们的多年教育以后,都变成了像一个模具里面压出来的"产品"。

从目前情况来看,我们还没有从根本上扭转应试教育的倾向,忽视了学生的德育、体育、美育和身心健康,影响了学生的全面发展。实施素质教育,就必须克服这种只重视智育,在智育中又只重视知识传授而忽视能力培养,片面以分数取人的倾向。必须把德育、智育、体育、美育有机地统一在教育活动的各个环节中,使诸方面的教育相互渗透、协调发展,促进学生的全面发展和健康成长。

……

(资料来源 paper.chinateacher.com.cn/news/2011/0301/11147.asp)

思考与研究

1. 小学教育改革与发展的联系和区别在哪些方面?列举我国当前小学教育中存在的问题,哪些属于改革问题,哪些属于发展问题?

2. 运用所学的《小学教育概论》的有关知识,谈谈你对关于"小升初"政策的观点和认识。

3. 结合所学的《小学教育概论》,谈谈你对《教育规划纲要》提出的"为每个学生提供适合的教育"的认识。